Think tank 智库
重庆综合经济研究文库
分析宏观形势 · 预测区域发展 · 提供决策服务 · 建设一流智库

新时期重庆区域发展战略与路径研究

易小光　丁　瑶　余贵玲　邓兰燕　苟文峰　等◎著

中国经济出版社
CHINA ECONOMIC PUBLISHING HOUSE
北 京

图书在版编目(CIP)数据

新时期重庆区域发展战略与路径研究 / 易小光等著.
—北京:中国经济出版社,2019.12
(重庆综合经济研究文库)
ISBN 978 - 7 - 5136 - 5635 - 1
Ⅰ.①新… Ⅱ.①易… Ⅲ.①区域经济发展—研究—重庆 Ⅳ.①F127.719
中国版本图书馆 CIP 数据核字(2019)第 234032 号

责任编辑 姜 静 赵立颖
责任印制 马小宾
封面设计 久品轩装帧设计

出版发行 中国经济出版社
印 刷 者 北京艾普海德印刷有限公司
经 销 者 各地新华书店
开 本 710mm × 1000mm 1/16
印 张 19.75
字 数 310 千字
版 次 2019 年 12 月第 1 版
印 次 2019 年 12 月第 1 次
定 价 78.00 元
广告经营许可证 京西工商广字第 8179 号

中国经济出版社 网址 www.economyph.com **社址** 北京市东城区安定门外大街 58 号 **邮编** 100011
本版图书如存在印装质量问题,请与本社销售中心联系调换(联系电话:010 - 57512564)

前　言

尊重发展规律，顺应发展形势，结合自身发展阶段，明确区域发展战略，是一个国家（地区）实现持续健康发展的关键。目前，经济全球化和区域经济一体在曲折中深化，我国站在新的历史方位，持续推进“一带一路”建设走深走实，深入实施京津冀协同发展、长江经济带、“东、中、西、东北”区域协同发展战略、粤港澳大湾区、长三角一体化等一系列重大区域发展战略。习近平总书记在中央经济工作会议上进一步强调，各地区要根据主体功能定位，按照政策精准化、措施精细化、协调机制化的要求，完整准确落实区域协调发展战略。重庆作为中西部地区唯一的直辖市和国家中心城市，区位优势、生态优势、产业优势、体制优势十分突出。习近平总书记站在全局和战略高度为新时代重庆区域发展战略把脉定位、导航定向，提出了“两点”定位，“两地”“两高”目标、发挥“三个作用”和营造良好政治生态的重要指示要求，为重庆当前和今后很长一个时期标定了发展坐标和行动目标。

本书围绕重庆上述总体定位及要求，站在全球、全国开放发展视角，遵循新发展理念，从区域发展理论出发，深入剖析重庆区域发展战略实施的基础条件和面临的宏观环境，对接落实国家战略部署，基于自身所处的转型发展关键阶段，按照全市构建“一圈两群”城镇发展整体格局的战略构想，从现代产业集群、新型城镇化体系、城乡协调发展格局、内陆开放高地、西部创新中心、山清水秀美丽之地、国际化综合交通枢纽等领域，提出推进重庆区域协调发展总体思路及实施路径。同时，坚持生态优先、绿色发展，贯彻落实绿水青山就是金山银山“两山论”，以建设渝东北三峡库区城镇群和渝东南武陵山区城镇群为重点,积极探索“产业生态化、生态产业化”发展路径,提出走以生态文明为主题、集约节约开发利用资源要素的新型城镇化发展道路,以期为高山生态地区探索新型城镇化、乡村振兴、资源环境保护有机联动、协同发展提供有益借鉴。

课题组

2019 年 12 月

目　录

前　言/ I

第一部分　主题研究

专题一　新时期重庆区域发展战略与路径研究/2

一、区域发展战略理论与实践综述/2

二、重庆区域经济发展现状及问题/15

三、重庆区域发展面临新环境/25

四、新时期重庆区域发展战略思路/28

五、新时期重庆区域发展重点路径/33

六、保障措施/78

第二部分　专题研究

专题一　渝东北三峡库区城镇群发展对策研究/88

一、重大意义/88

二、城镇群内涵及国内外实践经验/90

三、渝东北城镇群发展现状及基础条件/94

四、渝东北人口分布及城镇空间格局现状/105

五、发展环境/110

六、思路设计/115

七、重点任务/121

八、政策建议/148
附录2－1　国内外城市(镇)群发展案例分析/152
一、国外城市群发展案例/152
二、国内城市(镇)群发展案例/163
三、案例启示/172
专题二　渝东南武陵山区城镇群发展对策研究/174
一、重大意义/175
二、城镇群内涵特征和形成条件/176
三、渝东南城镇群发展现状及基础条件/184
四、渝东南人口分布及城镇空间格局现状/198
五、发展环境和未来趋势/208
六、思路设计/213
七、重点任务和实施路径/219
附录2－2　国外山地城镇发展经验借鉴/262
一、美国阿巴拉契亚山脉/262
二、日本本州飞驒山脉/263
三、瑞士阿尔卑斯山脉/265
四、国外山地城镇发展的经验与启示/267

第三部分　思考与建议

关于加快推动重庆现代化都市圈一体化建设的研究与建议/270
一、推进重庆现代化都市圈建设正当其时/271
二、主要问题和矛盾/272
三、对策建议/274
关于培育构建渝东北三峡库区城镇群的战略思考和建议/279
一、培育构建城镇群的目的和意义/280

二、培育构建城镇群面临的主要问题和挑战/281
三、培育构建城镇群的总体思路/284
四、相关建议/288
推动渝东南武陵山区深度城镇化、促进城镇群建设的建议/290
一、目的和意义/291
二、主要矛盾和问题/292
三、推进思路/296
四、路径及建议/297
以新型城镇化推动渝东北和渝东南片区生态文明建设/302
一、深刻认识渝东北、渝东南片区发展的背景和环境/303
二、客观把握渝东北、渝东南片区的发展现状和阶段/303
三、牢固树立生态文明、绿色发展主题/304
四、探索渝东北、渝东南片区新型城镇化的思路和路径/305

第一部分

主题研究

专题一　新时期重庆区域发展战略与路径研究

项目负责人：易小光

项目组成员：丁瑶，吕俊，余贵玲，贾静涛，罗丛生，李丹妮，张佳

一、区域发展战略理论与实践综述

（一）国外区域发展战略相关理论

针对不同国家（地区）发展基础、发展阶段、发展背景和发展实践，国内外经济学家和实际工作者通过丰富的研究和实践，总结了区域发展的相关理论，成为发展中国家（地区）推动发展的理论指导。

1. 区域非均衡发展理论

区域非均衡发展理论最具代表性的有增长极理论、循环累积因果理论、核心—边缘理论。

（1）增长极理论

1950年，法国经济学家佩鲁提出增长极理论，认为经济增长通常从一个或者数个增长中心向其他部门或者地区传导，政府应该有意识地培育某个产业或企业作为经济“增长极”，从而带动相关产业和地区经济的整体发展，并强调区域发展中的“极化作用”，主张政府或者企业通过直接投资或者引入技术的方式形成增长极，对周围区域产生极化效应与扩散效应，在空间拓扑上客观形成从点到面的区域集聚、辐射作用。

（2）循环积累因果理论

该理论由缪尔达尔在1957年出版的《经济理论和不发达地区》一书中提出，又被称为“地理上的二元经济结构”理论。他认为，地理上的二元

经济产生的原因在于各地区经济发展的差距性，这种差距的存在是因为存在“扩散效应”和“极化效应”。经济发展初期，各地区的人均收入、工资水平和利润率都是大致相等的，且生产要素可自由流动。此时，如果某些地区由于外部因素的作用，经济增长速度快于其他地区，经济发展就会出现不平衡。这种不平衡发展到一定程度，就会使地区间的经济发展、人均收入、工资水平和利润等产生差距，这种差距的产生会进而引起“累积性因果循环”，使发展快的地区发展更快，发展慢的地区发展更慢，从而逐渐增大地区间的经济差距，形成地区性的二元经济结构。

（3）核心－边缘理论

20世纪60年代，美国著名经济学家弗里德曼将增长模式与各种空间系统发展相融合提出了核心－边缘理论（中心－边缘理论），拓展了佩鲁的增长极理论视角。该理论认为在经济活动的空间组织中，中心与外围地区之间存在不平等的发展关系，通常中心区通过产生极化效应与扩散效应不断强化自身经济，从而形成中心居于统治地位对边缘区的支配态势，边缘地区在发展上依赖于中心的相互依存机制。

从非均衡发展的理论主张看，在发展初始阶段，发展中国家和地区应把有限的资本和资源优先投入到重点地区，即发展潜力大、规模经济和投资效应明显的地区，辐射带动其他区域经济的发展。同时认为，市场经济不会同情弱势区域，其发展规律必然是加大地区差距。要促进区域经济协调发展，必须要有政府强有力的引导，特别是在规划政策引领、空间开发管制、公共资源配置、体制机制改革等方面更好地发挥主导作用。

该理论对重庆市区域发展有一定借鉴意义，通过增长极打造，从而带动周边区域发展是一定历史阶段的必然选择。目前，重庆主城片区和渝西片区仍处于要素集聚发展阶段，对渝东北和渝东南“两翼”地区辐射带动能力比较弱。因此，应遵循非均衡发展理论，进一步吸引高端人才、高端产业、重大设施、公共服务等向主城聚集，联动渝西片区，提升产业层次和城市能级，推动都市圈一体化发展。同时发挥渝西片区节点城市的传接辐射功能，增强对渝东北和渝东南片区的带动作用。同时，在渝东北、渝东南地区积极培育增长极、新增长点。此外，应更好发挥政府主导作用，推动新型城镇化与乡村振兴相结合，促进城乡融合发展。

2. 区域均衡发展理论

区域均衡发展理论主要包括大推进论、贫困恶性循环论、低水平均衡陷阱理论、临界最小努力理论，代表人物有罗森斯坦·罗丹、纳克斯、纳尔森、莱宾斯坦等。

（1）大推进理论

1943年，英国经济学家罗森斯坦·罗丹在《东欧和东南欧国家工业化的若干问题》一文中提出大推进理论。该理论认为资本缺乏是阻碍发展中国家经济增长和发展的关键因素，要从根本上解决发展中国家贫困落后的问题，就必须大力引进外资，走工业化发展道路。同时指出，在工业化初期，应优先把资本投向交通、能源、信息等基础设施领域，产生外部经济效益，从而推动整个国民经济的高速增长。

（2）贫困恶性循环论

1953，美国发展经济学家纳克斯提出了贫困恶性循环理论。他认为，投资和储蓄能力不足是发展中国家和地区陷入低收入和低产出的恶性循环的根本原因。该理论主张采取平衡增长方式，增加储蓄的同时扩大投资，在许多行业同时进行大规模投资，形成各行业之间的相互需求，扩大市场容量，形成良好的投资氛围，就能从恶性循环中摆脱出来。

（3）低水平均衡陷阱理论

1956年，美国经济学家纳尔逊以马尔萨斯理论为基础，解释了发展中国家存在低水平人均收入反复轮回的现象，认为发展中国家人均收入水平低下，居民储蓄少，仅能够维持最低生活水平的需要，同时死亡率高，人口增长缓慢。如果以增大投资来提高国民收入和储蓄，将会导致人口增长，从而将人均收入拉回到较低的水平，这就是不发达国家难以逾越的“低水平均衡陷阱”。同时，纳尔逊认为发展中国家必须进行大规模的投资，使投资和产出的增长超过人口的增长，才能冲出“陷阱”，实现人均收入的大幅度提高和经济增长。

（4）临界最小努力理论

1957年，美国经济学家莱宾斯坦在《经济落后与增长》一书中提出了

“临界最小努力”理论。该理论认为，发展中国家的国民经济要摆脱贫穷落后的困境，必须保证足够高的投资率以使国民收入的增长超过人口的增长从而使人均收入水平得到明显提高，这个投资率水平即“临界最小努力”。如果提高人均收入的刺激小于临界规模，那就不能克服发展障碍，冲破低水平均衡状态。为使一国经济取得长期持续增长，就必须在一定时期受到大于临界最小规模的增长刺激。

上述理论应用在区域经济中形成了区域均衡发展理论。该理论强调，通过大规模投资推动区域间或产业间的平衡发展，同时注重有效配置稀缺资源的重要性，在市场机制失灵时，要发挥政府主导作用的必要性，为发展中国家和地区提供了一种经济发展理论模式，产生了积极的影响。

该理论对重庆市区域发展有一定借鉴意义。目前，重庆集大城市、大农村、大山区、大库区于一体的基本市情没有发生根本改变，区域、城乡发展不平衡、不协调问题依然突出。特别是渝东北和渝东南地区基础设施薄弱，贫困人口较多，脱贫攻坚任务艰巨，成为制约区域经济协调发展的瓶颈。要打破这一现状，就必须加大扶贫力度，实施全面有效的投资计划，冲破其经济发展的困境与束缚，产生外在效益、规模经济效益，助推区域经济快速协调发展。与此同时，在开发建设过程中，注重生态保护，走生态产业化、产业生态化发展之路，将生态资源优势转为经济优势，实现生态美与百姓富有机统一。

3. 生产力布局理论

生产力布局理论是由以涅克拉索夫为代表的苏联经济地理学家提出来的，以区域布局规划为研究对象，主要研究在一定的地域范围内（国家、地区、城市）生产力诸要素的空间分布与组合，其代表性理论有趋优分布理论、集聚和分散理论、指向性理论等。

（1）趋优分布理论

趋优分布理论又称优区位开发理论。该理论认为由于受多种因素的影响，一个国家或地区的不同区域的经济往往处于不同的发展水平和发展阶段，国土资源开发、各种投资活动及要素的分配应优先选择经济发展水平较高、交通便利、自然资源丰富、城镇集中、人口众多的地区进行布局。这样不仅能够尽快地取得相应的经济效益，而且也能快速地发挥其对周围区域的辐射和带动作用。

（2）集聚和分散理论

该理论强调在进行生产力分配的过程中，一定要处理好集聚和分散的关系，在生产要素集聚到一定的程度后，要合理分散，找到一个最佳的分配点。斯旺（Swann）、布瑞兹斯（Brezis）、克鲁格曼（Krugman）等人在探讨产业聚集的动态过程时指出，产业聚集一般会经历积聚、起飞、高峰、饱和等过程，如果出现新的思想或技术，原有专业化知识的正向反馈效应或者说外部性减弱，聚集收益将被拥挤成本超过，进而引发产业区位的重新选择，从而导致产业的重新布局，也即分散布局。苏联计划经济时期将均衡配置作为国内生产力配置的主要规律，而忽视生产力布局的经济效益，这种计划配置资源的不合理，造成了人力、物力资源的闲置和浪费，阻碍了社会生产力的发展。计划经济体制结束后，随着向市场经济的转型，俄罗斯经济地理学提出，应改变分散型开发模式，区域政策从分散型开发向集中型开发转变，注重集聚效应，使俄联邦同各地区的利益最有效地结合。

（3）指向性理论

该理论与聚集和分散理论有着密切的关系，主要探讨影响生产力布局的因素，认为由于企业工艺及技术上的特点等原因而引起的企业区位选择的必然性，使得企业的区位选择具有明显的区域指向性。在进行区域经济布局时，生产要素和企业会按照成本最低的原则进行分配和选址，一般具有原料指向、市场指向、原料与市场双重指向、劳动力指向、港口交通运输指向、科技指向、集聚经济指向、大学及研究机构指向、生态效益指向等。

生产力布局理论对重庆市区域发展有重要借鉴意义。一方面，要遵循市场规律，使各类要素在空间、时间上得到合理利用，充分发挥其效能。另一方面，在经济发展过程中，市场的力量通常是趋向于强化区域间的不平衡，即先发优势地区会由于初始优势而发展得更快，落后地区则发展更加缓慢。为了解决这一矛盾，通常政府运用规划及产业政策，引导资源要素的空间分布与组合，从而使区域发展更加优化合理。尤其像重庆这样区域、城乡发展差距大的区域，要实现区域协调发展，更应积极引导区域生产力布局。

4. 城市群理论

城市群是在一定的地域范围内，由不同等级规模的城市，依托现代化的交通和信息通信网络，建立各种各样的空间联系，形成梯次分明、分工协作、功能完善的城市紧密结合体。目前，城市群已成为国家（地区）参与国际竞争与分工的经济主体，对国家（地区）经济增长具有重大意义，也使城市群成为研究热点。有关城市群研究主要集中于空间组织演变、聚集效应分析等领域。

（1）城市群空间演化理论

城市群形成与演化理论揭示城市群形成发展的机制，主要代表理论有戈特曼的集聚－扩散理论、弗里德曼的核心－边缘理论等。戈特曼将城市群发展分为四个阶段：第一阶段城市人口和经济规模不断扩大，但各城市处于独立发展状态，城市间联系相对较弱；第二阶段城市规模持续扩大，城市数量不断增加，形成了以特大城市为核心的城市发展轴线，城市联系日益密切；第三阶段中心城市人口、经济、城市空间规模达到顶点，逐步向周边郊区拓展，初步形成大都市区；第四阶段，城市郊区化出现，并沿城市发展轴紧密相连，大都市的形态演化和功能逐步走向成熟。弗里德曼也将城市群发展分为四个阶段：工业化以前，居民点聚落自给自足，相互之间很少发生联系；工业化初期，在自然资源丰富、交通便利、人口稠密等区域，开始产生聚集经济效应，出现了点状分散的城镇；工业化的成熟时期，由简单的中心－边陲结构逐渐变为多核心结构，逐步形成一个区域性的大城市和大市场，这就是城市群的雏形；工业化后期，中心城市周边的卫星城发展较快，城市之间的经济、文化、科技联系较广，形成了一体化的网络，即城市群。

（2）城市群聚集效应理论

弗里德曼认为，聚集经济是城市群发展的重要动力源。城市聚集有利于企业共享公共产品和服务，降低交易成本，增强信息流动和知识技术外溢，密切上下游企业间的合作关系，从而获得巨大外部经济利益；有利于形成共同的劳动力市场，产生分工和专业化效应。专业化分工使城市群内的各城市根据其自身比较优势选择其主导和优势产业，使自然资源、劳动力、资本、技术等生产要素更大范围内实现优化配置，实现城市间的分工合作，从而获得比单个城市更大的分工收益和规模效益，进而促进城市群的经济增长。

城市群相关理论对重庆市新型城镇化发展有重要借鉴意义。重庆正处于城市群形成阶段，主城与周边城市之间的经济、文化、科技联系日趋密切，正由单中心结构逐步向特大城市、网络一体化的大都市区和多核心的中小城镇群转变，并最终与成渝城市群形成一体。未来，重庆应以城市群为载体，加快完善城市职能，扩大城市职能服务范围，优化提升整个区域的产业结构，吸引更多的企业、人才、资金和技术集聚，促进不同产业之间形成网状的产业链系统，城市之间形成合理有效的专业化分工格局，实现大中小城市和小城镇协调发展。

（二）国内有关区域发展战略理论及实践

我国区域发展理论日渐丰富，对指导我国区域发展产生了重要影响。特别是党的十八大以来，以习近平同志为核心的党中央统筹推进“五位一体”总体布局和协调推进“四个全面”战略布局，提出创新、协调、绿色、开放、共享的新发展理念，为区域经济社会发展提供了新的理论支撑。

1. 新发展理念对区域发展的指导意义

（1）新发展理念

党的十八届五中全会提出“创新、协调、绿色、开放、共享”的新发展理念，创造性地回答了新形势下我们要实现什么样的发展、如何实现发展的重大问题，是顺应时代潮流、厚植发展优势的战略抉择，是我们党关于发展理论的重大升华。在新发展理念中，创新发展居于首要位置，注重解决区域发展动力问题，发挥科技创新在全面创新中的引领作用，不断推进理论创新、制度创新、文化创新等各方面创新，瞄准世界科技前沿，全面提升自主创新能力，力争在基础科技领域和关键核心技术领域取得大的突破。协调发展注重解决区域发展不平衡问题，重点促进城乡区域协调发展，促进经济社会协调发展，促进新型工业化、信息化、城镇化、农业现代化同步发展，增强区域发展的协调性和整体性。绿色发展注重解决人与自然和谐相处问题，发挥主体功能区作为国土空间开发保护基础制度的作用，构建科学合理的城镇化格局、农业发展格局、生态安全格局、自然岸线格局，推动建立绿色低碳循环发展产业体系，促进人与自然和谐共生。开放发展注重解决内外联动问题，奉行互利共赢的开放战略，积极参与全球经济治理和公共产品供给，提高我国在全球经济治理中的制度性话语权。协同推进战略互信、经贸合作、人文交流，形成陆海内外联动、东西双向开放的全面开放新格局。共享发展注重解决社会公平正义问题，从人民最关心最直接最现实的利益问题入手，增加教育、医疗、住房、养老等优质公共服务供给，使全体人民在共建共享发展中有更多获得感、幸福感、安全感，朝着共同富裕方向稳步前进。可以说，新发展理念既抓住了制约发展的症结，又开出了解决问题的良方，为区域经济社会可持续发展提供了新路径。

（2）“五位一体”总体布局

党的十八大提出经济建设、政治建设、文化建设、社会建设、生态文明建设“五位一体”总体布局，突破了一味追求经济增长而不注重社会生态环境改善和人民生活水平提升的发展观念，从单纯追求经济发展现代化逐步转变为经济、政治、文化、社会、生态文明全面发展的现代化建设，推动中国特色社会主义现代化建设进入经济富裕、政治民主、文化繁荣、社会和谐、生态美丽的发展新阶段。经济建设方面，坚持质量第一、效益优先，以供给侧结构性改革为主线，推动经济发展质量变革、效率变革、动力变革，着力构建实体经济、科技创新、现代金融、人力资源协同发展的现代经济体系，实现更高质量、更有效率、更加公平、更可持续的发展。政治建设方面，坚持党的领导、人民当家作主、依法治国有机统一，完善人民代表大会制度、中国共产党领导的多党合作和政治协商制度、民族区域自治制度以及基层群众自治制度，不断推进社会主义政治制度自我完善和发展，为区域发展提供制度保障。文化建设方面，就是以马克思主义为指导，坚守中华文化立场，立足当代中国现实，结合当今时代条件，发展面向现代化、面向世界、面向未来的，民族的科学的大众的社会主义文化，推动社会主义精神文明和物质文明协调发展，为区域发展提供精神动力和智力支持。社会建设方面，坚持在发展中保障和改善民生，在发展中补齐民生短板、促进社会公平正义，不断满足人民日益增长的美好生活需要，形成有效的社会治理、良好的社会秩序，使人民获得感、幸福感、安全感更加充实、更有保障、更可持续。生态文明建设方面，坚持节约优先、保护优先、自然恢复为主的方针，形成节约资源和保护环境的空间格局、产业结构、生产方式、生活方式，还自然以宁静、和谐、美丽。总体来讲，“五位一体”总布局是相互联系、相互促进、相辅相成的统一整体，为新时期我国区域发展实践提供了路线图。

（3）“四个全面”战略布局

党的十八大以来，面对世情国情党情的新变化，以习近平同志为核心的党中央，创造性提出“四个全面”战略布局，即全面建成小康社会、全面深化改革、全面依法治国、全面从严治党，回答了“实现什么样的现代化和民族复兴、如何实现现代化和民族复兴”的重大问题。全面建成小康社会就是坚持以人民为中心的发展思想，想群众之所想、急群众之所急、解群众之所困，在学有所教、劳有所得、病有所医、老有所养、住有所居上持续取得新进展，集中力量攻坚克难，更好推进精准扶贫、精准脱贫，确保如期实现脱贫攻坚目标。全面深化改革着眼解决区域发展面临的深层次矛盾和体制机制弊端，完善和发展中国特色社会主义制度，推进国家治理体系和治理能力现代化，为区域发展提供强大的动力。全面依法治国着眼促进国家生活和社会生活的法治化制度化规范化，完善以宪法为核心的中国特色社会主义法律体系，推进法治国家、法治政府、法治社会一体建设，为区域发展营造公平公正的法治环境。全面从严治党，就是要坚持和加强党的全面领导，以加强党的长期执政能力建设、先进性和纯洁性建设为主线，以党的政治建设为统领，以坚定理想信念宗旨为根基，以调动全党积极性、主动性、创造性为着力点，全面推进党的政治建设、思想建设、组织建设、作风建设、纪律建设，把制度建设贯穿其中，深入推进反腐败斗争，为区域发展营造风清气正政治生态。总的来看，“四个全面”之间相互联系、相互制约、相互促进形成合力，推动着区域经济社会健康有序地前进。

区域发展必须树立新的发展理念。“五位一体”“四个全面”是新发展理念的宏观思维和战略统领，新发展理念是“五位一体”“四个全面”实现的具体路径和战略引领，彼此之间相互联系，各有侧重，为重庆社会经济发展提供了总遵循。在具体实践中，必须完整地、系统地把握它们之间的关系，把战略思想、理念、原则贯彻落实到重庆大地上，开创重庆区域经济发展的新局面和新境界。

2.“四化”同步发展相关理论及实践

针对全球技术革命和产业变革趋势，党的十八大报告提出工业化、信息化、城镇化、农业现代化同步发展。学术界从内涵、发展路径、评判标准等多角度对“四化”同步发展开展研究，形成了一些初步成果。

（1）“四化”同步发展内涵研究

易小光等认为“四化”同步的本质是“四化”互动，工业化是基础，城镇化是支撑，农业现代化是保障，信息化是新动力。夏金梅认为新型工业化是龙头，农业现代化是基础，新型城镇化是主平台，信息化具有渗透、覆盖和拉动作用，“四化”联动是发展的永恒动力。刘文耀等认为“四化”同步发展是一种国家现代化路径、经济社会发展方式、系统化资源配置模式，反映了区域经济社会发展由初级到高级、由不发达到发达的动态演变的过程。李二超认为“四化”同步的关键是“四化”互动，工业化是动力，信息化是灵魂，城镇化是引领，农业现代化是基础。综合所述，“四化”同步发展本质上是通过“四化”良性互动推动区域经济社会协调发展，推动中国现代化建设。

（2）“四化”同步发展路径研究

易小光等提出以新型工业化带动产业经济规模和产业结构层次的“双提升”，吸引农村富余人口向非农产业转移就业，稳步推进以人为核心的新型城镇化；利用新工业化带来的技术进步和新型城镇化带来的农村人口减少推动农业技术、组织形式等现代化，增强中国农业发展的横向竞争力；同时将信息化发展成果融入生产、生活各个领域，助推其他几“化”同步发展。李二超认为，推进“四化”同步关键是要进行制度创新，重点是创新城乡产权制度、创新城乡公共服务制度、创新投入制度、创新科技制度、创新人才培养制度。洪银兴认为新时代推进“四化”同步发展的着力点是补齐农业现代化这条短腿，发挥科技创新的支撑引领作用，彰显绿色发展要求，促进“四化”融合发展。杨鹏等认为通过工业化和信息化深度融合，有效带动城镇化和农业现代化发展，提升城镇化发展质量，形成城乡一体化、区域一体化发展格局；通过“互联网＋”，有效推动工业化、城镇化和农业现代化，实现“四化”同步发展。

（3）四化同步发展评判标准

夏金梅认为信息化与工业化发展是否深度融合、工业化和城镇化发展是否良性互动、城镇化和农业现代化发展是否相互协调等是衡量“四化”同步发展的标准。刘文耀等认为工业化与城镇化、城镇化与信息化、农业现代化与信息化、城镇化与农业现代化、农业现代化与工业化、工业化与信息化这六对关系是“四化”同步发展的核心，也是建立“四化”同步发展评价指标体系的重点和难点，评判和衡量“四化”同步发展的标准应围绕这六对关系而设计。

“四化”同步发展顺应了现代化建设的客观规律，是解决区域经济社会结构深层次问题的重要选择，也是提升经济发展质量和实现经济社会协调发展的必由之路。当前，重庆正处在统筹区域、城乡发展，推动工业化、信息化、城镇化、农业现代化相互支撑、相互融合、互动发展的关键节点，应充分发挥大数据智能化引领作用，推进工业化和信息化深度融合，带动产业转型升级；以工业化和信息化引领，提升城镇化水平；大力推进城镇化和乡村振兴相结合，促进城乡融合发展，从而实现区域经济持续健康发展。

3. 主体功能区划理论及实践

主体功能区规划是指根据不同区域的资源环境承载能力、现有开发密度和发展潜力，统筹谋划未来人口分布、经济布局、国土开发利用和城镇化格局，将国土空间划分为优化开发、重点开发、限制开发和禁止开发四类，确定主体功能定位，明确开发方向，控制开发强度，规范开发秩序，完善开发政策，逐步形成人口、经济、资源环境相协调的空间开发格局。

从“十一五”规划《纲要》提出主体功能区概念，到2011年《全国主体功能区规划》正式发布，到党的十八大报告明确提出加快实施主体功能区战略，再到党的十九大进一步提出完善主体功能区配套政策，主体功能区建设已成为落实人口、经济和资源环境相协调的国土空间开发格局的战略举措。主体功能区划是一项非常庞大的系统工程，涉及经济学、生态学、环境化学、社会人文科学等众多相关学科。不同领域的专家学者从不同研究视角对主体功能区理论基础进行了广泛而深入的探讨。

樊杰认为，地域功能形成机制、区域发展分异规律、空间结构演变以及区域均衡发展等经济地理学理论是主体功能区划分的科学基础，为国土利用、人口分布、城镇建设、产业发展、生态保护有序发展提供了重要的科学依据；主体功能区规划坚持因地制宜的基本原则，科学识别地域功能，构筑有序的区域发展格局。陆大道等认为，主体功能区划本质是一种区域空间规划，“点—轴系统”理论、“人地关系地域系统”理论、“双核结构”理论、“城市区域”理论可作为主体功能区划的理论基础。

从现有研究看，多数学者认可空间有序性法则理论、科学发展观、生态经济理论、地域分异理论、协调发展理论、区域空间结构理论、可持续发展理论等为主体功能区划的理论基础。在这些理论中，空间有序性法则是地域主体功能区划的主旨所在，科学发展观是主体功能区划的主要理论，生态经济理论引导其主体功能定位，地域分异理论有助于其区域类型辨别，协调发展理论和区域空间结构理论促进其空间协调，可持续发展理论是指导其发展的战略理论。

主体功能区划理论是在研究总结西方空间规划理论的基础上，结合我国地域环境复杂的基本国情，提出的新理论，旨在通过主体功能定位，规范约束地方政府行为，促进社会经济发展与资源环境承载相协调，实现区域特色化、差异化发展。重庆属于一个有着中等偏小省份国土面积的直辖市，国土空间构成特性利用较为复杂，既作为国家中心城市，属于国家重点开发区域，同时又地处长江上游和三峡库区，生态环境脆弱，肩负着构筑长江上游重要生态屏障、保护国家淡水资源战略库的历史重任。因此，重庆应严格按照主体功能区定位，优化完善区域生产力布局和城市（镇）布局，实现区域发展整体最优化。

4. 我国区域发展战略理论及实践

新中国成立以来，中国的区域发展战略先后经历了区域均衡发展战略1.0 时代、非均衡发展战略 2.0 时代、统筹协调发展战略 3.0 时代和协同发展战略 4.0 时代，进行了一系列实践及理论探索，形成了丰富的研究成果。

（1）区域均衡发展战略实践及理论探索

新中国成立后，为了改变旧中国工业分布极不平衡的状况，同时根据当时大的国际环境备战的实际和边防安全的需要，开始实施重点发展内地，推进区域均衡发展战略，形成沿海和内地两大经济地带。“一五”计划时期，中央大力投资发展东北地区，形成了以沈阳、长春、哈尔滨等城市为代表的东北老工业基地。“三线建设”时期，中央对国家工业布局进行了大调整，将东部沿海及东北地区的部分工业转移到中西部地区，并进行了大规模的投资，形成了重庆、昆明、成都、西安、贵阳、兰州等十几个新兴工业基地，基本实现了均衡发展的战略目标。但当时出于备战考虑，工业多布局在比较隐蔽的地方，对经济性方面的考虑较少。

（2）非均衡发展战略实践及理论探索

改革开放后，中央对区域均衡发展战略进行了深刻反思与总结，重新探讨沿海与内地的关系问题，提出了“两个大局”的战略构想，即优先发展经济基础和区位较好的东部沿海地区，待东部地区经济发展达到一定水平，再有序地发展中西部落后地区，逐步缩小沿海与内地之间的差距，实现国民经济共同发展和人民共同富裕的目标。改革开放初期，在区域非均衡发展战略推动下，东部沿海地区的经济迅猛发展，国家经济整体实力显著提升。但这一战略主要关注效率，对地区发展的公平性重视不够，导致东西部之间的发展差距不断拉大。

（3）统筹协调发展战略实践及理论探索

新世纪初期，为了解决日益严重的区域发展失衡问题，国家提出效率优先兼顾公平的区域统筹协调发展战略思想，并逐步推出了西部大开发、东北振兴、中部崛起等国家级发展战略。在此战略的指导下，各地因地制宜、各展所长、优势互补，资源配置更加合理，生产力布局进一步优化，区域和城乡发展差距持续扩大的趋势得到一定程度的抑制，基本形成了“东部领先、西部开发、东北振兴、中部崛起”的统筹协调发展格局。统筹协调发展战略重新阐释了效率与公平的问题，有力保证了我国经济社会的快速稳定发展。

（4）协同发展战略实践及理论探索

党的十八以来，我国经济发展步入新常态，区域间无序竞争、同质化发展等问题凸显，加之国内产能过剩和全球经济发展放缓等问题交织在一起，迫切需要新战略引领和解决新时期出现的新问题。以习近平同志为核心的党中央，站在经济全球化和区域经济一体化的视角，提出了“一带一路”倡议及京津冀协同发展和长江经济带发展战略，同时加大老、少、边、穷地区的扶贫开发力度，形成了提质增效兼顾公平的协同发展战略思想。该战略思想以供给侧结构性改革为主线，从内到外找到促进区域经济进一步发展的突破口；以合作共赢为基础，统筹双边、多边、区域次区域开放合作，开拓区域发展的国际视野，形成陆海内外联动、东西双向互济的开放新格局。

70 年来，我国区域发展战略经历了从“实践—认识—实践”不断深化的过程，最终形成了符合中国国情和发展阶段的区域发展战略理论和成功案例，为我国推进全面小康，迈向现代化产业奠定了坚实的理论基础，提供了宝贵的实践财富。

二、重庆区域经济发展现状及问题

直辖以来，特别是党的十八大以来，重庆积极主动融入、参与、服务“一带一路”建设和长江经济带发展，稳步推进西部大开发，按照“五位一体”总体布局和“四个全面”战略布局，认真落实新发展理念和习近平总书记对重庆“两点”定位、“两地”“两高”目标和“四个扎实”要求，紧扣供给侧结构性改革，不断优化生产力布局和经济结构，完善综合服务功能，区域发展取得重大进展。但当前重庆总体上仍处于欠发达阶段、属于欠发达地区的基本市情没有根本变化。与发达省市相比，综合经济实力不强、创新能力和综合交通能力不足等短板明显，发展不平衡不充分的问题还很突出。

（一）发展现状

1. 区域经济综合实力日趋增强

直辖以来，随着体制机制逐步改善，内陆开放加快推进，汽车、电子信息产业等主导产业快速发展等，重庆经济持续快速增长，体量不断壮大。2017 年，全市地区生产总值（GDP）达到 19500.27 亿元，是 1997 年的 14.8 倍，年均增长 11.9%。重庆历年 GDP 及增速变化如图 1 - 1 所示。三大产业结构逐步优化，从直辖初的 20.3∶43.1∶36.6 调整到 2017 年的

6.9:44.1:49.0。经济发展质量持续提升，人均 GDP 和地均 GDP 分别为 6.37 万元/人、0.24 亿元/平方公里，高于全国平均水平，领跑西部地区。主城片区、渝西片区、渝东北片区和渝东南片区地区经济实力亦稳步提升，2017 年经济总量分别是 2000 年的 12.1、10.2、11.2、11.5 倍，2000—2017 年四大片区 GDP 规模如图 1－2 所示。其中，主城区和渝西片区注重培育产业体系和壮大城市经济，是全市工业化城镇化最活跃地区，经济发展势头强劲，是全市经济发展的重要支撑。渝东北片区和渝东南片区注重生态建设和环境保护，积极发展特色农业和乡村旅游，经济总体保持稳步增长的态势。

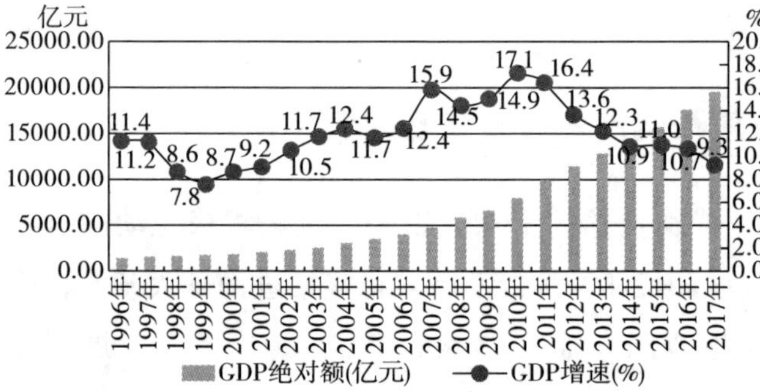

图 1－1　直辖以来重庆历年 GDP 及增速变化

数据来源：《2018 年重庆统计年鉴》.

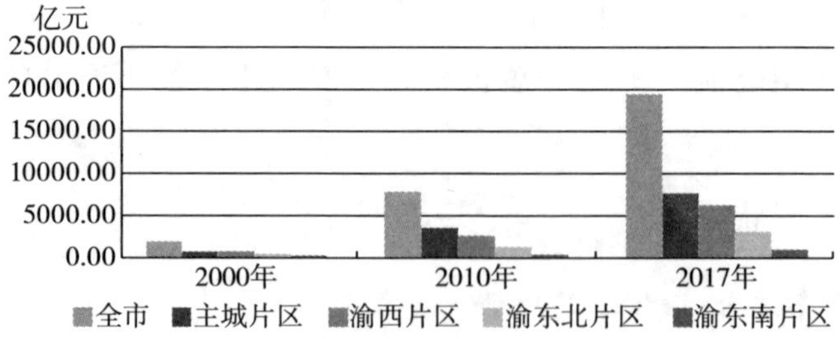

图 1－2　重庆四大片区 GDP 规模变化情况

注：2017 年各片区的 GDP 是根据各区县 2016 年 GDP 和 2017 年增速，并考虑价格因素测算而得。

数据来源：重庆统计信息网 http：//www.cqtj.gov.cn/.

2. 交通设施互联互通明显增强

铁路建设成效显著，渝怀、渝遂、成渝客专、兰渝等铁路相继建成通车，截至2017年，重庆已形成“一枢纽十干线”铁路网线，铁路营运里程达到2371公里；其中成渝高铁、渝万高铁建成通车，全市高铁实现“零”突破，达到381公里，重庆正加速融入全国高铁网络。公路建设加快推进，全市公路线路里程突破14.3万公里，公路路网密度明显增强，重庆境内形成了横跨东西、纵贯南北、干支相连、沟通城乡、衔接港站、辐射周边的四通八达的公路交通网络。其中，“三环十二射多联线”高速路网加速形成，通车总里程达到3023公里，对外出口通道达到19个，路网密度达到3.67公里/百平方公里，位居西部地区前列，除城口县外实现高速公路区县全部通达。国际航空枢纽建设加速推进，江北国际机场和万州、黔江机场稳步发展，武隆和巫山机场开工建设，基本形成“一大四小”机场格局。其中，江北国际机场T3A航站楼和第三跑道建成投用，成为中西部首个拥有三座航站楼、实现三条跑道同时运行的机场，年旅客吞吐量达到3872万人次，连续保持在全国前十，国际航线增至82条，国际航空枢纽功能不断增强。长江上游航运中心初具雏形，“一干两支”航道体系基本建成，航道总里程达到4472公里；果园、珞璜、龙头、新田枢纽港建成投用，“四枢纽九重点”现代化港口集群建设成效明显，全市港口货运年吞吐量和集装箱通过能力分别达到2亿吨、450万标箱，船舶大型化、标准化建设走在全国内河前列。“一环八线”城市轨道交通网加快构建，轨道交通开通运营6条线路，运营总里程达到264.19公里，位列全国第六①、中西部第一。其中，轨道交通跳磴至江津、大学城至璧山段开工建设，主城区和渝西片区轨道一体化发展实现突破。农村交通面貌显著改观，全市所有乡镇通水泥路（油路），实现行政村100%通畅，撤并村100%通达。其中，渝东北、渝东南片区等级公路密度由2013年的0.98公里/平方公里提高到1.20公里/平方公里。同时能源、水利、环保等基础设施支撑体系不断完善。

---

① 前五名城市分别是：上海（666.44公里）、北京（600.64公里）、广州（369.14公里）、南京（346.76公里）、深圳（285.03公里）。

3. 区域产业发展态势各具特色

直辖以来，重庆按主体功能区要求和产业规划导向，各区域板块产业加快集聚，发展态势各具特色。随着现代金融、商务商贸、现代物流、总部经济等为核心的现代服务业体系逐步完善，以及电子核心基础部件、新能源汽车、机器人、3D打印等战略性新兴制造业加速集聚，主城片区基本形成了以现代服务业、高端制造业为主体的产业体系。其中，2017年主城片区实现服务业增加值占GDP比重达57.6%，较2000年提升16.7个百分点，达到全国服务业发展领先地区水平。伴随新型工业化和新型城镇化加快推进，渝西片区近年来工业发展明显加快，年均增速达到12.3%，工业增加值占全市的39.0%，工业投资占全市的61.9%，显示出提速发展的强大后劲。渝东北片区和渝东南片区以生态经济发展为导向，加快培育生态民俗旅游、生态效益农业等特色产业，渝东北片区重点景区开发提速，11个区县全部获批全国电子商务进农村示范县；渝东南片区接待游客人数增长17%左右，领跑全市其他功能区域。2017年重庆四大片区产业结构情况如图1-3所示。

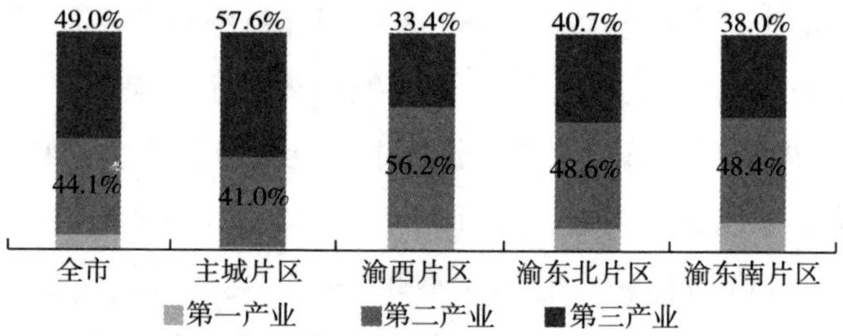

图1-3　2017年重庆四大片区产业结构

注：根据各区县相关指标2016年的绝对额与2017年的增速测算而得。

4. 新型城镇化建设成效显著

在国家中心城市建设加快推进的作用下，全市新型城镇化建设取得明显成效，城市功能不断完善。2017年全市常住人口达3075.16万人，常住人口城镇化率64.1%，分别较1997年增加201.83万人、提高33.1个百分点；主城建成区面积拓展到732平方公里，城镇群功能体系日益完善，城市品质得到提升。城市商务商业功能日益增长，重庆已建大型零售设施超过500

个，其中城市商业综合体突破100个；并形成了中央商务区（解放碑—江北嘴—弹子石）、城市核心商圈（观音桥、南坪、三峡广场、杨家坪等核心商圈）、社区便民商圈（乡镇商圈）三级现代商圈体系。同时，重庆特色小镇建设取得了良好的进展，拥有全国特色小镇13个、全国旅游名镇13个、中国历史文化名镇18个、市级特色小城镇36个、市级特色小镇示范点50个，初步形成了以全国特色小镇为龙头，以国家级名镇和市级名镇为重点，一般乡镇为基础的层次分明、结构合理、规模适度、功能互补的梯级城镇发展体系。从各区域板块来看，2017年主城片区、渝西片区、渝东北片区和渝东南片区常住人口分别为865.06万人、1124.09万人、813.58万人、272.43万人；城镇化率依次稳步提升至89.8%、61.8%、47.6%、40.2%，分别较2000年提高8.3、31.8、29.2、28.7个百分点；主城片区和渝西片区的城市商业综合体占比超过80%，商业功能较为丰富。四大片区2000—2017年城镇化率如图1-4所示。

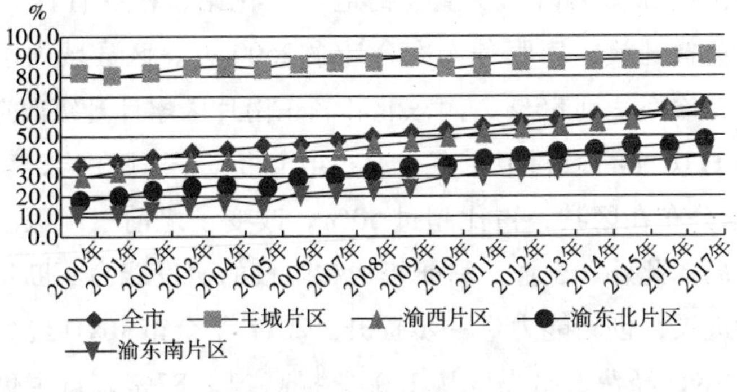

图1-4　重庆市四大片区2000—2017年城镇化率

5. 内陆开放高地建设富有成效

随着开放平台、通道建设加快推进，重庆内陆开放高地建设成效明显。2017年，重庆实际利用外资101.83亿美元，连续6年达百亿美元规模；进出口总额达4508.25亿元（折算美元约667.42亿美元），位居中西部地区前列。目前重庆拥有4个国家一类口岸，两江新区开发开放的示范作用日益增强，中国（重庆）自由贸易试验区、中西部地区唯一的中新政府间合作项目——中新（重庆）战略性互联互通示范项目建设稳步推进，已形成了“1 +

2+5+7”的国家级开放平台体系①。中欧班列（重庆）成为陆上丝绸之路经济带贸易主通道，“渝桂新”海铁国际联运通道和“重庆－东盟公路班车”实现常态化开行，沪渝外贸集装箱已建立“五定”快班轮三峡船闸便利化通行机制，国际物流通道建设在内陆地区处于引领地位。中国（重庆）国际贸易“单一窗口”上线运行，国际贸易便利化程度进一步提升。

6. 公共服务均衡化水平显著提升

按照区域功能定位、产业发展需求、经济社会发展水平和人口流动规律等，重庆稳步推动基本公共服务均等化，教育、文化、医疗、卫生等优质公共服务资源的区域、城乡均等化布局进一步增强。各区县域内义务教育学校结对帮扶、捆绑发展实现全覆盖，近些年每年新进中小学教师达到8000人，其中70%充实到乡镇及以下学校，全面改善了贫困地区义务教育薄弱学校基本办学条件；近五年渝东北和渝东南片区累计改善了3018所农村义务教育薄弱学校和507所寄宿制学校办学条件。全市基本公共文化服务均等化有序推进，区县文化馆和图书馆、乡镇（街道）文化站、村（社区）文化室已实现全覆盖并免费开放，年服务人次合计逾2500万。区县域内医联体实现全覆盖、域内就诊率达到85%，渝东北和渝东南片区累计升级改造了564个乡镇卫生院和1116个行政村卫生室；近些年全市三甲医院由16家增加至32家，现有17家分布在区县，占比超过50%，改变了之前三甲医院大部分都在主城区的格局。此外，企业、科研机构和院校的研发能力不断增强，取得了一些突破性进展，创新能力进一步提升。2017年全市R&D经费支出接近364.63亿元，R&D经费支出强度从1.05%提高到1.87%，自主创新基本要素投入稳步增长；同时，高等教育、职业教育院校加快发展，全市拥有重庆大学、西南大学等65家高校，专科职业学校突破40家，其中永川、黔江职业学校发展态势较好。

7. 生态环境建设成效不断显现

近年来，坚持生态优先、绿色发展，以大气、水、土壤污染治理为重

① “1”指1个国家级新区即两江新区，“2”指自贸试验区和中新互联互通示范项目，“5”指5个国家级经开区和高新区，“7”指3个海关特殊监管区、1个国家检验检疫综合改革试验区、3个保税物流中心。

点，突出“建、管、改”，深入推进“碧水、蓝天、绿地、田园、宁静”环保行动，坚决向污染宣战，生态文明水平进一步提升，主要环境指标持续改善，库区环境安全得到有效保障。以主城片区和渝西片区为重点，深入实施“蓝天行动”，着力控制交通污染、工业污染、扬尘污染、生活污染，突出联防联控，增强监管能力。2017 年空气质量优良天数达 303 天（自 2013 年执行新标准以来增加 97 天），同比增加 2 天，PM2. 5 浓度为 45 微克/立方米（比 2013 年实施“大气十条”以来下降 35. 7%），同比下降 16. 7%，提前、超额完成国家下达的目标任务。深入实施“绿地行动”，加强生态保护和修复，扎实开展“绿盾 2017”自然保护区监督检查专项行动，完成自然保护区内违法违规项目整改 97 个。全面启动土壤污染状况详查，在全国率先开展污染场地治理修复，实现乡镇医疗机构医疗废物集中无害化处置全覆盖，重金属污染防治完成年度 2% 减排任务，土壤环境质量总体稳定。全面推行河长制，饮用水源和河库管护得到加强，长江干流重庆段、嘉陵江、乌江等保持优等水质；加强对大巴山、武陵山和缙云山等森林资源保护力度，全市森林覆盖率提升至 45. 4%，为全国平均水平的两倍多。同时建立了环境监察督察制度，强化环境保护日常监察、专项督察，生态环保体制机制改革取得新成效。

（二）存在问题

1. 区域创新能力较弱且区域差异性较大

创新仍然是重庆市的突出短板，是经济社会发展中的薄弱环节，区域差异性较大，不利于区域经济长足发展。研发经费投入绝对值和强度均显不足。全市 R&D 经费支出呈现逐年走高之势，但仍低于陕西、四川、湖北三个周边邻近省份，更远远滞后于长江下游省市，研发投入强度低于上海 2. 0 个百分点。科技研发资源集聚水平较低，国家级科研院所分别只有四川的 1/2、陕西的 1/3，高新技术企业只有两地数量的一半。根据工业和信息化部发布的《中国两化融合发展数据地图（2016）》，重庆“智能制造就绪率”[①] 暂未达到全国平均水平。此外，创新生态系统不够优化，政府职能转变不到

① 智能制造就绪率为智能制造就绪企业占全部企业的比重。

位，创新政策不落地的现象仍然存在。从区域内部来看，区域差异性较大。受产业重点布局、规模以上工业企业集聚等因素影响，全市 R&D 投入集中在主城片区和渝西片区，占全市比重高达 90% 以上；而渝东北片区和渝东南片区合计占比仅为 6.0% 左右。且主城片区的研发投入强度接近 2.0%，远高于渝东北片区和渝东南片区。

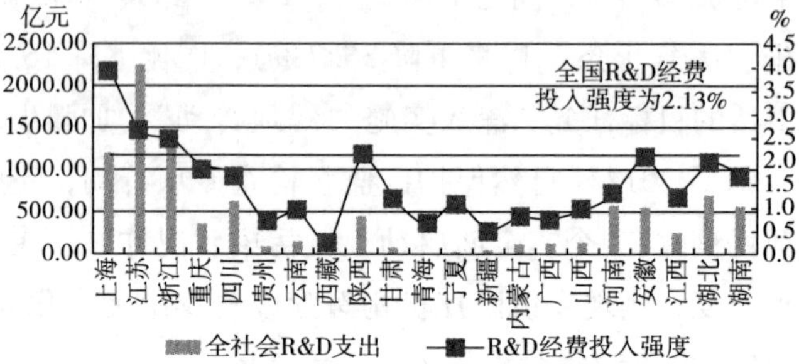

图 1－5　2017 年长江经济带、中西部地区省市 R&D 支出

数据来源：国家统计局及省市统计公报。

2017 年长江经济带、中西部地区省市 R&D 支出如图 1－5 所示。

2. 区域发展不均衡依然凸出

2017 年，重庆城镇、农村常住居民可支配人均收入分别为 3.22 万元、1.26 万元；城乡居民收入比为 2.56，总体呈现下降趋势，但仍大于浙江、上海、江苏、湖北、河南、江西、安徽、四川 8 省市，具体数据如表 1－1 所示。按照国际经验，城乡居民收入差距超过 2.5 倍，经济体发展将面临社会稳定风险①，因此缩小城乡居民收入差距仍将是制约区域协调发展的要因。四大片区之间发展差距显著，区域发展不均衡依然明显。主城片区人均 GDP 分别是渝西片区、渝东北片区、渝东南片区的 1.8、2.4、2.5 倍；同时主城片区人均一般公共财政收入、人均居民收入与渝西片区、渝东北片区、渝东南片区的比值分别是 1.3、2.1、1.6 和 1.3、1.7、2.0。此外，主城区和渝西片区对其他两大片区的辐射带动作用有限，“小马”拉“大车”局面困扰

① 按照国际经验，城乡居民收入差距 1.7 倍为安全，2 倍为基本安全，2.5 倍有风险，3 倍有重大风险，3.5 倍及以上出现社会稳定危机。

依旧。

表1－1　2017年长江经济带、中西部地区各省市居民收入情况

省（直辖市、自治区）	城镇常住居民人均可支配收入（元）	农村常住居民人均可支配收入（元）	城乡居民收入比
浙江	51261	24956	2.05
上海	62596	27825	2.25
江苏	43622	19158	2.28
湖北	31889	13812	2.31
河南	29558	12719	2.32
江西	31198	13242	2.36
安徽	31640	12758	2.48
四川	30727	12227	2.51
重庆	32193	12638	2.55
湖南	33948	12936	2.62
广西	30502	11325	2.69
山西	29132	10788	2.70
宁夏	29472	10738	2.74
新疆	30775	11045	2.79
内蒙古	35670	12584	2.83
西藏	30671	10330	2.97
陕西	30810	10265	3.00
青海	29169	9462	3.08
云南	30996	9865	3.14
贵州	29080	8869	3.28

数据来源：《2018年中国统计年鉴》。

3. 区域之间公共服务不均衡

直辖以来，重庆市大力促进基本公共服务均衡化，但区域之间仍然存在较大差距。在主体功能导向及市场效应影响下，人力、物力和财力等资源逐步向主城片区和渝西片区聚集，造成区域间的差距进一步扩大。医疗事业方面，主城片区人均医疗支出最高，比最低的渝东南片区多100多元；同时2017年主城片区每千人拥有床位数为8.11，较最少的渝西片区多36.3%，凸显了医疗卫生资源配置的不均衡。教育方面，师资力量区间存在差距，渝

东北片区、渝东南片区中学生师比均达到 15 : 1 左右，明显要大于主城片区（12.6 : 1）和渝西片区（13.2 : 1），而小学年生师比则是主城片区和渝西片区大于渝东南和渝东北片区，表明渝东北片区、渝东南片区中学教师数量相对不足，而主城片区和渝西片区小学教师数量略显不足。同时，学校资源分布也不均衡，每千学生拥有学校数主城片区最少，仅为 0.81 个，明显低于渝西片区的 1.23 个和渝东南片区的 1.25 个。此外，主城片区每万人公共图书馆藏书数最高，达到 1.09 万册，是最少的渝东北片区的 4.2 倍，区域差距较明显。

4. 区域可持续发展与生态环境保护压力较大

重庆多高山，且处于三峡库区腹心地带，生态脆弱，环境承载力较差，局部地区人口密度高，区域人口、资源、环境可持续发展压力依然巨大。例如，2017 年中央环保督察组报告显示，水环境保护存在薄弱环节，重庆 15.8% 的监测断面未达到水域功能要求，54 座城市污水处理、厂中有 39 座未按期建成，22 个远郊区（县）没有建设污水处理、污泥无害化处置设施；且航运污染防治还不到位，部分港口污水直接排入长江。同时，作为全市重要的生态保护区渝东北片区和渝东南片区，仍然是全市基础条件最差、发展水平最低、贫困程度最深的地区，农业面源污染较为严重，农村环保工作仍存在畜禽养殖污染治理有待提升、露天秸秆焚烧现象时有发生，部分蔬菜、水果等产业农药化肥使用量偏高等问题。总体看来，解决全市发展与资源环境之间的矛盾需求非常迫切。此外，空气污染因子更趋多样化、复杂化，主城区 PM10、PM2.5 年均浓度仍然偏高①；全市循环经济发展模式尚未有效形成，地质灾害点多面广、环境风险源量大面广，生态文明建设任务艰巨。

5. 交通设施相对薄弱且支撑能力存在区域差异性

横向比较看，全市交通外联内畅能力依然薄弱。民航方面，国际航线数量偏少。2017 年江北国际机场累计开通 68 条国际（地区）航线，低于成都双流机场（2016 年 95 条），仅为北京首都机场的 56.7%、上海浦东机场的 59.6%。高速铁路和高速公路里程短。截至目前仅开通运营成渝高铁和渝万

① 资料来源：《重庆市生态文明建设“十三五”规划》。

城际铁路，高铁运营里程仅367公里，仅约广西、安徽、湖南的五分之一，是贵州的42.6%、云南的59.3%。高速公路通车里程为2818公里，在长江经济带和中西部地区21省市（地区）中，仅高于上海、西藏和宁夏。内部区域比较看，当前重庆交通基础设施水平，主城片区最高，渝西片区次之，明显好于渝东北和渝东南片区。相对较好的交通基础设施水平对主城片区和渝西片区的产业发展和经济社会建设构成较强的支撑。而渝东北和渝东南片区的各区县内部通达能力相对不足。根据以各区县城区为中心的可达性评价分析可以看出，渝东北的大巴山区及渝东南武陵山区由于地理环境因素及投资政策等原因，只有几条放射状的高速公路，缺乏网络状的连接道路，同时区县内部交通基础设施建设相对滞后，县乡道路路网密度小，总体可达性相对较差，阻碍当地特色效益农业，建设无公害农产品和绿色有机食品基地的发展。交通基础设施的制约，在一定程度上也降低了全市全域旅游产业的发展速度，减缓了产业要素的跨行业、跨区域流动，相关产业联动效果及产业链的稳步发展受到影响。

三、重庆区域发展面临新环境

（一）全球区域动力结构和区际利益变化更趋多元

新技术带来区域之间资源流动效率变化，使得全球经济的空间结构影响因素更加多元。一是信息技术、交通运输技术、新材料技术等新技术创新应用，推动人流、物流、信息流和资金流的流动效率持续提升以及流动成本的持续降低。从要素禀赋角度出发，要素流动成本的降低使得外部要素资源禀赋效应与内部要素资源禀赋效应的差异进一步缩小，从而使得自然地理、经济区位、行政区划等传统要素初始禀赋差异对区域经济影响因素日趋弱化。二是技术推动的资源交流频率提升，使得语言、文化、价值观对要素流动的影响程度日趋加大，并产生新的人地关系和新的空间组织形式，从而对区域产业分工结构、产业空间布局、基础设施建设、区域贸易合作等产生新的影响。

世界城市群发展态势的差异化导致虹吸溢出效应区别加大，从而使得区域生产力布局和区际利益协调更加复杂。全球各大城市群的核心城市，由于危机后复苏的新增长点不同，导致对实体经济、国际贸易、战略资源的利益争夺和关注重点存在显著差异。按照区域非均衡发展理论，各大城市群的虹吸、溢出和圈层发展需求差异化，将导致“扩散效应”和“极化效应”的差异性改变，从而使得全球利益协调更趋复杂。如以纽约为中心的美国东北部大西洋沿岸城市群、以芝加哥为中心的北美五大湖城市群、以东京为中心的日本太平洋沿岸城市群、以伦敦为核心的英伦城市群、以巴黎为中心的西北欧城市群等，经济增长和人口吸纳趋势已经出现显著变化。

各国战略取向和多边合作方式的不确定性调整预期，使得区域经贸合作趋势不确定性加大。一是再工业化、贸易保护主义、全球竞争性减税等，将对产业、技术、资本、人才等要素产生全面影响。按照集聚和分散理论以及趋优分布理论，要素布局的变化将对下一阶段区域动力强弱产生直接效应。如美国贸易投资战略调整预期的不确定性，欧洲贸易合作战略和移民政策的可能性变化，俄罗斯、印度等新兴经济体的战略变化预期等，都将对全球产业、技术、人才产生不确定影响效应。二是我国“一带一路”倡议的区际合作效应将持续扩大，但国际环境变化对相关国家交流规模、交流领域及交流互动频次、深度等影响亦不容忽视。

（二）国内城市群发展和区际要素竞争出现新的发展特征

我国城市群仍处于向心集聚阶段，超大城市与特大城市的资源集聚效应及多元化发展诉求将更加突出。一是目前我国大部分城市群的核心城市圈或都市区发育还不充分，产业升级和人口吸纳趋势短期不会改变。按照城市群空间演化理论和增长极理论，城市规模扩大期间，产业、人口和要素的集聚收益大于拥挤成本，从而促进城市集中度继续提升。二是城市配套服务短板更加突出，新的城市建设和服务配套诉求基本一致。相对成熟的珠三角城市群、长三角城市群，以及有较好基础的城市群如京津冀城市群、成渝城市群、长江中游城市群、中原城市群等，虽然产业发展阶段和城镇化发展阶段不同，但同城化、多元化、智能化、国际化的自身功能完善、周边联动发展的方向相同。

新技术和新业态使得东中西部的区际要素竞争更趋同质化。一是新产品、新业态、新商业模式导致的新增长点变化，使得东中西部的产业升级和战略新兴产业发展诉求更趋同质化。二是新技术应用及快速迭代，使得东中西部地区的区位差异和人流物流成本差异不断缩小，对最新技术、创新团队、领军人才乃至产业链的竞争更加激烈。按照集聚和分散理论，新技术的正向反馈效应受到集聚（拥挤）收益和成本多重影响，中西部地区的产业集聚成本的降低，将有助于形成新的区域比较优势。

区域协调发展战略深入推进，内陆板块活力将持续增强。一是国家实施区域协调发展和新型城镇化战略，将对东中西联动发挥更为重要的带动作用，从而助力西部内陆地区的开放思维和开放能力持续提升。国家积极推进"一带一路"、京津冀协同发展、长江经济带发展，出台一系列促进西部开发、东北振兴、中部崛起、东部率先发展的改革创新举措，实施重点城市群规划，促进大中小城市和小城镇协调发展，将对重庆内陆区域发展产生有效带动效应。二是国家持续加大对革命老区、民族地区、边疆地区、贫困地区等政策支持力度，有利于内陆地区更加有效地利用政策优势弥补发展短板，提升内陆地区在国内商品市场和资本市场的参与度和活跃度。按照"四化"同步发展理论和主体功能区划理论，产业、人口、土地等要素流动的协调互动，将成为决定区域经济发展活力和可持续能力的重要内容，也将获得越来越多的政策助力。

（三）重庆区域经济发展机遇与挑战并存

1. 机遇

国家区域发展和对外开放战略向西部地区纵深推进，有利于加快重庆内陆开放发展步伐。一是重庆作为"一带一路"和长江经济带的联结点和西部大开发的重要战略支点，在服务全国区域协调发展大局中具有举足轻重的地位，能够在东中西部联动及与欧洲、南亚的国家要素流动中发挥更为重要的作用。二是开放提速及要素流动的加快，将倒逼重庆综合交通、产业发展、市场潜力、行政服务等改革步伐加大，从而增强自身发展内生动力。

供给侧结构性改革、创新驱动发展以及西部大开发新十年发展战略，有助于重庆加快工业化城镇化建设进程，提速培育新的发展动力。一是先行先试制度创新等系列规划和政策加快落地实施，有利于重庆在工业化城镇化中期发展阶段，提速城乡一体化发展，提升资本市场和人力市场效率，从而形成新的区域发展优势。二是西部大开发新十年发展战略等，将有利于重庆继续加快城镇化、工业化步伐，补齐完善交通基础设施、开放平台等发展短板，从而推动产业升级和城市建设的持续优化。

成渝城市群建设，将使得重庆与其他城市群的互动更为密切。一是成渝城市群两大核心省市的发展平台日趋夯实，与国内其他城市群的交流频次的不断提升，必将给重庆迎来更高效汇聚国内外资源、承接国内外产业转移的新机遇。二是成渝城市群在产业承接、配套服务、人才发展等方面的区域综合实力不断增强，将使得产业发展和创新创业能够获得更多的区域配套选择，从而助推重庆两江新区、重庆自由贸易试验区和中新（重庆）战略性互联互通示范项目等，拥有更优化的产业、技术、人才发展环境。

2. 挑战

各城市群对创新、人才等要素争夺更趋激烈，对重庆集聚创新人才、项目、资金形成了较大竞合挑战。一是补贴政策和服务政策趋同，使得各省市对创新团队和项目竞争强度逐步加大。如各省市为集聚创新要素出台了系列招商引资、民营经济和人才政策等，使得依托政策优势获取增量转移资源的可能性逐步降低。二是政策趋同情况下，对行政服务效率和配套环境成本的要求将不断提升。重庆与上海、深圳等沿海城市比较存在的明显软服务短板，将对项目、人才和资金集聚产生更大的制约效应。

周边超大城市和特大城市，对重庆消费人群和产业项目的虹吸效应需要关注。一是随着综合交通运输网络，尤其是高铁的快速发展，各区域（省市）间生产要素流动加速。周边成都、武汉超大城市以及西安特大城市的新兴服务业态集聚优势，必然将对重庆产业项目和消费人群形成率先吸引效应。二是周边城市创新平台、创新能力和创新人群的快速集聚，将对重庆创新项目和创新团队形成更为显著的虹吸效应。如果缺乏具备鲜明特征的区域创新竞争优势，重庆创新发展后发追赶压力将日趋加大。

四、新时期重庆区域发展战略思路

（一）区域发展总体思路构想

区域发展总体思路，既要遵循区域经济社会发展客观规律，也要结合区域经济社会发展实际和所处的阶段，结合国内外发展趋势，对接国家赋予的战略使命，在区域产业、城镇体系、城乡协调、开放创新、生态绿色、基础支撑等领域进行总体发展思路设计，形成系统推进、协调互动的区域发展总体思路。新形势重庆区域发展战略应重点体现在以下几方面：

一是必须体现对接落实国家战略部署。政治经济学相关理论及各国区域发展实践均证明，一个区域的发展始终离不开所处更大区域及上一层级行政区域的影响，必须按照“从全局谋划一域，以一域服务全局”的思路，才能顺应区域发展大局，在推动整体发展中实现本区域的发展目标。随着国家战略的不断深入，重庆在全国的战略地位也不断提升，习近平总书记对重庆提出了“两点”定位，“两地”“两高”目标和营造良好政治生态、做到“四个扎实”的重要指示，重庆在区域中的战略定位更加明晰。因此，重庆区域发展思路也进一步明确，坚持以习近平新时代中国特色社会主义思想为指导，全面贯彻党的十九大和十九届二中、三中全会精神，对标习近平总书记对重庆的重要指示，落实到经济社会发展的各个领域。

二是明晰现代化产业体系建设思路和路径。产业体系是区域发展的核心支撑，是推进实现区域战略目标的核心内容。重庆作为老工业基地，直辖以来尤其是近十年来在产业结构优化、规模和效率提升等方面都取得了令人瞩目的成绩。但在新时期国内外严峻复杂的宏观形势下，在全国经济已由高速增长阶段向高质量发展阶段背景下，重庆经济运行与全国一样进入调整期，产业体系短板日益突出，进入转型发展的关键阶段，必须顺应全球产业革命和技术变革趋势，抓住信息化带来的巨大机遇，以大数据智能化为引领，改造提升既有“6+1”工业体系，积极培育发展智能、新能源汽车、高端装备、新材料、生物医药、节能环保等战略性新兴产业，合理引导发展金融、物流、商务、研发设计等现代服务业，提升农业现代化水平，推动形成具有竞争力的产业集群，实现区域经济高质量发展。

三是构建新型城镇化体系及空间格局。城镇体系和城镇空间格局是区域发展战略实施的重要体现。随着经济社会发展水平的不断提升，重庆城镇化进程也不断加快，但也呈现出户籍人口城镇化落后常住人口城镇化、城镇空间格局与城镇职能分工不合理等突出问题。应遵循城市化演变的不同阶段理论和实践轨迹，对接建设国家中心城市定位，结合重庆不同区域经济基础、人口条件、交通地理区位、自然资源等客观现状，考虑各区域发展潜力，提出全市城镇发展整体格局构建。可考虑构建“一圈两群”整体格局，以一小时通勤距离为半径（一小时经济圈）构建现代化都市圈，其中再分两个区域功能，即以主城九区及正快速融入主城九区的璧山区、江津区、合川区、长寿区等区域为载体，构建现代化都市圈主要平台；以一小时经济圈其他区为载体，构建环绕主城的现代山水田园城市群，共同构建国家中心城市的核心载体。同时因地制宜，建设渝东北三峡库区特色城镇群、渝东南武陵山区特色城镇群，分别体现库区生态特色、武陵山区民族特色，进行相应城镇群内各城市职能分工设计。

四是推动形成城乡协调发展格局。城乡协调发展是区域协调发展的关键，是我国五大新发展理念之一的协调发展理念的重要路径和目标。重庆集大城市、大农村、大山区、大库区于一体，尽管直辖以来城乡发展差距逐步缩小，但其特殊的市情决定其城乡差距依然较为明显，尤其是在渝东北和渝东南两个片区，由于发展基础薄弱、发展的资源环境等条件约束较大，处于我国贫困连片地区，脱贫攻坚任务艰巨。在区域发展思路中，必须大力实施乡村振兴战略，结合区域实际，致力推动乡村产业、设施、制度、生态、文化“五个振兴”，构建符合高质量发展要求的城乡协调发展新格局。

五是瞄准内陆开放高地建设目标。开放发展是我国新发展理念的重要内容，开放也是我国和重庆取得显著成就的成功探索。新形势下，全球化进程虽然遭遇曲折，但开放发展的动力和要求依然较强，我国以“一带一路”建设为重点的对外开放格局正逐步深化，步入走深走实的新阶段，为我国及各省市发展带来诸多机遇。当前，重庆内陆开放高地基本形成，大通道、大平台、大通关、大产业和大环境建设取得显著成效，新形势下，重庆应围绕习近平总书记对提出的“内陆开放高地”这一定位，继续在构建开放大通道、搭建大平台、完善大产业、促进大协作等方面着力，在巩固基础上提升和完善，加快建设更具竞争力的内陆开放高地。

六是切实推进西部创新中心建设。理论及实践均证明，创新是经济发展第一动力。我国将创新列为五大新发展理念之首，实践创新驱动战略。直辖以来，重庆基本走的是一条以产业发展为主，创新相对被动跟进的发展方式，创新更多体现在技术的引进、应用层面，缺少以自主创新为主的科学创新引领，整体创新能力处于全国中下水平，这与重庆要担当起西部地区的重要支撑的战略地位不相符。在新形势下，必须担当起创新引领的重任，致力搭建以科学城为核心的重大创新平台，成为区域创新策源地，提升教育等创新源头供给能力，完善创新链条，营造良好的创新生态，提升区域核心竞争力。

七是探索绿色发展新路径。绿色发展是新发展理念的重要内容，是关系中国发展全局的一个基本理念，也是落实主体功能区战略的发展路径。重庆作为长江上游重要的生态屏障，处于三峡库区腹心地带，生态建设和一位保护任务艰巨，必须探索出一条“绿水青山就是金山银山”的新路，才能切实走好高质量发展之路。应继续致力筑牢全域“绿色本底”、强化生态环保，探索“生态产业化和产业生态化”道路，创新生态文明制度体系，为广大西部地区探索一条切实的绿色发展新路。

八是建设国际化综合交通枢纽。交通设施是实现各类要素流动的基础支撑，是区域产业合理布局的框架指引。直辖以来，重庆以交通基础设施取得了突飞猛进的发展，支撑起全市产业、城市的快速发展和空间格局不断优化，但相对其他省市及重庆区域发展战略重任而言，还存在较大的差距。必须围绕区域产业、城市（镇）布局，综合考虑自然地理等因素，加快提升高铁为代表的对外通道能力、完善城市交通网络体系、科学布局交通枢纽，建设国际化交通枢纽。

归纳以上重点领域发展思路，提出如下总体思路构想：全面贯彻习近平新时代中国特色社会主义思想和党的十九大精神，全面落实习近平总书记对重庆提出的“两点”定位、“两地”“两高”目标和营造良好政治生态、做到“四个扎实”的重要指示要求，以改革促开放、促创新、促发展，以推动城乡、区域协调发展为主线，深入实施绿色发展理念，强化主体功能区导向，以推进现代产业集群、新型城镇化体系、城乡协调发展格局、内陆开放高地、西部创新中心、山清水秀美丽之地、国际化综合交通枢纽七大领域建设为抓手，按照建设现代化都市圈、渝东北三峡库区特色城镇群、渝东南武陵山区特色城镇群的战略构想，引导区域经济、人口、要素等合理有序布局，形成发展重点突出、功能分工明晰、有机融合互动的区域协调发展新格局，建设现代化经济体系、现代化全球性国家中心城市，区域城乡发展更加协调，公共服务水平不断提高，人与自然和谐共生，在全面建成小康和中西部推进现代化进程中发挥示范引领作用。

（二）发展原则

一是坚持区域、城乡协调发展。按照党的十九大提出区域协调发展战略总体要求，立足重庆所处的全国区域发展格局，深化改革，坚持效率优先、兼顾公平，建立更加有效的区域协调发展新机制。尊重都市圈、渝东北三峡库区城镇群、渝东南武陵山区城镇群不同城市（镇）区域板块、城乡发展客观实际，突出主体功能，发挥各自优势，促进各类资源向城市圈及城镇群核心区域板块等优势区域、优势领域合理集聚，促进城乡区域协调互动发展，提升重庆整体实力和竞争力。

二是坚持整体推进与重点突破结合发展。从理论逻辑性、历史逻辑性和现实逻辑性出发展，遵循区域经济发展客观规律和重庆区域发展实际，客观评价各区域、领域发展需求及条件，以全市整体发展能力和水平提升为出发点，在兼顾全面的基础上，因地制宜，突出都市圈等重点区域和交通、产业、创新等重点领域的引领示范功能，以交通设施外畅内联为引导，以重大开发开放平台、重点城市板块、重点产业领域等为抓手，分阶段、有重点地逐步推进，加快形成若干增长极及增长点，从而带动全市整体发展。

三是坚持产城互动融合发展。城市是产业发展的重要载体，产业是促进城市兴盛发展的关键因素。坚持“以产促城，以城兴产，产城融合”，以城市为基础，承载产业空间和发展产业经济，驱动城市更新和完善服务配套。以产业园区为载体，合理规划，在促进产业集聚、加快产业发展的同时，不断推进城市功能完善和提升，加快产业园区从单一的生产型园区经济向综合型城市经济转型。通过产城融合发展，促进全市产业、城市、人口之间互为依托、互相促进，提升城市和产业整体竞争力。

四是坚持三生协调绿色发展。绿色发展作为我国新发展理念的重要内容，必须贯穿到区域经济社会发展的全面进程中。统筹全市生产、生活、生态“三生”空间，坚持绿色生产和消费的法律制度和政策导向，建立健全绿色低碳循环发展的经济体系。坚持发展绿色产业，推进资源全面节约和循环利用，强化生态建设和环境保护，实现生产系统、生活系统和生态系统的循环链接、协调互动，探索“产业生态化和生态产业化”的有效路径。

五是坚持以人为本共享发展。坚持发展为了人民、发展依靠人民、发展成果由人民共享，深化体制机制改革创新。针对社会事业发展、公共产品与服务、转移支付等领域，加快探索建立起较为科学完善的体制机制，使处于不同经济发展水平的居民均能比较均等地享受到全市经济整体发展的成果，获得均等的全面发展机会，使全市人民在共建共享发展中有更多获得感，增强发展动力，构建公平正义和谐社会，朝着共同富裕方向稳步前进。

五、新时期重庆区域发展重点路径

（一）大力发展产业集群，构建现代产业体系

按照产业发展的集聚与分散理论，产业聚集的积聚、起飞、高峰、饱和的动态过程，受到新技术正向反馈效应和拥挤成本等多重影响。重庆产业经过多年发展，已经形成“1+6”支柱工业集群，但面临新技术引领的国内外产业发展态势，传统产业不可避免地面临新技术、新业态和新模式的创新冲击。为积极应对产业转型升级的发展诉求，建议重庆借鉴深圳、江苏等沿海省份产业升级发展经验，结合区域资源禀赋特色和产业集聚基础，加快产业转型升级，聚焦以智能化为导向的创新发展，改造提升传统制造业，培育新兴产业集群，加速地区工业化、现代化进程，谋求产业转型升级，促进产业迈向中高端水平，为实现高质量发展增添动力。

1. 积极培育发展战略新兴产业

借鉴深圳和江苏战略新兴产业创新引领和引入布局的发展经验，立足重庆现有产业优势和基础，推动互联网、大数据、人工智能同实体经济深度融合，加快培育智能、新能源汽车、高端装备、新材料、生物医药、节能环保等战略性新兴产业集群。深圳、江苏战略新兴产业发展重点选择方向如表1-2所示。

表1-2 深圳、江苏战略新兴产业发展重点选择方向

省市	战略新兴产业重点发展方向
深圳	集成电路、新型显示、基因技术、高端医学影像、新能源汽车、高端材料、节能环保、生命健康、航空航天、机器人、可穿戴设备和智能装备等
江苏	新一代信息技术、高端装备、海洋工程、航空航天、新材料、节能环保、生物医药和新型医疗器械、新能源和智能电网、新能源汽车、数字创意等产业

资料来源：《深圳市国民经济和社会发展第十三个五年规划纲要》《江苏省国民经济和社会发展第十三个五年规划纲要》。

（1）合理布局智能产业

近年来，重庆电子信息产业得到飞速发展，智能终端、显示器、芯片等产品生产数量持续增长，已经成为具有国际影响力的智能产业基地。但总体来说，当前重庆智能制造产业，多以配件组装为主，缺乏核心关键零部件生产能力。科技创新短板突出，导致智能产业集聚发展的效率改善和成本降低难度较大。综合国内外智能产业技术发展趋势，为进一步提升智能产业集聚的正向效益，下一阶段重庆智能产业应重点发展以物联网、移动互联网、高性能芯片、下一代宽带移动通信等为代表的新一代信息技术产业，打造具有国际影响力的智能产业基地。

一是重点发展集成电路设计（IC设计）、集成电路制造（晶圆制造）、封装测试等。完善IC设计—晶圆制造—封装测试全产业链，补齐设计短板，引进运算、存储、通信、功率、驱动、控制、传感等集成电路设计企业，不断提高晶圆制造工艺和封装测试水平。推动现有面板企业技术工艺研发应用，构建大、中、小尺寸齐全和各种技术覆盖的面板制造体系等。引导相关产业在两江新区、西永片区集聚发展。

二是重点发展数据采集、存储、处理分析应用、数据流通、Iaas关键技术等云计算大数据产业。发挥国家大数据综合试验区、国家级互联网骨干直联点、两江国际云计算产业园等大数据产业发展平台优势，着力发展金融大数据、健康大数据、教育大数据等高附加值产业，培育基于大数据个性化定制、智能监测、全产业链追溯等数据驱动型新业态。引导相关产业在两江新区、西永片区、经开区、渝中区集聚发展。

三是重点推进物联网集成终端制造和系统运营服务。发展MEMS传感器、通信模组和终端、物联网硬件制造，发展物联网系统集成和运营服务等产业，支持企业利用大数据等技术提升物联网解决方案服务能力。引导产业项目在两江新区、高新区、经开区、永川—大足—荣昌等片区集聚发展。

四是重点发展智能手机、智能电视、智能穿戴、智能家居、智能终端操作系统、关键零部件等智能终端。重点推动组建半导体、光机电等前沿技术中心，提高智能传感器、声光电器件、印刷电路板、绿色电池等基础零部件的制造质量，引导存储、基带芯片、应用处理器、关键传感器、石墨烯电池、柔性屏、无线充电等零部件企业发展。引导产业项目在西永片区、两江新区、经开区集聚发展。

五是重点发展机器人控制系统、智能芯片和试验监测设备等机器人及智能装备。包括工业机器人、高档数控机床、高端自动控制系统、高档数控系统、核心信息设备、增材制造装备、整机和成套设备、激光加工装备、自动化控制系统、机器人试验监测设备等。引导产业项目在西永片区、两江新区、永川—大足—荣昌片区集聚发展。

六是重点发展基础元器件、电子零部件、电子控制系统（ECU）、与汽车电子有关的车外电子系统等汽车电子产业。包括车载光学系统设备、高精定位设备、自动驾驶公路系统设备、车载信息系统设备、自诊断系统设备、电子稳定系统（ESP）、废气再循环 EGR、新能源汽车电池监控管理系统设备等。引导产业项目在两江新区、沙坪坝西永微电园集聚发展。

（2）积极培育新能源汽车产业发展

依托庞大的汽车生产制造基础，重庆新能源汽车集聚发展态势逐步增强，长安汽车新能源产业园、车和家“智能汽车制造基地”以及比亚迪动力电池项目等项目布局持续增多。综合国内外智能产业技术发展趋势，为进一步加快新能源汽车产业发展的创新引领带动效应，下一阶段重庆新能源汽车产业应以低碳化、信息化、智能化为发展方向，重点推进“大小三电”和智能控制系统等核心零部件发展。

一是引入核心技术项目入驻发展。重点引入提升动力电池、驱动电机、高效内燃机、先进变速器、轻量化材料、智能控制等核心技术的工程化和产业化能力的高新项目，形成从关键零部件到整车的完整工业体系和创新体系的重要配套环节。

二是加快推进充电桩和充氢站配套建设。在城市和区县核心城区，完善便捷性高、安全度高的充电桩和充氢站布局，提升新能源汽车使用便捷度。

三是组织实施一批创新和产业化专项、重大工程。开发一批标志性、带动性强的重点产品和重大装备，提升自主设计水平和系统集成能力，突破共性关键技术与工程化、产业化瓶颈，组织开展应用试点和示范，提高创新发展能力和国际竞争力，抢占竞争制高点。

（3）有效引导高端装备制造产业集聚

重庆装备制造业，以仪器仪表、输变电成套装备、轨道交通装备、核电配套设备、环保装备等为主，拥有一批竞争能力较强、具有明显比较生产加工优势的重点企业。但目前，关键零部件配套能力弱，成套能力较差，产业层次较低情况突出，导致要素集聚产生的极化效应水平较低。为进一步提升全市高端装备制造业升级步伐，下一阶段应重点借势国内先进装置制造生产技术，强化产业要素动态趋优效应，打造新的产业增长点。

一是主要依托重庆长客，重点发展单轨、地铁车辆、城郊列车等轨道交通设备。包括建设大型化轨道交通车辆生产和维修基地及动车组维修基地，发展电牵引系统、信号系统、安全监控系统、网络与通信装备、轨道车辆转向架等配套产品，发展售检票系统、安全门、输配电等站场设施等。引导企业在两江新区、永川—大足—荣昌集聚发展。

二是重点发展固定翼飞机、直升机、通用飞机制造等航空航天设备。包括通用飞机系统及设备、轻小型发动机、发动机专项技术及相关配套件；飞机材料、机场专用装备等。引导企业在临空经济区集聚发展。

三是重点发展纯电动汽车、插电式混合动力汽车、增程式混合动力汽车、氢燃料电池汽车等新能源汽车及关键零部件。加大整车集成技术、关键车控电子技术以及充电设施等方面的联合攻关力度等。引导产业在渝西片区集聚发展。继续扩大重庆汽车关键零部件产业优势，引导发展新能源汽车的车身及底盘开发技术，变速器、发动机、整车的匹配技术以及排气净化等。引导产业在渝西片区集聚发展。

四是重点发展水处理系统集成装备、大气污染治理装备、城市垃圾及污泥处理装备等环保装备。包括生活垃圾焚烧炉及烟气净化成套装备、垃圾收运和压缩成套设备、垃圾智能分选装备、生活垃圾焚烧飞灰稳定化处理设备、餐厨垃圾预处理成套设备、粪便无害化资源化处理成套设备、农村有机废弃物处理成套设备、高浊度污水电絮凝处理设备、农村分散式污水处理成套设备、工业污染监测装备和能耗监测装备等。引导重大项目在渝东北片区和渝东南片区集聚发展。

（4）前瞻性规划引导生物医药产业布局

目前，重庆部分医疗器械已经具备自主创新优势，超声医疗引领全球无创医疗领域，部分药品生产能力和技术积累能力也形成了一定的相对比较优势，多个中药大品种跻身国家重点发展的中药品种名录。但中高端医疗器械、智能医疗设备以及生物制剂的知识产权资源仍较为欠缺，与产业资源协调发展的能力仍不足。随着我国健康服务需求的扩大，医药、生物化学品、医疗器械等市场空间也在持续扩大，发展符合各年龄段健康服务需求的医疗器械和生物制剂等，能够带动重庆医药产业更加有效实现市场供需对接，形成新的产业趋优发展集群效应。

一是重点发展生物 3D 打印、治疗设备、体检设备和医用耗材等中高端医疗器械。医学影像设备、临床检验设备、先进治疗设备和健康监测、远程医疗设备、移动可穿戴医疗设备、医用机器人、体外诊断设备、康复设备、家庭体检康复类器械、关键零部件等。引导重大项目在渝西片区集聚发展。

二是重点发展中药新品种制剂、中药保健品、重大疾病中成药等生物制剂。推动优势大品种药物进行二次开发、开发中药独家品种等。在中药材原产地区建立种养殖基地，发展中药材精加工产业。引导项目在渝东北片区、渝东南片区集聚发展。

（5）积极支持新材料产业分类布局集聚发展

重庆材料产业已经形成铝加工、钢材、玻璃纤维等多品种产业体系，但产品结构不合理，低附加值产品多，市场竞争力不强等情况突出。下一阶段重庆材料产业应立足自身基础，紧跟全球材料产业复合化、智能化和绿色化的发展导向，力争在新材料产业领域，形成区域非均衡发展的新比较优势。

一是重点发展超细电子级玻璃纤维、玻璃纤维复合材料、汽车用工程塑料、玻璃钢及制品、超薄玻璃纤维电子布、电子玻璃布、覆铜板等。引导产业在大渡口区集聚发展。

二是积极发展高附加值铝材料，包括轨道交通车辆用铝及铝合金、汽车用铝及铝合金、电解铝大板锭、铝合金熔铸、铝材加工、再生铝（废铝）回收利用、铝箔、制罐料、军工、航空航天、电子信息、家电、交通运输行业用铝材料等。引导产业在九龙坡区集聚发展。

三是积极发展钢铁材料。重点发展高性能零部件用钢、高强韧汽车钢、高端宽中厚板、高档薄板、优质管材、高强度棒线材、特殊钢材和高档金属制品材料等，向具有特殊磁、电、光等性能的特种功能材料和具有高强度、高韧度、耐腐蚀、耐高温等性能的高端结构材料领域发展。引导产业在长寿区集聚发展。

四是提速发展前沿新材料。包括3D打印材料、超导材料、石墨烯材料、聚氨酯新材料、聚碳酸酯材料、化纤材料、新型功能涂层材料、新型膜材料等产业。引导重大项目在高新区、经开区集聚发展。

2. 改造提升传统制造业

充分发挥信息技术等新技术的知识价值提升效用，以智能化为引领，加快推进传统产业结构调整、技术进步和企业重组，提升产品高技术附加值、拓展产业链条、创新商业模式，支持传统产业提升可持续发展能力，拓展发展空间。

（1）鼓励支持信息产业智能化升级发展

当前，我国制造业已经开始进入大规模智能化升级时代，广泛采用平台化战略、模块化生产、全球采购等方式。重庆作为全国老工业生产基地，利用信息技术推动传统产业升级，能够有效提升产业集聚要素的互动效率，进一步提升边际效应，焕发老工业基地新活力。下一阶段，重庆信息产业发展，应积极利用智能化生产方案，改造发展笔电、智能手机等终端产业，向更加智能、可穿戴等方向发展。一是加快集聚研发生产企业，逐步向价值链高端发展。推动笔记本电脑、智能手机等在内的会议智能终端、车载智能终端、教育智能终端、移动通信终端等智能终端产品生产制造，提升重庆地区智能终端行业的产业水平。二是加强自主创新研发能力。加强产业核心技术的前瞻性研究，继续深化核心电子器件、高端通用芯片、基础软件产品的研究，增加发明专利的数量，增加参与国际标准制定的总量。鼓励企业成立技术创新中心，打造地区技术创新联盟。重点在两江新区、重庆经开区、西永微电园等推进电子信息智能升级试点布局。

（2）鼓励支持汽车产业智能化升级发展

重庆汽车制造拥有较为完备的生产加工基础，但随着国内外汽车行业智能化升级步伐的提速，原有生产加工装备智能化升级压力和汽车电子配套压力也逐步加大。为进一步满足市场需求，有效降低产业发展成本和实现生产效率改进，下一阶段，重庆汽车制造业发展应重点瞄准安全性、节能性、环保性和智能化的全球汽车产业发展方向，积极推进汽车产业、装备产业的产品研发和升级改造，加速缩小在动力总成、安全系统、排放系统、智能系统等方面与外资品牌的差距。

一是完善形成整机加零部件配套生产能力。大力发展轿车、SUV、MPV、专用乘用车、交叉型乘用车、重型商用车以及新能源汽车等产品。大力招商引资，引进国内汽车整车知名企业，同时做强汽车配套企业，促进配套企业向模块化供货转变。

二是增强关键零部件专业化生产研发发展能力。以企业为主体，提升产品的开发能力。鼓励应用新技术、新装备、新工艺、新材料，整车企业推广自动冲压线、激光焊接、节能环保的自动涂装线等新技术，零部件企业推广热压成型、热铝铸造、在线检测、大型数控成型冲压、高速智能复合工作母机等先进工艺及技术。

三是推进制造过程智能化。在重点领域试点建设智能工厂/数字化车间，加快人机智能交互、工业机器人、智能物流管理、增材制造等技术和装备在生产过程中的应用，促进制造工艺的仿真优化、数字化控制、状态信息实时监测和自适应控制。重点在两江新区汽车核心产业基地、九龙坡、沙坪坝商用车产业基地、渝西商用车产业基地进行汽车产业升级试点布局。

（3）鼓励支持装备制造业精密化个性化发展

进入21世纪，全球装备制造业在近年呈现出多样化、分散化、个性化、全球化、产品高效、低耗化的特征，装备制造业的数字化、网络化和智能化的加速推进，装备制造技术日趋极限化，绿色化、智能化、人性化和安全性愈加受到重视。下一阶段，应积极利用精密技术及新材料技术，推进装备制造产业向微细制造、超精密制造、巨系统制造和强场制造方面升级发展。

一是推动成套装备和基础件协调发展。加快研发、制造轨道装备、风电装备、船舶装备、能源装备、环保安全装备等重大成套设备，着力提升总成与集成能力；提高基础类材料、元器件、工艺的研发制造水平，夯实基础，促进行业向专业化生产、社会化协作方向发展，增强配套能力，建立起合理的产品结构和完善的配套体系。

二是加快装备制造业和生产性服务业融合，实现个性化发展。继续发挥大型制造企业的技术优势，推动装备制造企业开展前端研发、设计、后端物流等一系列主辅业务分离试点工作，根据客户需要，实现产品、服务、支持、自我服务等个性化产品生产服务一体化。重点在各工业园区进行装备制造升级试点布局。

（4）鼓励支持化工产业向精细化绿色化方向升级

随着技术升级发展，精细化和绿色化已经成为发展主导方向。重庆化工具有显著的基础好、技术弱、创新难等特点。下一阶段，应重点鼓励支持应用绿色化学工艺和技术推进化工产业向精细化和节能降耗方向发展转型升级。

一是延伸发展精细化工。在加快传统产业、企业和产品改造提升的同时，加大精细化工新产品的引进力度，重点发展医药中间体、电子化学品、水处理化学品、环保型塑料添加剂、环保涂料、有机硅等。

二是推广节能减排和清洁生产技术。积极引进国内外先进企业，加快清洁生产工艺的推广，着力提升安全生产与行业环保水平。强化产业链前后端的配套，推广循环一体化发展模式，最大限度地减少排放。建设化工园区环境监测系统，做到环境集中治理，提升排污处理能力和质量。重点在长寿、涪陵、万州等围绕炼油石化、天然气化工、精细化工、化工新材料四大产业板块加快进行升级试点布局。

（5）鼓励支持材料工业向复合化绿色化发展

随着材料科学的发展，产业结构呈现出显著的横向扩散特点，具有耐高温、耐低温、耐腐蚀、抗老化及强度高、耐摩擦等性能的新材料运用越来越广泛，龙头企业自主创新能力提升，有机硅、高分子材料等各类高性能新材料进口替代趋势明显。下一阶段，重庆应结合本地材料产业基础优势，鼓励支持材料产业紧密结合航空航天、电子信息、高档汽车、绿色建筑、膜材料等领域需求，实现产业升级转型发展。

一是着力突破一批关键技术。重点攻克新型节能冶炼技术、金属及无机非金属矿提纯技术、高表面质量及高表面精度轧制控制技术、材料成分及晶相控制技术、在线表面改性技术、玻璃纤维浸润剂和复合成型技术等一批关键技术。

二是积极促进行业绿色发展。加快推广一批先进节能减排技术与装备，提高行业能效水平，从严控制污染排放。建立循环经济体系，最大限度无害化消纳固体废弃物。发展绿色矿业，加大矿产资源的节约和综合利用力度。按照国家要求，加快淘汰过剩产能和落后产能。重点在西彭、长寿、南岸等进行材料产业升级试点布局。

（6）鼓励支持消费品工业品牌化个性化发展

作为老工业基地，重庆消费品工业拥有一批加工生产能力强的企业，但自主品牌缺乏，精细化生产能力也相对不足。面对个性化、精致化需求升级的消费市场，下一阶段应重点支持利用新材料、生物技术和信息技术等推进消费品工业的个性化产品开发，支撑消费品工业产品升级换代。

一是实施品牌化集群化发展战略。强化企业质量管理意识，推广质量体系认证，严格执行质量标准，提升企业品牌效应。调整产品结构，向高性能、精致化打造升级，以产品质量确保品牌效应，提高品牌价值。

二是突出特色个性化发展。支持企业按照市场需求，实施新产品滚动开发计划，加快建设一批行业中试基地，缩短产业化周期。积极培育满足消费者需求的个性化、时尚化、智能化、绿色化产品，助推消费升级。重点在各工业园区进行消费品工业升级试点布局。

3. 合理引导发展现代服务业

合理整合规划全市服务业基础资源布局，深入挖掘市内外生产性服务业和生活性服务业市场诉求，通过提升旅游、文化、金融、物流和专业服务等服务业的专业化多样化个性化服务产品供给能力，促进形成增长极效应和最优选择效应，推动促进现代服务业提速发展。

（1）合理支持引导旅游产业布局发展

重庆自然资源丰富，人文资源厚重，下一步可加快推进全域旅游建设，重点发展大都市旅游、“大三峡”黄金旅游、“大武陵”康养旅游、世界遗产旅游、温泉旅游、古镇旅游、红色旅游、内河邮轮旅游、乡村旅游、文化旅游等产业。实施“旅游+”战略，推动旅游与工业、交通、体育、医疗等行业的融合发展，大力发展自驾旅游、养生养老旅游、低空旅游、体育旅游、工业旅游等旅游产业发展。形成以长江三峡、世界遗产、山水之都及国家A级旅游景区为支撑的多类型、多层次、组合优势明显的旅游产品系列和一批特色精品旅游线路。引导重大项目在限制开发区集聚发展。

（2）大力推进文化产业布局发展

重庆历史文化丰富，文化产业发展基础较好，特色产业门类覆盖文化产业的十个大类，但文化产业创新品牌和创意设计水平仍与发达地区存在较大差距。下一阶段，文化产业发展应紧密结合我国文化产业发展趋势，逐步从传统的教育、培训和体育产业等传统业态，向动漫、绘画、音乐、视听、数字出版、网络游戏、创意设计等高层次方向延伸。

一是重点加快推动“文化+金融”“文化+商贸”“文化+旅游”“文化+农业”发展，引导高端文化要素聚集，积极发展电子书、手机报刊、纸质有声读物、移动多媒体、互联网电视等新兴业态，做强文化艺术、出版发行、广播影视等传统门类，培育民俗文化产业，巩固大文化根基。

二是做大文化创意设计、文化用品生产、工艺美术品等新兴门类，带动文化产业规模倍增。引导重大项目围绕各片区旅游资源项目形成集聚布局。

（3）引导现代金融业可持续发展

重庆金融业态、门类齐全，生态环境良好、创新发展活跃，要素市场也较为发达，金融业已成为全市重要的支柱产业。随着国内互联网金融、科技金融、绿色金融、共享金融等金融业新业态加快发展，下一阶段，重庆应继续以建设国内重要的功能性金融中心为目标，引导金融总部在江北嘴集聚发展。重点发展金融结算、小额信贷、互联网金融、移动金融、供应链金融、融资租赁、消费金融、普惠金融、绿色金融、私募基金、信用保险、商业保理、信托以及要素交易市场等，以及离岸金融结算、跨境人民币结算、跨国公司总部结算、跨境电子商务支付结算、金融要素市场结算、企业账户资金结算等金融结算。

（4）引导现代物流业专业化发展

重庆处于“一带一路”和长江经济带的连接点，拥有长江黄金水道、渝新欧物流大通道、东盟国际物流大通道等物流业发展通道载体，物流业发展具有较强的先天优势。随着互联网、物联网、大数据、供应链技术等新技术在物流业的广泛应用，物流业已经发展为以现代运输业为重点，以信息技术为支撑，以现代制造业和商业为基础，集系统化、信息化、仓储现代化为一体的综合性产业。下一阶段，重庆应重点推动物流管理、技术和模式的创新发展。

一是发展多式联运物流的自由换装、中转、集拼、配送，重点发展公铁联运、铁水联运、空铁联运、空铁水联运等多式联运物流，打造集公路货运枢纽、物流金融中心、城市配送中心和公铁联运中心等功能于一体的中欧班列（重庆）多式联运示范工程。引导产业在港口区域集聚发展。

二是智慧物流。促进实现物流数据共用、资源共享、信息互通，着力发展智慧冷链物流、智慧医药物流、智慧航空物流、智慧公路物流、智慧水运物流等新型物流。引导产业在经开区集聚发展。

（5）引导专业服务业集聚化发展

重庆创新创业较活跃，拥有一批国家实验室、国家工程技术研究中心、国家高新技术企业等科研资源，综合科技实力处于西部前列，正加快建设西部创新中心。两江新区、高新区已经成为国家大众创业万众创新示范基地、国家自主创新示范区。创新创业的集聚，对专业服务业尤其是技术和知识密集型行业产生大量需求。下一阶段，重庆应重点结合产业发展配套需要，积极引入相关专业服务机构，降低要素配套发展成本，助推提升区域要素集聚发展效率。

一是重点发展研发设计、信息咨询、金融保险、知识产权、会计法律、资产评估、检验检测、认证评级、会展服务等产业。引导产业在渝中、江北、两江新区、沙坪坝区集聚发展。

二是重点发展移动电子商务、跨境电子商务、农村电子商务、医药电子商务、电子商务安全等产业。引导产业在西部物流园、临空经济区、南岸、长寿、黔江、万州、奉节、秀山集聚发展。

选择方向可参考深圳、江苏两地，如表1－3所示。

表1－3 深圳、江苏现代服务业发展重点选择方向

省市	现代服务业重点发展方向
深圳	增强金融、现代物流等支柱产业国际竞争力，提升会计审计、法律服务等专业服务业发展水平，大力发展工业设计和建筑设计，推动科技服务和信息服务市场化发展，实现服务业与制造业在更高水平上有机融合。推动生活性服务业向精细和高品质转变，促进商贸会展服务高端化发展，旅游服务多样化发展，体育、生命健康和教育服务产业化发展，家庭服务规范化职业化发展，培育发展养老服务业，加快构建功能完善、管理规范、高效高质的生活性服务业体系
江苏	重点发展现代金融、软件和信息服务、电子商务、现代物流、科技服务、服务外包、检验检测、国际航运等生产性服务业，大力发展基于网络的平台经济、文化创意、工业设计、人力资源服务等新兴业态

资料来源：《深圳市国民经济和社会发展第十三个五年规划纲要》《江苏省国民经济和社会发展第十三个五年规划纲要》。

4. 有效促进发展现代农业

近年来，重庆农业依托地方特色资源，结合丘陵山区实际，柑橘、生态渔业、草食牲畜、茶叶、榨菜、中药材、调味品等特色产业种养殖及深加工发展取得较好成效。面对国内农产品的生态绿色和精深加工发展需求，下一阶段重庆农业发展应坚持走以特色效益农业为核心的农业现代化路子，加大结构调整力度，以产业结构变化带动要素成本结构和收益结构的改善，提升粮油、蔬菜、生猪三大保供产业发展水平，着力打造特色产业链条，逐步提升主食、方便食品、休闲食品、净菜加工以及绿色农产品特色加工等特色农业产业链的产品供给质量、物流服务效率和特色产品附加效益。

（1）打造柑橘、榨菜、草食牲畜、生态渔业、中药材、茶叶、调味品等特色产业链

一是以三峡库区为重点，打造柑橘产业链。坚持“鲜食与加工配套，新

建与改建结合”的思路，打造“晚熟”“橙汁”两大品牌。建设万州、忠县、开州、云阳、奉节、巫山、渝北、长寿、涪陵、江津等十大柑橘产业基地，梁平、长寿、丰都、垫江四大名柚基地。

二是以涪陵区、万州区、丰都县等三峡库区区县为重点，打造榨菜产业链。拓展“鲜销、加工”两条渠道。推进基地建设提档升级，推行标准化生产，支持榨菜基地由无公害向绿色、有机方向提升。大力培育现代化龙头企业，形成产加销联结紧密、链条完整的产业体系。

三是依托丰富的草山草坡资源，发展草食牲畜产业链。充分利用国家新一轮退耕还林还草政策，大力发展以优质肉牛、肉羊、肉兔、长毛兔为主的草食牲畜。重点建设丰都、石柱、梁平等肉牛重点生产区县，酉阳、云阳、巫溪等肉羊重点生产区县。

四是合理发展生态渔业产业链。发展高产高效渔业，推广现代设施渔业、“互联网＋渔业”、稻田综合种养、池塘低碳循环养殖等模式。

五是积极推进发展中药材产业链。以科技为支撑，突出开发秦巴山区和武陵山区中药材资源。在重点区县（自治县）建设一批万亩级或十万亩级的道地中药材种植基地，发展一批道地中药材专业区县及乡镇。

六是做强茶叶产业链。以“整合提升、做强品牌”为重点，推进标准化茶园建设和老茶园改造。重点在永川、秀山、南川、荣昌、万州、巴南、江津、酉阳等区县布局发展。

七是积极鼓励调味品产业链发展。发挥重庆“火锅之都”优势，重点发展辣椒、花椒两大品种，因地制宜发展生姜、葱蒜等调味品原料，在石柱县、綦江区、云阳县等区县建设辣椒生产基地，在江津区、酉阳县等发展花椒基地等。

（2）强化优势特色产业集聚区的品牌建设

一是推进优势特色产业集聚发展。引导优势产业向优势区域集中，建设优势特色农产品集中产区和产业带。着力打造长江三峡柑橘产业带、三大蔬菜产区、南（川）武（隆）彭（水）中蜂产业带，建成方山丘陵和平行岭谷两大优质粮油及畜产品生产区，三峡库区柑橘、加工蔬菜、生态渔集中产区，渝东北、渝东南草食牲畜产区，秦巴山区和武陵山区优质中药材产区。

二是推进传统品牌和公用品牌共同发展。以公用品牌提升企业品牌，加强创意设计和资源整合，重点打造天生云阳、江津富硒农产品等区域公用品牌和涪陵榨菜、三峡有机鱼、丰都肉牛、奉节脐橙、城口老腊肉、梁平柚、荣昌猪、秀山土鸡、江津花椒、石柱辣椒、永川秀芽、潼南蔬菜等产业集群品牌。加强和完善农业品牌保护机制，深度挖掘巴渝传统农特产品、加工技艺、农业非物质文化遗产内涵，结合公用品牌和传统品牌，实施“一村一品”强村富民工程。

（二）依托国家中心城市平台，构建新型城镇化体系

城市群是城市空间演变过程中出现的最高级的空间形态，能够产生巨大的规模效应和集聚效应，已成为国家和地区参与国际竞争的重要平台和载体。重庆作为国家中心城市以及成渝城市群的重要组成部分，在国家区域发展战略中发挥着重要作用。但是，重庆仍存在城镇体系不完善、城镇职能分工不协调、城镇之间联系有待进一步加强等问题，严重制约着国家中心城市综合功能发挥。因此，应按照统筹规划、合理布局、分工协作、以大带小的原则，构建以城市群为主体形态的新型城镇化体系。

根据发展基础、发展潜力以及资源环境承载能力，紧紧围绕“建设现代化全球性国家中心城市”发展目标，优化城镇空间布局和城镇规模结构，着力构建“一圈两群”的城镇化战略格局，形成大中小城市和小城镇协调发展的城镇体系。“一圈”即现代化都市圈，“两群”即渝东北三峡库区城镇群和渝东南武陵山区城镇群。

1. 构建最具活力的、最有魅力的现代化都市圈

现代化都市圈由主城和环主城的都市连绵带组成。该区域城市分布密集，产业园区和开放平台众多，拥有铁公水空立体化交通网络，是重庆参与国际竞争和对外开放的重要载体。凭借独特的区位优势和雄厚的经济基础，获得了许多国际资本的高度青睐。依托纵横交织的骨干交通网络，以主城为核心，串联外围都市连绵带，正逐步形成一体化发展态势，未来将成为长江上游地区最具活力的、最有魅力的现代化都市圈。

（1）建设以主城为核心的国家中心城市

主城区作为国家中心城市的主要承载地，重点加大政治经济、文化交

往、科技创新等城市功能建设，培育国际知名的中央商务区和重大商务集聚区，进一步促进国际金融、总部经济、高端商贸、商务会展、国际贸易等高端要素集聚，着力提升城市现代化和国际化水平，大力发展现代高端制造业集群，大力发展现代国际物流，建成集聚力强、辐射作用大、竞争力突出、现代都市形象鲜明的全球性国家中心城市功能。同时，在主城北部西部南部优化城市空间结构和动力结构，全面增强城市发展能力。

主城东北部依托丝绸之路经济带和长江经济带建设地利优势，充分发挥国家级新区两江新区在全市改革开放创新中的引领作用，做高做强。高标准、高质量建设自贸区、中新示范项目和国家自主创新示范区的功能核心区。加快完善果园港、江北国际机场、保税港区等开发开放平台功能，积极探索建设内陆自由贸易港。大力推动临空经济区建设，注重发展总部贸易和转口贸易，探索发展离岸贸易，推动国际贸易结算中心试点常态化运作。依托全市以大数据智能化为引领的创新驱动发展战略行动计划，高水平建设数字经济产业园，布局一批人工智能研发创新平台，推动数字经济要素集聚，建成国家数字经济示范区。此外，加快开辟重庆东向通道，争取启动明月山隧道建设，积极谋划轨道 4 号线延伸至长寿，推动长寿融入主城，促进现代化都市圈一体化发展。

主城西部充分利用成渝城市群发展机会，加快推进重庆科学城建设，成为全市具有全球影响力的创新高地，重庆新的发展动力源。积极与世界顶尖大学、科研机构以及国内一流大学、科研机构开展合作，建立高水平创新型大学、重点学科及科研实验室，开展基础性、原创性研究；引进央企研发总部基地、国家大科学装置、国家级科研院所，集聚世界一流企业研发中心，开展科技成果的中试、转化和产业化工程，建设成为西部创新的策源地。加快完善展现国际一流水准的宜居、创业、教育、文化和商业等城市综合服务功能，吸引高端创新人才、资金、平台等要素集聚，打造成为重庆“两高”发展典范区和城市发展第二增长极。同时，将璧山区、江津区、合川区等区域逐步纳入主城板块，加强功能、产业布局、交通、市政基础设施等方面有机衔接，全面推进与主城区一体化发展，增强对渝西片区及周边地区的辐射带动能力。

主城南部积极对接国际陆海贸易新通道、21 世纪海上丝绸之路、孟中印缅走廊、中新（重庆）互联互通示范项目等国家战略，加快推进“江南新城”建设，成为重庆南向战略重要支撑，加强与贵州、广西、云南、珠三角大湾区合作和东南亚合作的枢纽。注重产业提升、功能提升、形态提升并举，完善商务办公、商贸服务、公共服务等功能，重点发展电子信息、装备制造、现代物流、都市旅游、都市农业等产业，形成以重庆国际公路物流基地、大型专业市场群、市级核心商圈为支撑的千亿级商贸物流大区，打造主城第三增长极，形成与两江新区、重庆科学城三足鼎立、均衡发展格局。同时，作为重庆主城向南出海大通道的桥头堡，加快推动重庆东站等重大基础设施建设，积极争取南彭公路保税物流中心（B 型）升级为综合保税区，进一步增强主城南部的经济实力和带动能力，引领渝南黔北地区加快发展。

（2）打造环主城的现代山水田园都市连绵带

充分利用山脉、河流、农田形成的自然分割和生态屏障，根据都市圈内部各区县联系紧密程度，将都市圈外围部分划分为永川—荣昌—大足、涪陵—长寿、江津—綦江（万盛）—南川、璧山—合川—铜梁—潼南四大城镇组群，形成人与自然和谐共生的现代山水田园城市群连绵带。

永川—大足—荣昌城镇组群位于成渝城市群发展主轴南线上，依托成渝高铁、长江、成渝高速公路等交通通道，串联荣昌、大足、永川等城市，加强与重庆主城、成都等特大城市互动，积极承接产业转移，重点发展机器人及智能装备、电子信息、汽车及零部件、软件与信息技术服务、生态旅游等特色产业，强化渝西综合交通枢纽、商贸物流中心、职业教育中心地位，建成川渝黔合作示范的前沿阵地、辐射川南黔北的重要门户。

璧山—合川—铜梁—潼南城镇组群位于成渝城市群主轴北线上，是川渝合作示范的前沿阵地。以兰渝、渝遂铁路，渝遂、渝武高速公路和嘉陵江为纽带，串联合川、铜梁、潼南等地区，大力发展生态文化旅游、轻纺食品、精细化工、特色农业等产业，建成联系和辐射川东北及川中地区、对接丝绸之路经济带、辐射大西北地区的桥头堡。

涪陵—长寿城镇组群依托长江经济带建设，通过三环高速、渝万高铁、广涪铁路等交通干线串联涪陵、长寿等城市，向西拓展与主城对接构筑现代化都市圈，向东拓展连接乌江经济走廊，向北辐射川东北、陕南，大力发展综合化工、页岩气、汽车、装备制造等先进制造业，建成现代化都市圈辐射带动渝东北城镇群和渝东南城镇群的支撑点和川东北、陕南融入长江经济带的衔接枢纽。同时，依托渝万城际铁路，推动垫江、梁平融入该城镇组群，成为现代化都市圈与渝东北片区联系的重要支撑。

江津—綦江—万盛—南川城镇组群依托国家南向通道建设，连接珠三角大湾区对接21世纪海上丝绸之路，连接云南对接孟中印缅走廊，通过重庆三环高速等交通干线，串联江津、綦江、万盛、南川，积极发展现代装备制造、材料工业、能源工业和城郊休闲旅游业，着力打造建设川渝黔合作示范区，辐射带动渝南黔北川东南快速发展。

2. 构建渝东北三峡库区城镇群

渝东北片区作为“一带一路”与长江经济带联结点的重要承载地，依托长江黄金水道、铁路、高速公路等重要交通走廊，优化生产力布局，推动产业转型升级，深化区域开发合作，着力构建以万州为核心的渝东北沿江特色生态城镇群，形成万州—开州—云阳、垫江—梁平—忠县—丰都、奉节—巫山—巫溪—城口三大城镇群，建成长江经济带绿色发展示范区。

万州—开州—云阳城镇群。充分发挥承接东西、贯通南北的区位优势，加快推进万州枢纽港、五桥机场、郑万铁路、渝西高铁等基础设施建设，全面提升万州中心枢纽和开放门户功能，加速高端服务业和高端制造业集聚，强化万州区域性中心城市和重庆第二大城市的地位。加强万州与开州、云阳在功能、产业、空间和基础设施等方面的衔接，开州着力提升电子信息、中医药、消费品等产业配套以及商贸旅游等功能，云阳着力提升商贸、旅游、航运等特色功能，形成分工协作、一体化发展的格局，逐步建成辐射川东北、陕南、鄂西的航运中心、商贸物流中心和旅游集散中心。

垫江—梁平—忠县—丰都片区。依托长江黄金水道、渝万高铁、沪蓉高速、沿江高速等综合交通通道，串联垫江、梁平、忠县、丰都，向西主动对接现代化都市圈及“一带一路”建设，向东积极融入长江经济带建设，积极承接产业转移和功能配套，着力完善城镇综合服务功能，增强物流贸易、文化交往、生态宜居等功能要素集聚，提升对周边小城镇的辐射带动能力。

丰都和忠县以水天坪港、新生港建设为契机，积极申报国家一类水运口岸，强化作为"一带一路""长江经济带"重要节点的地位和作用，增强港口集聚辐射能力。垫江和梁平充分发挥生态资源优势，重点发展生态文化旅游、健康养生养老等特色产业。

奉节—巫山—巫溪片区依托渝西、安张铁路及沪渝高速等交通干线，串联奉节、巫山、巫溪等城市，大力发展现代商贸物流等特色产业，提升城市服务功能，聚力将该片区打造成为渝陕鄂区域性边贸中心。充分利用该片区作为重庆连接陕西、四川和湖北的门户枢纽优势，围绕旅游产业发展，加强与鄂西地区、神农架地区及陕西安康地区合作，着力打造长江三峡国际旅游目的地。强化城镇连接城乡的纽带作用，集中打造一批中心镇、特色旅游镇和边贸集镇，示范带动周边小城镇发展。

城口依托郑万、安张铁路以及开城高速等交通干线建设，推进以区域交通为主的基础设施互联互通，突出点上开发和产城融合发展，着力完善城镇功能，提升城镇综合服务能力和产业承载能力。积极融入长江三峡黄金旅游经济带，大力发展旅游经济，增强在全市旅游经济中的影响力。加强与渝东北各区县及秦巴地区毗邻区县互动合作，积极承接周边大中城市辐射带动，促进区域协同互动共赢发展。

3. 构建渝东南武陵山区城镇群

渝东南片区作为重庆南向对外开放的重要组成部分，依托渝怀铁路、乌江、渝湘高速公路、武陵山机场、仙女山机场以及规划的渝湘高铁等综合交通，串联沿线中心城市、县城、重要节点城镇，向南积极对接长株潭城市群、珠三角大湾区，融入 21 世纪海上丝绸之路；向西对接重庆现代化都市圈，融入成渝城市群；向东通过渝东北，融入长江经济带；围绕高铁、高速公路、机场布局，以黔江、武隆为引擎，加速该地区的产业化、城镇化进程，重点发展生态旅游、民俗文化、绿色食品加工、中药材精深加工、原生态产品订制、民俗轻纺服装等产业，着力增强城镇要素集散传递功能，逐步形成与产业发展相得益彰、布局合理、相互关联的"点轴串珠"式的城镇群。

（1）加快推进黔江区域中心城市建设

黔江地处武陵山腹地，素有"渝鄂咽喉"之称，初步形成了铁公空立体交通网络。依托渝湘高铁、武陵山机场以及正阳高铁新城、舟白临空经济区建设，突出武陵山区综合交通枢纽和商贸物流中心地位。加快推进新城中央商务区、商贸批发城、国际建材城、电商产业微企孵化园等平台建设，培育商务会展、商贸物流、金融服务、总部经济等新业态。积极争取开放航空口岸和铁路口岸，申报设立保税商品展示交易中心延展平台和保税物流中心，大力发展口岸经济、保税经济，增强对渝东南及武陵山片区的辐射带动能力，建设成为引领渝东南片快速发展的核心增长极。

（2）提升武隆联结现代都市圈和渝东南重要节点功能

武隆毗邻重庆现代化都市圈，拥有铁公水空综合交通体系。依托交通区位优势，强化其在基础设施延伸、产业转移、要素流动等方面承接和传递现代都市圈辐射的战略支撑功能，建设成为承载现代都市圈产业转移的先行区和“后花园”。加快推进高铁、机场、港口等交通枢纽建设，着力打造高铁商务区、临空经济区、临港新城、道口强镇等城市新形态。积极承接现代都市圈产业转移，重点布局城市商业综合体、购物中心、星级酒店、专业市场、航空小镇、总部经济园、国际会议中心等服务平台，增强区域性服务中心功能。积极申报保税商品展销中心、保税物流中心（B 型），争取布局一批中新示范项目，引进一批国内外 500 强企业地区性总部、功能性总部入驻，提升武隆在重庆对外开放格局中的影响力。

（3）提升其他区县城和小城镇要素集聚能力

适度拓展石柱、彭水、酉阳、秀山县城规模，充实城镇功能，增强对小城镇和乡村的辐射带动作用。完善和提升石柱口岸枢纽功能，增强其联结渝东北城镇群和促进渝东南城镇群融入长江产业经济带的能力。秀山、酉阳和彭水作为渝东南城市群的重要节点城市，着力提高城市综合承载能力和服务能力，有序推动产业和人口聚集，逐步扩大城市规模。同时，加快中心镇、重点镇、特色镇建设，增强其联结城乡互动的能力和对广大农村的辐射带动作用。

（三）大力实施乡村振兴战略，促进城乡协调发展

实施乡村振兴战略，是党的十九大作出的重大决策部署，是新时代我国政府解决“三农”问题的重要抓手，是城乡发展的重大战略性转变，为当前及今后一个时期我国农村建设指明了发展思路。重庆集大城市、大农村、大库

区、大山区、民族地区为一体，是中国国情的典型缩影。因此，重庆牢固树立新发展理念，围绕高质量发展、高品质生活要求，大力实施乡村振兴战略，重点聚焦战略目标、突出问题、农民期盼，加快谋划一批重大工程和重点改革事项，推动乡村产业、人才、文化、生态、组织“五个振兴”，实现产业兴旺、生态宜居、乡风文明、治理有效、生活富裕，促进全市城乡协调发展。

1. 积极推动乡村产业振兴，推动农业增效农民增收

产业能否科学合理顺利振兴，决定了乡村全面振兴能否实现。重庆当前乡村产业还存在着小、散、杂，产品多而不优，品牌杂而不亮等问题，且更多的是产量型农业产业发展方式。因此，需要加快促进农业产业现代化，顺应当前社会消费升级的大趋势，大力发展乡村旅游、乡村服务业等新业态、新模式，培育乡村产业发展极具潜力的新增长点。重点加快推进农业产业现代化建设，推进农业供给侧结构性改革，做精做优乡村旅游业和服务业，发展现代山地特色高效农业，提高农业对外开放水平，实现乡村产业振兴，提升农业生产效率，进而增强农民创收能力。

（1）提高农业产业现代化水平

着力培育新型农业经营主体，发展各类专业化市场化服务组织，推进农业生产全程社会化服务。稳步推动土地流转，推进土地向种粮大户、种菜大户等集中，进一步发展粮食、蔬菜等规模化生产，提高资源利用率和农业生产率。大力引进吸收大量适合重庆的新技术、新设备，加大新机具、新技术的创新和推广，进一步提升特色农产品机械化水平。同时，利用大数据技术、智能控制技术、信息技术以及物联网技术将农业产业链的各生产要素充分联系、发挥合力，重构现代农业的生态产业链，跟踪作物流动、引导和控制设备、监察农田环境、土地的精细化管理方面的应用水平。此外，加快创建特色农产品优势区。扎实推进现代农业产业园、科技园、创业园和田园综合体建设，争取创建晚熟柑橘、榨菜、生猪、柠檬、生态渔业、草食牲畜、中药材、茶叶、调味品、木本油料等10个“特优区”。

（2）做精乡村旅游业

实施休闲农业和乡村旅游精品工程，以“千年巴渝、多彩乡村”为主题，大力开发景区景点依托型、特色产业支撑型、高山避暑纳凉型、科普体

验观光型、民族民俗风情型等特色乡村旅游。加快发展森林旅游和森林康养，培育一批乡村水利旅游景点。深入推进特色旅游镇、特色旅游村建设试点，扶持发展乡村旅游经营主体。着眼推进新型城镇化和农业现代化，制定特色小镇建设规划，布局建设一批新兴产业集聚、传统产业升级、体制机制灵活、人文气息浓厚、生态环境优美的特色小镇。

（3）做优乡村服务业

顺应农民群众生产生活需要，大力发展以代耕代种、机播机收、统防统治、统购统销等为重点的农业生产性服务业，加快拓展以公共事务、乡村物业、养生养老等为重点的生活性服务业。坚持线下线上并举，扎实推进农产品市场体系建设和电子商务进村工程。落实粮食等大宗农产品收储管理制度。逐步完善农村商贸流通体系；促进城乡物流配送一体化，基本实现乡乡有网点、村村通快递。

（4）扩大农业对外开放

依托"一带一路"、重庆自由贸易试验区、中新（重庆）战略性互联互通示范项目建设，深化农业对外交流与合作。开展特色优势农林产品出口提升行动，深入推进出口示范基地和出口食品农产品质量安全示范区建设。培育壮大农产品进出口企业。加大农业招商引资力度，做好项目跟踪和服务。积极支持农业走出去，培育具有国际竞争力的龙头企业。进一步加大农产品反走私综合治理力度。

2. 强化乡村基础设施建设，消除城乡基础设施差距

从国内外发达地区的实践看，建设完善农村基础设施，对于改造传统农业，实现农村产业的转型升级，把现代文明引入农村，改变农民的生存状态，都具有极其重要的作用。因此，要加快乡村基础设施建设，重点推进面向"三农"需求的网状型基础设施建设，坚持统筹规划、城乡一体、抓住薄弱、重点突破，加快推动乡村交通、水利、信息、能源等基础设施提档升级，构建城乡互联互通、安全高效的基础设施网络体系。

（1）实施"四好农村路"建设工程

继续加大财政投入力度，畅通多元投融资渠道，调动各类市场主体的积极性，加快建设"四好农村路"。按照把农村公路建好、管好、护好、运营

好的要求，重点建设一批旅游路、产业路、便民路，构建城乡大通道、消除乡村“肠梗阻”，加快形成从城市到乡村、从市场到田头畅通便捷的交通网络体系。

（2）加强农村水利建设

实施重点水源建设工程，实施农村居民饮水巩固提升工程，以新建集中式供水工程、管网延伸工程、水质净化与消毒设备配套工程及信息化工程建设为重点，健全农村饮用水网络，保障老百姓饮水安全、用水方便。实施农田水利建设工程，扎实推进农业节水行动，构建符合丘陵山区实际的农业灌溉供水网络体系。

（3）实施“信息乡村”建设工程

以深度贫困乡镇为重点，分类分阶段推进光纤、4G等高速宽带网络由行政村向自然村延伸覆盖，加快构建城乡布局合理、均衡发展、功能完善、安全高效的信息通信网络。深入实施数字乡村战略，全面推进“移动互联网村”和“互联网小镇”建设。加强乡村统计工作和数据开发应用。大力发展农村电子商务，深入推进电子商务进农村示范建设。

（4）实施新一轮能源设施升级改造工程

优化电网结构，加强低电压线路改造、增加配变数量，提高无功补偿容量，对供电能力不足的农村电网实施升级改造。因地制宜差异化推进农网改造和示范试点。同时，实施特色小城镇供气工程。立足特色小城镇，优先采取气源管输化方式，对部分天然气管网暂不能覆盖的区域，可采取LNG/CNG点供模式，加快实现特色小城镇天然气全覆盖。改造提升特色小城镇现有燃气管网，提高特色小城镇供气稳定性和可靠性。

3. 加快推动城乡融合制度改革，促进资源要素合理流动

推进乡村振兴发展，需要人才、资金等资源的投入，这就需要借助城市的力量、市场的力量、资本的力量。其中，人是生产发展中最活跃的因子，从根本上决定着一个地方的兴盛，农村的发展既需要依靠本土人才发挥作用，也需要外部人才注入活力。因此，重庆乡村振兴需要创新体制机制，积极营造“近悦远来”环境，要打好“乡情牌”“乡愁牌”“事业牌”，促进城市人才、资本等各类资源“上山下乡”，汇聚乡村振兴力量。

（1）加强农村专业人才队伍建设

扎实开展“三支一扶”、农村本土人才回引培养计划、农村青年致富带头人培养“领头雁”计划，实施农业科研杰出人才计划和杰出青年农业科学家项目。加强基层农技人员知识更新培训，实施农技推广服务特聘计划。健全种业等领域科研人员以知识产权明晰为基础、以知识价值为导向的分配政策。完善利益激励机制，落实科技成果转化收益、兼职取酬等政策，推进农业科研成果权益改革试点。探索公益性和经营性农技推广融合发展机制，允许农技人员通过提供增值服务合理取酬。健全农业技术推广服务体系，支持区县、乡镇（街道）两级农业技术推广人员回归本业。

（2）大力培育新型职业农民

建立健全职业农民制度及配套政策。拓宽培训对象，将种养大户、家庭农场、农民专业合作社带头人和骨干社员、农业企业骨干、返乡农民工、大中专毕业生、退役军人等作为培训重点，解决新型职业农民来源不足问题。创新培训方式，以田间学校为载体，大力开展生产经营型、专业技能型、社会服务型等新型职业农民培训。强化扶持引导，鼓励新型职业农民加快向家庭农场、种养大户等适度规模经营主体发展，领办创办农民专业合作社、农业企业。开展新型职业农民参加城镇职工养老、医疗等社会保障试点，探索职业农民职称评定试点。

（3）鼓励社会各界投身乡村建设

建立有效激励机制，以乡情乡愁为纽带，吸引支持企业家、党政干部、专家学者、医生教师、规划师、建筑师、律师、技能人才、退休干部职工等，通过下乡担任志愿者、投资兴业、包村包项目、行医办学、捐资捐物、法律服务等方式服务乡村振兴事业。认真落实国家允许符合要求的公职人员回乡任职管理办法。发挥工会、共青团、妇联、科协、残联等群团组织优势，凝聚各民主党派、工商联、无党派人士等社会各界的力量，助推乡村振兴。开展乡村振兴“巾帼行动”。

（4）强化城乡土地资源统筹保障

调整完善土地出让收入使用范围，提高土地出让收入用于乡村振兴的比例。单列安排农村第一、第二、第三产业融合发展用地专项指标，重点保障农产品生产加工销售、乡村旅游配套设施、农业与服务业融合发展等项目用地。实行村域内建设用地增减挂钩。对深度贫困乡镇安排精准扶贫用地专项指标。交通、水利等政府投资基础设施项目用地，按需供应、应保尽保。完善地票交易制度，利用市场化机制鼓励复垦复绿。

（5）积极引导工商资本下乡

优化农村投资环境，稳定政策预期，引导好、服务好、保护好工商资本下乡积极性。建立完善乡村振兴重点工程项目库。建立工商资本下乡投资负面清单，畅通工商资本投资渠道。深入开展“万企帮万村”活动。加强工商资本租赁农地监管，防范经营风险。

4. 大力实施乡村生态振兴，建设生态宜居美丽乡村

良好的生态环境是乡村的宝贵财富和最大优势，也是乡村产业发展的底色和底气。重庆乡村大都是群山环绕、河水潺潺，生态本底好，乡村韵味足，有利于建设生态宜居美丽乡村。因此，要大力实施乡村生态振兴，坚持以绿色发展引领乡村振兴，守住生态保护红线，深入实施国土绿化行动、乡村绿化行动，大力改善农村人居环境和生态环境，让良好生态成为乡村振兴的支撑点，加快建设山清水秀美丽之地。

（1）持续改善农村人居环境

按照农村人居环境整治三年行动方案，全面实施“厕所革命”，开展城乡环境卫生整洁行动，加快推进农村厕所改造，对新建房屋和保障性安居工程、旅游沿线及农家乐，鼓励建设无害化卫生厕所。集中力量治理农村生活垃圾、污水，推行“户集、村收、乡运、区域处理”模式，建立健全农村生活垃圾收运处理系统，排查整治农村生活垃圾非正规堆放点；完成乡镇、村聚居点集中式生活污水处理设施建设，加快乡镇污水处理设施配套管网建设。深入推进危旧房整治，加强乡村建筑工匠培训，建设体现地域特色和时代特征、具有乡韵乡愁的乡村建筑，改善提升村容村貌，促进乡村更加宜居宜业宜游。

（2）扎实推进农业面源污染治理

坚持全民共治、源头防治，扎实推进农业面源污染治理，深入推进农业绿色发展行动。

一是推进化肥农药使用减量化。推广有机肥替代化肥、测土配方施肥，强化病虫害统防统治和绿色防控，确保化肥、农药使用量逐年减少；扎实推进规模化养殖场污染防治配套设施建设。

二是加强农村环境监管能力建设，落实县乡两级农村环境保护主体责任。加强农业面源污染管控点监测，完成第二次污染源（农业源）普查，开展耕地土壤重金属污染普查和修复试点。严禁工业和城镇污染向农业农村转移。

三是落实"一控两减三基本"要求，切实推行绿色生产方式，推动实现投入品减量化、生产清洁化、废弃物资源化、生产模式生态化，从根本上解决农村面源污染问题。

（3）扎实推进山水林田湖(库)草系统治理

大力实施重要生态系统保护和修复工程、生物多样性保护重大工程，推进山水田院绿化美化净化，全面落实河长制、湖长制，构筑长江上游重要生态屏障。

一是实施国土绿化提升行动。以三峡库区为重点，实施新(改)造林工程，重点抓好房前屋后、荒山荒坡、公路河道绿化；加强湿地保护、自然保护区管护、天然林保护。对岩溶地区灌木林地采取补植补造、封山育林等措施。

二是实施废弃矿山及损毁土地修复工程。加强废弃矿山压占、损毁土地修复，消除崩塌等安全隐患，通过整治后发展森林康养、休闲旅游等产业。

三是实施农业生态综合治理工程。实施农业综合开发生态综合治理项目，配套发展特色经济林；依托长江绿色生态廊道项目，新建以果树、茶叶为主的经济林，实施水源涵养林建设、坡改梯工程、节水农业、平衡施肥等。此外，加快实施水土保持和中小河流治理工程，积极探索建立市场化多元化生态补偿机制。

5. 着力推进乡村文化振兴，重建乡村文明

当前城乡发展不平衡不仅体现在城乡居民收入水平的差距，更多体现在思想道德建设和公共文化服务水平的差距，乡村文化在城镇化建设进程中不断衰落。加强乡村文化建设，对乡村振兴发展在提供精神激励、智慧支持和道德滋养上产生积极作用。因此，要着力推进乡村文化振兴，重点加强农村思想道德建设，弘扬优秀传统文化，让人们望得见山、看得见水、记得住乡愁。

（1）推动核心价值观进农家

坚持教育引导、实践养成、制度保障三管齐下，采取农民群众喜闻乐见的方式，深化中国特色社会主义和中国梦宣传教育，加强爱国主义、集体主义、社会主义、民族团结进步教育。开设形势政策宣传“大喇叭”，完善形势政策宣讲队伍，在农村院坝、田间地头建设常态化宣传阵地。深化文明村镇创建和“美丽乡村·善美巴渝”建设。实施公民道德建设工程。加大农村道德模范、感动人物、身边好人、最美人物、脱贫光荣户等评选力度，弘扬民族精神和时代精神。

（2）推动优秀传统文化进农家

深入挖掘、继承、创新优秀传统乡土文化，因地制宜实施民族民俗文化发展行动、传统工艺振兴计划、农耕文化体验基地建设工程。推进优秀传统文化研究，着力推动乡村文化与旅游、农业等产业深度融合。开展乡村历史文化资源普查，加强不可移动文物保护利用，划定乡村建设的历史文化保护线，保护好文物古迹、名镇名村、传统村落、少数民族特色村镇、传统建筑、农业遗迹等。支持“三农”题材文艺创作生产和农村业余文化队伍建设。持续实施文化惠民工程，健全乡村公共文化服务体系，推进乡镇（街道）、村（社区）综合文化服务中心、乡镇室内固定放映厅、综合档案室建设。

（3）推动文明风尚进农家

深入开展文明村镇、星级文明户、五好文明家庭等群众性精神文明创建活动，开展“乡村振兴新风尚”专题培训，积极开展文明院落、清洁户评选等活动，推进实施敬老孝老主题活动，组织举办生活技能大赛、文明礼仪竞赛和文化体育活动，实施农民体育健身工程。开展“幸福满乡邻”志愿服务行动，推进乡村特色志愿服务队伍建设，引导城市志愿服务关爱农村弱势群体。开展“除陋习、树新风”专项行动，建立健全村规民约和村民议事会、红白理事会、道德评议会、老年人协会等“一约四会”及村社风俗监督员制度。广泛开展“好婆媳”“好夫妻”“好邻居”等评选表彰活动。开展婚丧礼俗整治行动，遏制大操大办。

（4）加强乡村法治建设

坚持法治为本，树立依法治理理念，强化法律在维护农民权益、规范市场运行、农业支持保护、生态环境治理、化解农村社会矛盾等方面的权威地位。增强基层干部法治观念、法治为民意识，将政府涉农各项工作纳入法治化轨道。建立健全乡村调解、县市仲裁、司法保障的农村土地承包经营权纠纷调处机制。开展“千万市民学法律”活动，提高全市农民的普法知晓率。重点开展“庭审进乡镇”活动、群众性法治文化活动、法治文艺演出、“法治电影进村”、法治书画展等群众性法治文化活动。

（四）推进内陆开放高地建设，打造开放型经济体系

区域经济研究需放置在开放型经济框架下，通过开放促进要素自由流动和竞争，来促进区域资源优化配置，提升劳动生产率降低成本，促进分工协作，推动区域一体化发展。随着当前经济全球化和区域经济一体化趋势延续，开放对区域经济发展更为重要，并应更多体现在对国际、国内以及区域内部的多维度全方位的双向开放，在通道、平台等开放载体以及开放型经济体系构建、区域合作等层面形成抓手促进开放。重庆拥有西部大开发重要战略支点、“一带一路”和长江经济带联结点的战略定位，应抓住“一带一路”建设和长江经济带发展机遇，以通道先行、平台引领、经济支撑、互动协作为战略重点，推动形成区域全方位对外开放格局，建设内陆开放高地。

1. 强力推进对外开放通道建设

通道建设是开放发展的基础和先决条件，应发挥重庆突出的区位优势和重要的战略地位，全方位推进出市、出海、出境通道建设，加快互联互通枢纽网络连接，打造陆海内外联动、东西双向互济的开放格局。

（1）加快构建完善对外开放通道体系

基于国家区域发展战略导向，全方位推进公铁水空立体式综合国际物流网络体系建设，提升重庆内陆国际物流枢纽地位。

一是做强东向通道。依托长江经济带发展战略，打通东向沿长江出太平洋对外通道，重点加快渝甬新欧物流通道建设，实现与西向“一带一路”通道无缝对接。争取国家支持启动三峡新通道建设，加强长江航道整治，提升长江通航能力。

二是拓展西向通道。围绕新丝绸之路经济带及新亚欧大陆桥经济走廊建设，进一步提升中欧（重庆）班列联运大通道功能，加强与欧洲、中亚及

西亚地区联通，在推动班列常态化稳定运行的基础上，重点打造铁路口岸国际邮件交换中心和境内外集采平台，增强产业促进作用及货源组织能力。

三是做大南向通道。依托海上丝绸之路南向通道和孟中印缅经济走廊建设，进一步拓展完善重庆—云南—东盟国际铁路联运通道，争取在国家层面推动中新互联互通项目南向通道获得更多国家及地区参与，切实推动南向通道铁海联运班列与中欧班列（重庆）、长江水道有机联接。

四是打造航空枢纽。重点围绕“一带一路”增开国际客货运航线，形成重庆联接世界重要物流枢纽的国际客货运航线网络。

（2）积极推进多式联运体系建设

目前重庆已初步形成覆盖公铁水空多种运输方式的国际物流运输体系，下一步打造内陆国际物流枢纽还需要在多式联运上下功夫。

一是推进长江经济带多式联运。整合利用果园港、江津珞璜港、涪陵龙头港、万州港等枢纽港口及沿江铁路资源，发展江海联运和铁海联运。

二是加强“一带”“一路”有机衔接。重点推动建设果园港国际多式联运运营中心，打造连通“一带一路”和长江经济带的国际多式联运物流枢纽。推动中欧班列（重庆）与中新互联互通项目南向通道实现铁海联运、国际铁路联运，进一步探索中欧班列陆上贸易规则。

三是强化市内物流节点连通。加强铁路枢纽环线及重要港口、物流园区和产业园区之间的道路连接，推进航空物流园、西部现代物流园、果园港、南彭贸易物流基地等主要物流枢纽之间的高效串联。

2. 提升完善开放平台及口岸功能

平台口岸是开放的重要支撑载体，应进一步完善全市“1278”① 国家级开放平台体系及功能，加强平台互联互通及协同发展，高标准推进开放口岸

① “1”指两江新区；“2”指中国（重庆）自由贸易试验区（以下简称重庆自贸试验区）、中新（重庆）战略性互联互通示范项目（以下简称中新互联互通项目）；第一个“7”指重庆高新技术产业开发区、重庆经济技术开发区、万州经济技术开发区、长寿经济技术开发区、璧山高新技术产业开发区、荣昌高新技术产业开发区、永川高新技术产业开发区；第二个“7”指两路寸滩保税港区、西永综合保税区、江津综合保税区、涪陵综合保税区 4 个海关特殊监管区域，铁路保税物流中心（B 型）、南彭公路保税物流中心（B 型）、果园港保税物流中心（B 型）3 个 B 型保税监管场所，以及重庆检验检疫综合改革试验区。

建设，以重要开放平台功能优化带动区域开放发展。

（1）发挥好重大开放平台的引领作用

目前重庆已拥有自贸区、中新项目以及国家级经开区、高新区等重大开放平台，下一步应着力发挥好这些国家级平台的资源集聚优势来引领带动全市开放发展。

一是突出打造重庆自贸区、中新（重庆）战略性互联互通示范项目，围绕投资、贸易便利化等进一步探索推动适宜重庆的制度创新和政策创新，争取创新经验向全市复制推广。

二是探索打造重庆自贸港，争取国家支持在果园港和海关特殊监管区域试行自由贸易港政策，对标国际通行规则，在贸易、投资、金融便利化等领域探索内陆地区制度设计，在更高水平上提升要素资源配置效率。

三是切实优化发挥两江新区、国家级高新区及经开区的战略性新兴产业、创新要素集聚功能，增强向市内其他区域的辐射带动能力。

四是强化两路寸滩、西永、江津海关特殊监管区等口岸保税功能，推动转口贸易、总部贸易、跨境电商、离岸金融等口岸经济业态发展。

（2）切实优化开放平台体系

重庆重大开放平台主要集中在主城区，有必要对渝西、渝东北、渝东南地区的平台进行功能升级，进一步优化平台布局。在现有“1278”国家级开放平台基础上，切实推动渝西、渝东北、渝东南地区开放平台及功能提档升级，形成全市区域开放平台协调布局发展的良好局面。推动铜梁、潼南升级为国家级高新区，大足工业园区升级为国家级经开区。推进万州机场、黔江机场等航空口岸对外开放，推动万州、涪陵、江津、永川、丰都等区水运口岸建设。

（3）加强开放平台协同发展

重庆各类开放平台存在同质化竞争加大以及功能定位、引资方向不清晰等问题，不利于推动平台错位互补，实现系统功能最大化。应打破开放平台各自为政的局限，切实推动在产业对接、招商联动、创新协同等方面构建全市跨平台合作机制，形成全方位一体化协同发展格局。积极搭建市级层面的产业对接平台，打通开放平台产业协作渠道，推动主城区开发平台产业腾笼换鸟，通过合作共建飞地等模式，加强与渝西、渝东北等片区的产业合作。

3. 构建完善开放型经济体系

开放环境下的区域经济发展应充分利用“两种资源、两个市场”，积极参与国际国内市场分工，构建以口岸为基础的开放型经济产业体系，推动产业转型升级开放发展。

（1）大力发展口岸经济

目前重庆口岸类平台承担了较多的内向型产业功能，尚未充分发挥口岸对发展外向型经济的支撑作用，应依托全市口岸布局，积极构建口岸经济产业体系，促进口岸与产业互动发展。布局发展临空临港高端制造业，形成集加工制造、进出口贸易、展示展销、分拨中转、金融服务于一体的全产业链。大力发展口岸金融服务、数据口岸等高端生产性服务业，推动保税物流、保税检测维修、转口贸易和离岸贸易等新型口岸经济业态发展。加快建设临空经济示范区，集中发展高端先进制造业和临空物流、临空商务等现代服务业。

（2）推动贸易方式提档升级

重庆一般贸易、加工贸易产业多处于价值链低端环节，服务贸易、总部贸易等新业态培育尚显不足，应着力调整优化全市贸易结构，加快贸易方式转型升级。

一是提升货物贸易产品竞争力，着力推动电子信息产业向品牌、研发、结算等产业链高端延伸，提升产业附加值。支持传统外贸企业加快引进先进技术，进行生产工艺提升及产品升级，提升出口产品市场竞争力。

二是大力发展服务贸易，依托全市特色服务贸易产业园，积极培育资本、技术、知识密集型服务贸易市场主体，鼓励服务贸易企业扩大文化艺术、广播影视等文化服务出口及研发设计、节能环保等生产性服务进口。

三是培育发展总部贸易、保税贸易、离岸贸易等新业态，依托海关特殊监管区，积极发展保税维修、保税研发、租赁业务等新业态。依托自贸区在投融资便利化以及金融领域的创新，探索发展自贸区离岸贸易。

4. 加强区域多层次交流合作

重庆拥有位处“一带一路”和长江经济带联结点的区位优势，在对外开放中应依托中欧班列、长江黄金水道等重要通道，积极融入“一带一路”和长江经济带建设。同时与四川、贵州等毗邻地区加强合作交流，促进产业分工协作，推进成渝城市群和渝黔示范区建设。

（1）全方位扩大“一带一路”经贸投资交流合作

依托中欧班列（重庆）国际物流大通道，重点针对东盟、中东欧、东非等地区，积极策划开展重庆与“一带一路”沿线地区的商品、技术展示展销合作活动，吸引“一带一路”沿线国家和地区来渝参加“西洽会”等经贸展览。积极发挥国际产能合作平台支撑作用，与“一带一路”沿线国家和地区加强产业合作力度，支持企业开展境外投资。

（2）加强与周边地区协作发展

深度融入长江经济带建设，与长三角港口加强联动和港航合作，与沿江口岸加强互联互通及通关一体化。高起点、链条化、集群式承接长三角地区产业转移，通过与沿江省市开展园区共建、产业飞地等方式，推动渝西、渝东北产业转型发展。与四川、贵州、云南等长江上游地区在基础设施、生态保护、公共服务、产业协同等领域加强一体化发展，推动永川、大足、荣昌加快川渝合作先行示范区建设，合川、铜梁、潼南融入成渝城市群发展，綦江、万盛、南川建设渝黔合作先行示范区。

（五）推进西部创新中心建设，塑造创新发展新动力

科技创新注重解决区域发展动力问题，其通过直接强化知识性生产要素投入，来推动要素结构、需求结构以及产业结构调整，对于提升区域竞争力、优化区域产业结构、促进区域经济平稳健康发展起到不可替代的作用。重庆应着力打造生态创新系统，围绕产业链布局创新链，构建以企业为主体、市场为导向、产学研融合的技术创新体系，形成各具特色的区域创新发展模式，增强创新驱动水平和创新引领能力。

1. 高标准策划打造“重庆科学城”

从历史看，重庆发展到今天，更多是依靠引进产业和技术，走相对“外延式”增长的方式取得了经济的快速发展，但在国内外复杂严峻的形势下，重庆处于转型发展的关键时期，必须以创新来引领和促进产业转型，培育、增强自身的创新能力，尤其是自主创新能力迫在眉睫。

重庆近年虽然建立了一些科技创新平台，但均处于散、乱、小的状态，缺乏一个有利于各类创新资源共生、共享并具影响力的集聚创新平台。科学城的打造有利于更高水平集聚创新要素，上海张江科学城、成都科学城无一例外成为推动区域创新发展的重要力量。重庆科技创新的短板较为突出，可依托大学城、北碚、重庆高新区槽谷地带富集的高校科教资源优势和产业发展优势，大力招才引智，瞄准国际水平，集中力量高标准规划打造重庆科学城。突出科技体制机制先行先试，着重汇聚国内外知名研发机构、孵化器以及创新人才等各类资源要素，构建集产业、创新、人才、制度、开放、生态于一体的全方位创新体系，聚焦校政企产学研协同创新及科技成果转化应用，着力打造创新驱动示范区，成为全市创新策源地，引领带动全市创新发展。

2. 强化创新源头供给能力

（1）推动高等教育高质量发展

高等教育是创新发展的基石，重庆应以高质量发展和未来产业发展需求为导向，加快推动高等教育供给侧结构性改革。实施“双一流”大学共建工程，推动重庆大学、西南大学进一步开放与创新，与国内外知名大学、科研机构等加强资源整合、开展全方位高层次合作，强化一流学科建设与一流人才引育。切实推动教育与产业对接，支持市内高等院校紧跟当前及未来全球产业、技术发展趋势，加强院系、学科和专业等战略性调整。加大外部科研机构引入力度，全力争取综合性国家科学中心、中科院及北大清华等重点大学分校分院落户重庆，增强市内科研力量。

（2）构建现代职业教育体系

职业教育有利于促进产学研融合，提升创新成果转化运用能力，重庆应重视职业教育的发展，围绕新兴技术、产业发展趋势和导向，以产教融合为主攻方向构建现代职业教育体系。推动市内大专院校及部分本科高校加强应用型技术专业及课程设置。探索建立现代学徒制，支持大专院校与技工院校、企业研究机构等开展联合招生、定向培养，培育高素质、专业性强的应用型技能人才，切实加强大专院校与企业在人才回炉再培训、学生实习培养等方面的双向合作。

3. 围绕产业链部署创新链

（1）打造创新研发平台

围绕全市战略性新兴产业发展方向，积极组建一批重大科技创新平台，引进高技术、大资本、全球化的新型高端研发机构、知名高校及科研院所，合作共建国家实验室、工程研究中心、技术创新中心、制造业创新中心、共性科研仪器设备平台等创新载体。支持企业与科研院所等合作共建产业科技研发平台、协同创新平台及产业技术创新联盟，切实提升平台基础设施软硬件水平，推动产学研用一体化协同创新。

（2）引导创新资源差异化集聚

基于重庆主城、渝西、渝东北、渝东南各区域功能定位、产业结构的不同特点，差异化引导创新资源特色集聚，促进产业内涵式创新发展。两江新区、重庆高新区、经开区等国家级开发区，着力引入、培育发展研发型总部经济，突出高精尖创新，强化原始创新、产业关键技术和前沿技术研发创新功能。永川、荣昌、璧山高新区以及长寿经开区、万盛经开区等渝西重要开发开放平台，着重突出国内优质创新要素输入，大力引进科技研发机构、科技型企业、创新机构及团队，注重引导支持企业建立技术研发中心，推动提高区域技术引进消化吸收再创新能力。渝东北及渝东南加快先进适用技术推广和应用，搭建区域性技术转移中心。

（3）加强科技成果转移转化

成果转化应用是创新的重要一环，目前重庆在这方面还存在较大短板，公共的成果转移转化中心、平台等仍较为缺乏。应积极搭建众创空间、孵化器、加速器等新型孵化载体，完善小试、中试、样机制造等公共平台，以及科技检验检测、军民融合创新、科技金融支撑等创新服务平台。加快打造专业性的技术交易平台、科技成果交易市场，完善科技成果评价、估价等市场化中介服务。建立科研院校（所）科技成果与企业对接的服务途径，着力畅通科技成果交易转让绿色通道。

4. 加强良好创新生态建设

（1）深化科研管理体制改革

目前科研管理体制仍存在诸多弊端，已成为束缚科技创新活力的重要因素，下一步重庆推进创新发展，必须不断深化科研管理体制改革。以“放管服”改革为重点，着力优化科研管理制度及流程，建立灵活高效的科研项目管理机制，让创新主体拥有更大自主空间。进一步完善科研经费管理办法，引导科研经费得到更加合理有效地配置和利用。加快完善由第三方专业机构参与的科研成果评价机制，增强科技奖励对成果转移转化的政策倾斜支持。切实推动科研人员职称管理制度改革，建立完善人才双向流动机制。

（2）加强知识产权保护及政策引导

只有切实保护好创新主体的知识产权，才能真正激发其创新创业的积极性。健全知识产权保护法规体系，实行严格的知识产权保护制度，加大知识产权侵权打击力度。加强两江新区知识产权法庭建设，在全市先行探索知识产权维权和纠纷解决机制。同时，加强对企业创新的政策引导，切实优化完善创新支持政策，在市场准入、注册登记等方面构建公开透明的标准体系，构建由市场筛选及决定要素价格的机制，促进企业在高质量发展阶段转向创新驱动的内涵式发展。

（六）加快推动绿色发展，建成山清水秀美丽之地

“二战”以来，随着全球经济快速发展，气候变化、温室效应、臭氧层破坏、土地沙漠化、土壤侵蚀等具有全球性影响的环境问题日益突出，严重威胁着全人类的生存与发展。1972 年，罗马俱乐部在其发布的研究报告《增长的极限》中，提出可持续发展观念，唤起了人们对全球环境问题的关注。特别是21 世纪以来，生态环境问题已成为世界关注的焦点。2018 年，诺贝尔经济学奖授予诺德豪斯（William D. Nordhaus）和罗默（Paul M. Romer），以表彰其在创新、气候和经济增长研究中的贡献。其中，诺德豪斯主张建立全球碳税机制和绿色 GDP 核算方法，为全球经济绿色发展提供了新路径，也为我们完善环境保护相关的制度安排与政策执行以及提高环保政策制定的专业性提供了理论借鉴。

改革开放40 年来，中国经济发展取得了举世瞩目的成绩，同时也带来了诸多弊病，如大范围雾霾、水体污染、土壤重金属超标、资源枯竭、生态失衡等等环境问题日益突出，已成为中国经济持续发展的最大瓶颈制约，也直接影响着人们的健康生活。面临严峻的环境形势，党的十七大提出建立主

体功能区布局的战略构想，将生态安全保障上升到国家战略高度。党的十八大将生态文明建设纳入“五位一体”总体布局，将绿色发展上升为统筹谋划解决环境与发展问题的重大理论。党的十八届五中全会，明确提出“创新、协调、绿色、开放、共享”五大发展理念，更是将绿色发展作为关系中国发展全局的一个基本理念。习近平总书记提出了“绿水青山就是金山银山”“坚持保护生态环境就是保护生产力、改善生态环境就是发展生产力”等重要论述。当前，坚持统筹谋划解决环境与发展问题，把调整优化产业结构、强化创新驱动和保护生态环境结合起来，自觉推动绿色发展、循环发展、低碳发展，推动形成人与自然和谐发展现代化建设新格局，已成为全社会共识。

近年来，重庆深入推进“蓝天、碧水、宁静、绿地、田园”环保五大行动，生态环境保护工作取得积极进展。但是，水土流失、土地退化、土地石漠化、次级河流污染、地质灾害频繁、农村面源污染等各类生态环境问题依然突出，与作为长江上游重要的生态屏障的要求相比，与人民群众期盼相比，仍有较大差距。因此，应以“共抓大保护、不搞大开发”为导向，坚定不移走生态优先、绿色发展之路，统筹山水林田湖草系统治理，实行最严格的生态环境保护制度，形成节约资源和保护环境的空间格局、产业结构、生产方式、生活方式，把重庆建成山清水秀美丽之地。

1. 筑牢全域“绿色本底”

按照主体功能区要求，统筹生产、生活和生态空间，以区域自然禀赋为基础，以整体功能最大化、人口资源环境相均衡、经济社会生态效益相统一为导向，构建多维生态空间体系。

(1) 加强生态空间管控

重庆地处长江上游，肩负着国家生态安全屏障的历史重任。保护好长江生态环境，事关国家发展全局，也事关重庆长远发展，因此，必须把生态保护摆在突出位置。结合山水阻隔的地域特色，围绕山水林田湖草综合生态系统，优化生态空间格局，构建以长江、嘉陵江、乌江三大水域和大巴山、大娄山、华蓥山、武陵山四大山脉为骨架，以重点生态功能区域为重要支撑，以交通廊道、城市绿地为补充的市域生态空间格局。统筹协调城镇发展空间与生态保护红线、基本农田保护线，实行环境准入负面清单制度，严格管控生态保护红线区域内的开发建设活动，保护好自然保护区、风景名胜区、森林公园、湿地公园、地质公园、自然遗产地、水源保护区等已经设立的各类受保护区域。

（2）强化区域生态调控

重庆虽为直辖市，但面积相当于一个中等规模的省，区域内地形地貌类型众多，地质结构复杂，不同区域生态环境承载力差异悬殊，因此，需要加强区域生态调控，实现人口分布、经济发展和资源环境协调发展。主城区要着力保护好鹅岭、南山、缙云山、中梁山、铜锣山、明月山等绿色山脊及长江、嘉陵江水域生态廊道，强化城市绿地、林地、湿地等空间联通，形成绿色生态体系。渝西片区要着力加强华蓥山、大娄山等生态屏障保护、河流湖库污染整治和农村面源污染防治，促进山水田园错落相间、人与自然和谐共生。渝东北片区要突出三峡库区水源涵养，着力实施三峡库区、重要水源地、石漠化等水土流失综合治理，加强地质灾害防治，实施好新一轮退耕还林还草工程。渝东南片区要突出生态修复和保护，着力实施天然林保护、石漠化治理、退耕还林还草、湿地生态修复、河道绿化缓冲带建设等工程。

2. 加强生态环境保护与治理

深入实施“蓝天、碧水、宁静、绿地、田园”环保五大行动，加强污染治理和风险防范，开展大规模国土绿化行动，推动生态服务功能进一步提升，将重庆建设成为长江上游重要生态屏障。

（1）加强污染治理和防范

严格贯彻落实“大气十条”“水十条”“土十条”，打好大气、水、土壤污染防治“三大战役”，加快农业农村环境治理步伐，着力提升环境质量。

一是强化大气污染防治。制定工业污染源全面达标排放计划，推进联防联控和流域共治，着力削减污染物排放总量、降低排放强度。

二是加强水环境质量管理。加强流域磷矿及磷化工污染治理，优先保障长江、嘉陵江、乌江干流水质不低于来水水质。继续全面推广河（湖）长负责制以及水质改善、项目推进“双目标”考核制，加强污染流域、湖库综合治理，着力消除群众反映强烈的城市建成区及周边水体黑臭现象。

三是强化土壤环境污染防治。开展土壤环境状况调查和评估，制订土壤污染治理与修复计划，开展土壤、地下水重金属和有机污染协同修复试点，统筹土壤和地下水、大气环境协同治理。

四是加强农业农村环境治理。以撤并场镇、农民新村和高山生态扶贫搬迁集中安置点为重点，大力实施农村改厕、农村能源结构改造、农村脏乱差整治等工程，继续推进农村环境连片整治，持续改善农村人居环境质量。深入实施“田园行动”，编制农业面源污染防治规划，推动农村面源污染监测体系建设。

（2）加强重点区域生态保护与修复

重庆依山而建，依江而兴。因此，沿江开发强度大，人口分布密集，植被破坏严重，引起了一系列的生态失调问题。因此，亟待加强该区域生态保护与修复。

一是以“两江四岸”为重点，开展长江、嘉陵江及支流河道保护线外侧城镇规划建设用地区域内的绿化缓冲带建设，保护城市天际线、山脊线、水际线，彰显城市特色风貌，保护传承历史文化。

二是优化已有岸线使用效率，把水安全、防洪、治污、港岸、交通、景观等融为一体，使沿江工业、港口岸线适度有序发展。加强沿江工业管控，严禁在长江干流及主要支流岸线 5 公里范围内新布局工业企业、工业园区，坚决关闭或搬迁现有紧邻长江的化工厂。

三是强化对大娄山、大巴山、武陵山、三峡库区等重要生态功能区保护与建设，实施好长江防护林体系建设、水土流失及岩溶地区石漠化治理、退耕还林还草、水土保持、河湖和湿地生态保护修复等工程，增强水源涵养、水土保持等生态功能。

3. 构建绿色低碳发展经济体系

绿色低碳循环发展的理论基础是生态经济理论。该理论核心是以生态技术为基础，保护和改善自然环境，追求资源环境可承载下的经济持续增长，实现经济、社会和生态系统的有机统一，促进人与自然的和谐发展。因此，应遵循生态经济理论，加大供给侧结构性改革力度，加快产业转型升级，倡导绿色环保的生产、生活方式，推动循环低碳发展，构建绿色环保发展的经济体系。

(1) 加快产业绿色发展

面对资源环境要素日益趋紧的发展趋势，传统高耗能、靠规模扩大的经济增长方式已不能适应新时代经济发展的需要，发展绿色经济已成为越来越多人的共识。绿色产业作为绿色经济的载体也成为大家追求的发展方向。

一是推进绿色制造。推动钢铁、化工、建材等传统工业绿色化改造，推进绿色园区、绿色企业、绿色工厂建设，发展壮大节能环保产业、清洁生产产业、清洁能源产业，支持企业制定绿色标准、实施绿色管理和绿色生产，构建高效、清洁、低碳、循环的绿色制造体系和绿色供应链。

二是加快发展现代生态农业。加快转变农业发展方式，进一步壮大提升集约化经营与生态化生产有机结合的现代农业，提高资源利用率和土地产出率。发展种养结合生态循环农业，推行减量化和清洁生产技术，净化产地环境，提高无公害、绿色、有机农产品比重。

三是大力发展绿色服务业。以大数据和“互联网+”为手段，积极推动物流配送模式创新，构建绿色智能物流体系。大力发展生态旅游，对重点旅游景区开展环境监测，促进旅游景区绿色化发展。推动大型商场、餐饮、酒店使用节能设备和技术，促进商贸餐饮业绿色转型。

(2) 大力发展循环经济

一是实施循环发展引领计划。开展再制造试点，发展机床、汽车零部件、工程机械再制造，实现再制造规模化、产业化。加快园区循环化改造，推动国家循环经济试点区县建设，鼓励建设循环经济教育示范基地。

二是加强工业废弃物和“城市矿产”资源化利用。完善重庆废金属交易市场，继续推进废钢铁资源化利用产业园（集团）建设，着力开展废钢铁、废铅、废旧电子产品的综合利用。

三是推进资源全面节约和循环利用。加快完善节能标准体系、能耗标识制度，加强标准实施的监督，切实扭转粗放用能方式，不断提高能源使用效率。实行最严格的水资源管理制度、节约集约用地制度，提高水资源和建设用地利用效率。

(3) 大力倡导绿色生活方式

一是倡导低碳环保出行。完善公共交通网络，积极推广清洁能源运输工具，鼓励发展交通工具共享经济，加快推进人车分离、安全便捷的慢行通道建设。

二是鼓励居民绿色消费。积极推广节能灯、节能家电等节能产品，鼓励公众购买能效标识产品、低碳认证产品、环境标识产品和无公害标志食品等。

三是大力开展相关公益活动。鼓励行业协会、环保协会等开展节能低碳、资源回收利用、义务植树造林、环保志愿者行动等公益活动。

4. 健全生态文明制度体系

改革开放40年来，重庆生态环境总体恶化趋势仍未得到有效遏制。究其原因，与自然原因及发展阶段有关，更与法治和体制机制等制度因素息息相关。党的十八届三中全会提出，加快生态文明制度建设，深化生态文明体制改革，完善法治体系和自然资源保护与管理制度，建立健全市场机制和监督体系，落实政府、企业、公众责任，全面提升全市生态文明建设法治化和治理能力现代化水平，为重庆建设山清水秀美丽之地提供了制度保障。

（1）完善生态环境保护法治体系

一是加强生态环境保护立法。加快制定环境保护、森林保护、湿地保护、地质环境保护、自然保护区管理、生态红线管控、生态补偿、生态环境损害赔偿、排污许可证管理等一批地方性法规、规章，形成地方完备的生态文明制度体系。

二是加大执法力度。建立健全跨行政区域、跨部门的生态环境执法合作机制和部门联动执法机制，开展联合执法、区域执法和交叉执法。加大对污染环境、侵占资源、破坏生态等违法行为的查处力度，大幅度提高违法成本。

三是加强普法教育。深入开展生态法治宣传教育，将生态法治教育纳入各级干部教育培训计划，提高领导干部运用法治思维和法治方式推动生态文明建设的能力。

（2）完善自然资源保护和管理制度

一是建立自然资源资产产权制度。加快开展自然资源资产统一确权登记，摸清矿产、草地、林地和珍稀动植物等各类自然资源位置、数量、等级和权属等信息，建立归属清晰、权责明确、监管有效的自然资源登记体系。

二是完善自然资源用途管制制度。探索开展区县“多规合一”试点，构建以空间规划为基础、以用途管制为主要手段的统一衔接、分级管控的空间规划体系和国土开发保护制度。

三是实行最严格的环境保护制度。建立统一公平、覆盖所有固定污染源的排放许可制度，禁止无证排污或不按许可证规定排污。完善建设项目全过程管理制度，健全建设项目区域限批、环评机构信用评价、环境监理、现场巡查、后评估等制度。探索建立生态环境损害赔偿制度。

（3）建立生态环保监督体系

一是健全生态环保督政制度。建立健全领导干部自然资源资产离任审计和生态环境损害责任终身追究制度，强化对区县生态环保工作的督查，对未履行环境保护职责或履责不到位的进行约谈，对问题严重的实行挂牌督办、区域限批。

二是完善生态文明建设目标评价考核和责任追究制度。根据各区县功能定位实施差异化考核，加大资源利用、产业结构优化、环境质量等考核指标权重。编制自然资源资产负债表，建立资源消耗、环境损害和生态效益纳入经济社会发展评估和项目审查体系，建立环境损害鉴定评估机制，构建后果严惩的评价、考核及奖惩制度体系。

三是完善社会公众参与制度。完善环境信息公开制度，探索建立人民环保监督员制度，鼓励、引导有关社会组织依法提起环境公益诉讼，维护社会公共利益。

（4）完善生态环境经济政策和市场化机制

一是探索建立区域之间以及流域上、下游之间的横向生态补偿机制，鼓励上下游地区商定跨界断面水质目标和核定补偿标准。

二是深化推进排污许可制等制度改革，建立吸引社会资本投入生态环保的市场机制，推进环境污染第三方治理。

三是探索实施对环境质量不达标的区域或者流域，控制单元实施区域限批、特别排放限值等政策。

四是完善落实节能环保、生态建设、可再生能源等优惠政策，建立健全用能权、用水权、排污权、碳排放权初始分配制度，创新有偿使用、预算管理、投融资机制，培育和发展交易市场。

（七）推进基础设施互联互通，建成国际化综合交通枢纽

习近平总书记指出："交通基础设施建设具有很强的先导作用，特别是在一些贫困地区，改一条溜索、修一段公路就能给群众打开一扇脱贫致富的大门。"从理论和实践可以看出，交通基础设施对于促进区域要素有序、高效流动，促进区域集聚资源要素集聚等具有先导性和支撑性作用。直辖以来，重庆交通发展取得了显著成效，特别是高速公路建设取得重大突破，路网密度达 3.5 公里/百平方公里，位居西部第一。与此同时，重庆仍处于"双欠"阶段，交通发展仍然存在明显短板。因此，强化重大交通基础设施建设，构建立体综合交通体系，充分发挥基础设施对功能布局、产业发展、人口集聚的支撑和先导功能，增强协调发展的基础保障。

1. 加快完善对外通道建设

（1）加快建设铁路大通道

当前，重庆铁路尤其是高铁建设规模小、里程短、占比低、复线率低，还有 10 个区县尚未通铁路。与周边省市相比，重庆高铁对外大通道严重不足，东向、南向、北向出口均未打通，不能融入全国高铁网。应依托"一带一路"倡议和长江经济带发展战略，积极对接国家"八纵八横"高速铁路网建设，加快推动渝西高铁、渝达城际铁路开工建设，适时启动兰渝高铁前期论证工作，增强与关中城市群、兰西城市群的互联互通，构建重庆—新疆—欧洲的国际铁路运输大通道。加快推进渝湘高铁、安张铁路建设，增强与长株潭、珠三角、海峡西岸城市群的高速交通联系。加快推进郑万高铁建设，适时启动沿江高铁和沿江货运铁路建设，缓解长江黄金水道交通拥堵问题，畅通与华中、华北、华东等地的联系。加快推动渝昆高铁、黔遵昭铁路开工建设，研究论证渝昆货运铁路建设，构建连接云南联系东盟印度洋、融入 21 世纪海上丝绸之路的铁海联运国际大通道。适时启动渝贵高铁、渝柳铁路建设，构建直达珠三角大湾区、北部湾等城市群的快速通道。加快开展成渝中线高铁前期研究工作，进一步增强成渝城市群的互联互通性。

（2）推动高速公路网络化发展

目前，重庆高速公路网络不完善，南向至贵州、东向至湖南湖北的对外通道偏少，与陕西的直接联系通道尚在建设中；主城区内外衔接不畅，进出城路段拥堵呈常态化；渝东北与渝东南之间高速公路通道偏少，城口尚未通高速。因此，应加大高速公路建设密度，全面实现县县通高速，相邻区县基本实现“1 小时直达”，高速公路进出城通道拥堵现象得到明显缓解。实施射线高速扩能改造，推进渝黔、渝宜、渝遂、渝武高速公路复线建设，畅通进出主城通道。加快黔江—石柱、南川—两江新区、三环高速（长寿—合川）、合川—璧山—江津、彭水—酉阳、巫山—巫溪、垫江—丰都—武隆、高速公路建设，开展沿江高速北线（涪陵—忠县—万州）前期研究工作，强化片区之间、片区内部交通的互联互通。进一步丰富完善省际出口通道建设，推动巫溪—镇坪、开县—城口—岚皋、奉节—建始、南充—大足—泸州、合川—安岳、武隆—道真高速公路建设，研究论证永川—泸州、酉阳—永顺等高速，增强与周边省份高速公路联系便捷性。

（3）构建干支联动、畅通高效的航道体系

目前，重庆受三峡船闸制约，长江黄金水道功能未能充分发挥，枯水期航道水深不足，严重制约着航道运输量。应加快推进长江干线航道系统整治，逐步解决重庆枯水期涪陵至主城段航道水深不足、制约长江船型大型化发展的问题，实现 5000 吨级单船满载全年通航至重庆主城的目标。继续开展船型标准化建设，大力推广“三峡船型”的应用，缓解三峡船闸常态化拥堵，提升三峡船闸闸室利用率。积极争取国家支持三峡新通道建设，从根本上解决长江上游地区航运发展瓶颈制约。加快推进嘉陵江利泽、乌江白马枢纽和库尾航道整治，加强省际协作联动，全面畅通嘉陵江、乌江骨架支流航道，增强“一干两支”① 国家高等级骨架航道对周边省市的辐射能力。加快推进三峡库区小江、汤溪河等重要支流航道开发利用，积极推进渠江航道整治、涪江梯级渠化，开展嘉陵江井口枢纽、乌江航道提档升级、大宁河航电开发等前期研究，大力延伸支流航道通达深度。

① “一干两支”：“一干”指长江，“两支”指嘉陵江、乌江。

（4）完善国际航线网络

当前，重庆国际航线和货运航线偏少、时刻容量受限、空运资源偏紧、中转能力较弱，航空物流枢纽发展滞后。应充分发挥航空在内陆国际性城市建设中的重要作用，积极开拓和加密欧洲、中东、美国、大洋洲、非洲等国际航线，形成通达五大洲的国际航线网络。加密渝新快线，加强两地机场客货运联动，开通旅游包机，鼓励代码共享和组建联盟等形式的中新航空企业间合作，打造重庆江北国际机场与樟宜机场为两极的“哑铃”结构枢纽。扩大中新双方航空领域开放，充分利用新加坡发达的国际航线网络和经重庆的第五航权增开一批国际航线，完善东南亚、日韩等周边热点地区的市场性航线，培育南亚、非洲等具有区位优势地区的潜力性航线，促进重庆与“一带一路”沿线国家的互联互通，开通国际地区中转“通程航班”，完善货运航线，构建覆盖国内、辐射亚洲、通达全球的国际航线网络。

2. 强化重庆综合交通枢纽建设

（1）加强铁路枢纽建设

目前，重庆铁路枢纽布局不完善，铁路货运量、周转量低于全国平均水平，存在诸多供给侧结构性“短板”问题。应加快推进重庆北站、沙坪坝火车站、菜园坝铁路综合交通枢纽改扩建，积极推动重庆东站开工建设，形成“三主两辅”客运枢纽格局。加快推进木耳、龙盛、东港、南彭、德感、双福、大路等货运站，形成“2 +4 +9”① 的全国—区域地区三级物流中心网络的货运体。

（2）加快航运枢纽建设

加快完善果园港集疏运体系建设，建成江津珞璜、涪陵龙头、万州新田3 个铁公水联运的枢纽型港口，打造主城寸滩、永川朱沱、渝北洛碛、长寿胡家坪、丰都水天坪、忠县新生、奉节夔门、合川渭沱、武隆白马等9 大专业化重点港口，形成“1 +3 +9”港口群。同时，依托寸滩港，规划建设长

---

① “2 +4 +9”：“2”是指2 个全国性铁路物流中心（团结村集装箱中心站和小岚垭铁路物流中心），“4”是指4 个区域性铁路物流中心（白市驿铁路物流中心、南彭铁路物流中心、木耳铁路物流中心、龙盛铁路物流中心），“9”是指9 个地区性铁路物流中心（磨心坡、北碚、黄磏、唐家沱、鱼嘴、德感、双福、大路、澄江铁路物流中心）。

江三峡游邮轮母港，打造长江上游邮轮旅游中心。加快主要港口与铁路、高等级公路的连接线建设，大力发展多式联运，形成无缝衔接的集疏运体系。深化沿江省市合作，推动构建长江大通关体制。发挥保税港区政策优势，做大做强重庆航运交易所，建设重庆航运服务集聚区，推动重庆航交所与新加坡、欧美等航运发达国家合作。

（3）加快推进航空枢纽建设

目前，重庆江北国际机场国际航线拓展缓慢，缺乏旗舰型基地航空公司与货运基地航空公司，基础设施配套存在欠缺，机场数量偏少。因此，应加快完善江北国际机场基础设施，推进江北机场第四跑道和T3B航站楼建设，优化航权、航线、航时等资源配置，适当增设宽体机停机位和机坪，构建南客北货、东西双航站区运行格局。加强与国货航等大型货运航空公司的战略合作，打造与重庆经济社会发展战略高度契合、市场份额明显占优的货运基地航空公司，构建以重庆为枢纽的运营基地。加快白市驿机场迁建，改善江北国际机场空域条件，加速推进万州、黔江机场改扩建，加快推进巫山、武隆机场开工建设，逐步形成以江北国际机场为主体的“一大四小”机场格局。此外，围绕重庆西进战略，结合重庆科学城建设，加快在璧山布局重庆第二国际机场，注重高铁、机场快轨、高速公路等多种交通设施衔接，打造现代化国际化航空枢纽，辐射带动渝西乃至川东北、川南地区快速发展。

3. 完善城市交通系统

（1）构建轨道交通四大通勤圈

城市轨道交通是城市公共交通的重要组成，是世界公认的低能耗、少污染的“绿色交通”，是城市客流运送的大动脉，也是解决“城市病”的金钥匙。像重庆这样受山水阻隔影响的城市，应充分发挥轨道引领城市发展的作用，加快城市轨道交通和都市快轨建设，推进主城城市轨道交通向都市连绵带延伸，策划推动四个城镇组群内部轨道交通建设，强化对新兴城市功能节点和枢纽的支撑带动作用。

一是加快主城区城市轨道交通。重点推进轨道环线、四号线、五号线、九号线、十号线二期、六号线支线二期、南彭至茶园有轨电车建设，力争早日形成网络化发展格局，缓解主城交通拥挤状况。依托城市轨道以及铁路东环线、铁路西环线，构建主城通勤圈。

二是大力推进市郊铁路建设。加快轨道延长线跳磴至江津段建设，新开工轨道延长线璧山至铜梁段，增强渝西片区与主城区城市轨道的有机衔接。推动合川—铜梁—大足—荣昌、主城—合川城市快轨开工建设，充分利用渝遂、成渝客专等既有铁路，构建西部通勤圈。依托铁路东环线、三万南铁路、南涪铁路、渝怀铁路，构建东部通勤圈。研究论证江津—綦江城市快轨建设，依托成渝铁路、渝黔新线，构建南部通勤圈。

三是推动渝西片区和万开云组团内部城市快轨建设。研究论证永川—大足—荣昌、涪陵—长寿、綦江—万盛—南川、合川—铜梁—潼南、万州—开县—云阳等城镇群组内部城市快轨建设，实现城市群组内部的快速联系。

（2）完善城市路网体系

目前，重庆跨江大桥、穿山隧道数量与需求相比较少，城市支路路网容量严重不足，特别是在市民交通出行的高峰时段，瞬时交通流在桥隧节点、环道、商圈入口汇集，严重降低桥隧、环道以及其他重要交通节点的通行能力。因此，应重点布局建设一批桥梁、隧道、市政道路，加快推进红岩村大桥、白居寺大桥、曾家岩大桥、歇马隧道、华岩隧道、龙洲湾隧道建设以及中梁山隧道扩容，推动内环快速路高架线、主城区十字通道建设，打通“断头路”、疏通“梗阻路”，有效缓解关键节点拥堵问题。加快主城区横向、纵向快速通道建设，增加与次支路网联通，分流主要干道压力，提高路网容量和运行效率。建立“分层分级、独立成网、客货分离”的路网体系，引导过境交通下地，地面留给行人和到达交通，缓解城市交通拥堵难题。

（3）构建以公共交通为主体的集约绿色交通模式

目前，重庆公共交通部分线路车辆少，车辆周转慢，发车间隔时间较长；布局道路拥挤，车辆速度慢，不适合大中型公交车同行；部分区域公共交通站点设置不合理，站距偏长。因此，需要继续优化完善城市公交线网，大力发展社区巴士，完善农村三级公交线网，提高公交覆盖率。因地制宜构建网络化、快速高效的公共交通专用通道，兼顾物流配送，充分利用智能交通技术和装备，提高公交系统效率，增强安全、便捷和舒适度，实现高品质、智能化的公共交通和物流配送服务。加强交通换乘枢纽规划建设，改善地面交通之间、轨道交通之间、轨道交通与地面交通之间的换乘条件，实现公共交通出行“零换乘”。

（4）推进公共停车场建设

近年来，随着经济社会的快速发展和人民生活水平的不断提高，重庆机动车尤其是私人轿车数量呈现出突飞猛进的增长态势，但是公共停车场建设却较为滞后，部分区域停车泊位严重不足，停车难问题日益突出，严重影响和制约了城市发展，所以要加快推进公共停车场建设，补齐发展短板。按照配建为主、公共为辅、占道停车为补充的原则，推进配建停车场建设。大力发展专业公共停车场，同步推进“P＋R”换乘设施建设，新建专业公共停车场300个，新增泊位约15万个。建设智慧停车信息平台，实现全市经营性停车场联网联控，对全市经营性停车场、路外停车场进行平台化管理，实现全市停车位信息动态发布、停车诱导、车辆快速进出停车场、停车费电子支付一条龙服务的综合功能，提高现有停车资源使用效率，有效缓解城市“停车难”问题。

（5）构建以人为本的城市慢行系统

重庆是一个水网密布的城市，发达的水系滋润和装饰着城市的整体风貌。在目前城市交通日益拥堵的情况下，沿江两侧空间，尤其是在主城区两江四岸沿线可以考虑开辟慢行交通系统，提升步行和自行车交通环境，建设高品质、立体化的步行单元，以提高居民休闲、出行质量，改善慢行交通环境。完善轨道站周边设施配套，建设慢行交通廊道联系轨道、公交站点以及商业、居住和办公集中地，推动自行车租赁系统的互联互通，解决出行“最后一公里”问题。依托旅游景点、步行街区和公共绿地，打造集旅游、休闲、健身多种功能于一体的步行系统，丰富居民出行方式。

六、保障措施

重庆集大城市、大农村、大山区、大库区于一体，区域统筹协调发展任务艰巨，为全面落实区域发展战略各项任务，须进一步完善重庆区域协调发展机制，加强规划和政策统筹引导，以项目推动落实各项规划和任务，在人才、资金等重点和薄弱领域加强要素保障，营造国际化法治化便利化营商环境，促进形成全方位区域发展合力。

（一）加强规划引领和制度建设

1. 强化规划政策引导

一是加强规划设计。贯彻关于建立更加有效的区域协调发展新机制的意见，出台全市区域发展实施意见和方案，出台现代化都市圈、渝东北和渝东南城镇群分类发展指导意见，完善各片区协同发展机制。

二是突出规划衔接。强化区域发展规划意见和全市国民经济和社会发展总体规划以及产业规划、城乡规划、土地利用规划、人口规划等的有机衔接，打造“一本规划、一张蓝图”，形成引导区域经济社会健康发展的规划合力。

三是完善政策体系。构建区域协调发展的差异化配套政策体系，完善与区域发展战略导向相适应的产业、人口、土地等资源空间优化布局，着力促进城乡建设、产业布局、土地利用、人口流动、生态保护等在空间及时序上协调推进，在区域产业招商、基础设施联动、能源要素保障、基本公共服务等领域加强政策协同。

2. 构建协调统筹机制

一是建立常态化对接机制。完善区域常态化对接推进机制，市级层面建立区域协调发展圆桌会议制度，构建“市 + 部门 + 区县”三级协作机制，定期召开区域发展会议，协调解决重大事项，交流畅想区域合作发展。

二是完善基础设施协同推进机制。建立区域间基础设施双边或多边协商推进机制，围绕道路交通、通信网络、水利能源等基础设施项目建设等方面，加强对接协商，形成共识推进同步建设，促进区域间互联互通及共建共享。

三是完善利益分配共享长效机制。以加强区域协作、促进共同发展为出发点，针对跨区域项目合作共建、园区合作共建以及企业迁建、飞地经济等，构建完善区域间利益分配共享机制，形成良性区域竞合格局。

3. 加强组织实施考核

一是强化组织实施。成立由市委市政府主要领导挂帅的领导小组，明确相应统筹牵头部门和相关责任部门，制定总体目标，编制具体行动方案，分解落实相关重点项目和重大事项职责，确保战略规划项目顺利实施。

二是健全评价体系。从区域发展是否协调、是否符合高质量发展导向等出发，重塑优化建立差异化的区域绩效评价、政绩考核指标体系，突出考核指向的精准性和科学性。

三是加强考核监督。建立健全工作责任目标和考核制度，细化各项工作考核方案，对各责任部门任务实施情况开展定期督查和考核，加强监测预警，确保责任落实到位。常态化开展区域发展动态评估和研判，确保各项任务顺利推进。

（二）强化招商引资和项目储备

1. 加大招商引资力度

一是创新招商思路。依托两江新区、重庆自贸试验区、中新（重庆）战略性互联互通示范项目等重大开放平台，借助市长国际经济顾问团会议、西洽会、智博会等各类展会，充分发挥市招商局统筹指导作用，加强定向招商、精准招商、机构招商合作。围绕战略性新兴产业，突出世界500强、中国民营企业500强、行业龙头企业，以及具备良好发展前景的“独角兽”企业开展精准招商。

二是完善招商机制。进一步完善重大产业招商政策，建立社会化、商业化、市场化的招商发展机制，强化招商专业团队和人才作用，增强招商引资针对性、有效性。推动与市场化招商机构开展合作，加强对招商工作的责任落实和考核监督。

2. 加强项目策划储备

一是加强市级重大项目策划储备。坚持以规划确定项目、以项目落实规划，依托重庆自贸区、中新（重庆）战略性互联互通示范项目以及两江新区、国家级高新区和经开区等全市重大开发开放平台，在高质量发展导向下，瞄准国家投资方向、外商投资热点、银行支持重点，围绕基础设施、城市建设、产业发展、生态环保、开放创新等领域着重策划储备一批牵引力强、影响度大的重点项目，发挥重大项目对区域发展的支撑带动作用。

二是加强区域间项目策划合作。立足主城、渝西、渝东北以及渝东南片区不同的功能定位，推动产业园区间加强产业链分工协作，共同策划、联合引进集总部、研发、生产于一体的大型产业项目。推动永川—荣昌—大足、涪陵—长寿、綦江—万盛—南川、合川—铜梁—潼南等四大城镇组群在基础设施互联互通、产业协作、生态保护等方面加强合作项目储备，并争取纳入市级重点项目储备库。

3. 推进项目顺利实施

一是做好项目投资计划安排。科学编制市级重大项目年度投资计划，下达各区县年度投资任务，严格可行性研究报告与项目概算审批程序，统筹政府财政预算编制与资金平衡意见。

二是统筹协调项目前期工作。统筹协调规划设计、用地审查、环境影响评价、资金筹措、项目审批核准等前期工作，加强施工图设计、征地拆迁、施工招标等准备工作督促指导，加快完成项目各类报建手续，确保按时开工建设。

三是加强项目建设进度监督。完善重大项目督察机制和信息报送机制，及时汇总、通报项目实施进度，协调解决项目实施过程中面临的主要问题。

（三）全方位加强要素保障支撑

1. 强化人才人力支撑

一是加强高层次人才引进。突出高精尖缺导向，进一步健全完善“鸿雁计划”等人才政策体系，围绕全市战略性新兴产业、科技创新等领域发展需求，加强海内外高水平创新团队、科技创新领军人才引进的政策支持力度，提升高端人才吸引集聚能力。完善高校毕业生落户、就业等相关政策，提升全国高校毕业生吸引力，优化人才引进结构。

二是加强人才队伍培养。充分发挥市内院士、学术技术带头人等高层次人才作用，培育壮大一批高级专家智囊团队及高层次人才队伍。择优遴选一批创新能力强、掌握核心技术的人才，给予研发投入、产学研用合作等专项政策支持。支持高校围绕产业发展方向优化学科专业设置，职业学院和继续教育机构加大专业技术人才技能培养。

三是完善人才政策及服务。健全人才职称评定、评价选拔及流动管理制度，立足人才创业创新发展需求，强化“一站式”人才服务，提供专项社保、医疗、居住、子女教育和科技平台共享等支持，加大对大学生和返乡农民工的创业政策扶持。

2. 加强资金要素保障

一是拓展财政资金来源。树立市、区一体化发展思维，建立完善市级、区级事权与财权相匹配的公共财政体系，细化完善均衡财力和功能引导转移支付制度，构建上下联动、利益分享、融合发展的和谐市区关系。按照“当期风险可控、远期可承受”原则，积极利用财政部政府债券发行系统、中新金融项目合作等渠道，发行地方债、熊猫债，支持地方基础设施建设投资。

二是加强金融机构融资力度。积极争取国开行、农发行等金融机构低成本长期化政策性资金支持。鼓励市场主体境内外股权、债券融资，切实发挥重庆产业引导股权投资基金等政府主导类基金的引导作用，探索保险基金、风险投资基金、私募基金、信托等多元化融资方式。

三是推动政府融资模式创新。深入 PPP 模式创新，通过设计合理的政府购买方案和信用奖惩机制，探索建立政府与企业之间的决策权、使用权和收益权平衡机制。引导融资平台向产业性投融资、社会化投资运营等方向转型，整合存量资产资源，加强科学管理和市场化运营，通过构建合理的投资回报机制，提升市场化融资能力。

3. 加强土地供给保障

一是统筹协调用地供给。推进“多规合一”，促进城乡建设、产业布局、土地利用、生态保护等在空间布局、时序安排上的协调。实施建设用地供给差别化分类保障，新增建设用地优先保障民生类、公益类和国家、市级重大建设项目。进一步完善城乡建设用地增减挂钩及地票制度。

二是突出各功能区用地差异性。制定区域差异化产业供地标准，定期调整更新土地级别和基准地价，提高用地供给精准性。根据各区县主体功能划分，科学合理确定各区县城市发展规模、各类型用地规模及布局，切实保障经济社会发展各类用地需求。

（四）优化打造高水平营商环境

1. 打造高质高效政务环境

一是提高行政审批效率。深入推进政务服务流程再造，最大限度精简审批环节和审批事项，探索“并联审批”“证照分离”改革，切实压缩项目审批时间。推动“互联网＋政府政务”建设，构建完善全市一体化网上政府服务体系，加强跨区域、跨系统、跨部门、跨业务并联申办审批，推动“一网、一门、一次”政务服务办理。

二是优化投资管理体制。全面实行准入前国民待遇加负面清单管理制度，建立企业投资项目管理权力清单、责任清单制度，建立健全“三个清单”动态管理机制。在一定领域、区域内先行试点企业投资项目承诺制，持续深化外商投资和对外投资管理体制改革。

三是促进贸易便利化。深化国际贸易“单一窗口”建设，开展贸易全链条信息共享和业务协同，全面深化政府服务、物流协同、数据服务等。加快通关一体化改革，全面落实“一次申报、分步处置”管理模式，推进实行无纸化通关通检模式。

2. 优化创新创业市场环境

一是优化科技创新环境。结合各区域创新发展方向，整合政府各部门科技计划和科技专项，优化区域重大产业、前沿项目和创新平台等创新资源配置。加大财政科研项目和经费管理制度改革，围绕科技研发、成果转移转化等方面加强政策支持力度，努力营造尊重创造、注重开放、敢冒风险、宽容失败的创新创业氛围。

二是切实降低企业成本负担。全面落实“营改增”及国家各类减税降费政策，着力降低企业用电用气成本、交通物流成本及社会保险缴纳成本，切实清理规范涉企保证金和经营服务性收费。

三是完善产业政策体系。严格执行、适时修订新增产业的禁止和限制目录，进一步明确重庆重点发展产业领域，分行业研究出台促进高精尖产业发展政策，完善适应进一步扩大开放的政策促进体系，推动各区各部门政策汇编及统筹发布，优化企业发展环境。

3. 营造公平公正法治环境

一是促进市场公平竞争。积极推进经济行为市场化，构建统一开放、竞争有序的市场体系和监管规则，清理废除现存妨碍统一市场和公平竞争的各种规定、做法，防止各区出台排除、限制竞争的政策措施，全面加强事中事后监管。

二是打造国际化法治环境。将法治理念贯穿经济社会发展始终，将重大战略、政策、体制机制等逐步转化成法律条文。积极推进政府行为法治化，努力健全企业履行主体责任、政府依法监管和社会广泛参与的管理机制，构建公平公正的开放法治环境。积极推进完善社会信用体系建设，加大知识产权保护力度，健全全社会诚信体系，切实保护投资者合法权益。

参考文献

[1]郑正真．国内学术界关于“五大发展理念”研究述评[J]．南京政治学院学报,2016,32(6):140－144.

[2]赵付科．国内学术界关于“五大发展理念”研究述评[J]．当代世界与社会主义,2016(5):191－199.

[3]朱宗友,张继龙．国内关于“五大发展理念”研究述评[J]．社会主义研究,2016(3):151－160.

[4]赵宏波．吉林省中部地区经济差异与协调发展研究[D]．中国科学院研究生院(东北地理与农业生态研究所),2014.

[5]马浩．山东区域经济非均衡协调发展研究[D]．北京交通大学,2013.

[6]王力年．区域经济系统协同发展理论研究[D]．东北师范大学,2012.

[7]习近平．中共中央关于制定国民经济和社会发展第十三个五年规划的建议的说明[R].2015.

[8]习近平．在中共中央政治局就“十三五”时期我国经济社会发展的战略重点进行第三十次集体学习上的讲话[R].2016.

[9]习近平．在党的十八届五中全会第二次全体会议上的讲话[J]．求是,2016.

[10]国家行政学院经济学教研部．中国经济新方位[M]．人民出版社,2017.

[11]徐珂．“四个全面”战略布局的内在逻辑关系和重大意义[R].2015.

[12]易小光．“四化”同步发展与区域实践研究[M]．中国经济出版社,2015.

[13]刘文耀,蔡焘．“四化同步”的本质特征和指标构建[J]．改革,2014(8):65－71.

[14]夏金梅．论四化同步发展的科学内涵和衡量标准[J]．中外企业家,2013(18):261－262.

[15]李二超,韩洁."四化"同步发展的内在机理、战略途径与制度创新[J]. 改革,2013(7):152－159.

[16]杨鹏,朱琰洁,许欣,马恒运,王济民. 中国实现"四化同步"的挑战:目标VS制度[J]. 农业经济问题,2013,34(11):87－96＋112.

[17]洪银兴. 推动新时代"四化"同步发展[J]. 求是,2018.

[18]樊杰. 我国主体功能区划的科学基础[J]. 地理学报,2007,62(4):339－350.

[19]樊杰. 主体功能区战略与优化国土空间开发格局[J]. 中国科学院院刊,2013,28(2):193－206.

[20]陆大道,樊杰,刘卫东等著. 中国地域空间、功能及其发展. 北京:中国大地出版社,2011.

[21]刘卫东,陆大道. 新时期我国区域空间规划的方法论探讨——以"西部开发重点区域规划前期研究"为例[J]. 地理学报,2005,60(6):894－902.

[22]张明东,陆玉麒.我国主体功能区划的有关理论探讨[J].地域研究与开发,2009,28(3):7－11.

[23]安树伟. 改革开放40年以来我国区域经济发展演变与格局重塑[J]. 人文杂志,2018(06):1－10[2018－07－02].

[24]孙斌栋,郑燕. 我国区域发展战略的回顾、评价与启示[J]. 人文地理,2014,29(5):1－7.

[25]郭爱君,陶银海,毛锦凰. 协同发展:我国区域经济发展战略的新趋向——兼论"一带一路"建设与我国区域经济协同发展[J]. 兰州大学学报(社会科学版),2017,45(4):11－18.

[26]蔡之兵,张可云. 中国区域发展战略的60年历程回顾(1953—2013)[J]. 甘肃社会科学,2015(2):153－157.

[27]杜莉. 欧盟区域经济政策[M]. 吉林大学出版社,2007.9.

[28]王殿华. 俄罗斯生产力布局理论的演变及对中国的借鉴意义[J]. 经济地理,2006(6):908－911.

第二部分

专题研究

专题一　渝东北三峡库区城镇群发展对策研究

项目负责人：易小光

项目组成员：丁瑶，苟文峰，赵炜科，李林，赵伦，汪婧，王志军，郑秋霞，缪为

城市群是当前中国推进新型城镇化的主体形态，实施城市群战略是新时期推动新型城镇化、提升区域协调发展水平和实现高质量发展的重大举措。按照国内外城市群发展的一般规律，城市群是城镇化发展到高级阶段的产物，具有典型的空间集聚特征，一般应具有较好的区位交通条件和较强的资源环境承载力。渝东北片区总体上位于三峡库区腹心地带，是长江上游重要的生态屏障，长期以来经济社会发展相对滞后，城镇发展的集约化、集群化、现代化水平较低，小城市带大农村特点突出，目前并不具备一般意义上的构建城镇群的良好基础条件。如何通过探索生态脆弱地区推进城镇化的新路径、新模式，促进县域经济转型实现高质量发展、构建特色城镇群，进一步增强渝东北片区生态文明建设的保障支撑能力，是渝东北片区实现全面小康，步入现代化进程的重大课题。

一、重大意义

（一）有利于全市深化落实国家城市群等重大战略，增强市内区域发展的均衡性和协调性

党的十九报告明确提出“以城市群为主体构建大中小城市和小城镇协调发展的城镇格局，加快农业转移人口市民化”和“强化举措推进西部大开发形成新格局”。渝东北片区位于成渝城市群和长江中游城市群的结合部，是重庆深度融入“一带一路”与长江经济带的重要功能板块，但“双欠”

发展特征明显，是制约全市实现现代化的短板和难题所在。探索在该区域构建特色次级城镇群，促进与川陕鄂周边区域联动发展，不仅有利于渝东北片区融入新一轮国家开放和区域发展大格局，促进高质量发展，也有利于增强渝东北片区对重庆现代都市圈的支撑作用，对优化全市生产力布局、促进区域协调发展和加快现代化进程意义重大。

（二）有利于渝东北片区探索城镇化新路径新模式，增强生态脆弱地区发展的内生动力

渝东北片区开发建设必须坚持长江经济带“共抓大保护、不搞大开发”。由于该区域生态环境承载能力相对较弱，不是人口和产业的主要承载地。人口空间分布要突出“总量适度、结构优化”，国土空间利用必须坚持集约节约，产业发展必须体现生态化。这对城镇空间形态构建、交通网络建设、产业发展布局、公共服务配套、生态环境治理、市场一体化建设以及相关的投融资模式等诸多方面均提出了新课题。通过探索构建绿色发展的新型城镇化路径和模式，可进一步增强渝东北片区发展的内生动力，推动建设长江经济带生态优先绿色发展示范区，为全国生态脆弱地区加快发展提供有益经验。

（三）有利于渝东北片区加快县域经济发展转型，增强对乡村振兴的支撑带动能力

目前，渝东北片区经济发展水平总体较低，人均 GDP、人均财力和城镇化水平均低于全国平均水平，区域发展极不平衡，城乡差异较大、移民和扶贫任务艰巨。通过培育构建以中小城镇为主体的城镇群，做强中心城区、做精特色小镇，通过产业化和城镇化形成新的发展动能，为区域内实施高山移民、生态移民和过剩的农村劳动力向城镇转移寻求新的空间载体，增强城镇就业吸纳能力。同时，城镇化进程的加快必将对乡村产业振兴形成强大的市场需求，通过构建城镇群重塑城乡关系，促进城乡要素的双向流动，不仅有利于促进渝东北片区县域经济转型发展，也将助力乡村振兴和城乡融合发展。

（四）有利于破解库区生态安全和移民安稳致富两大难题，增强区域绿色共享发展能力

长期以来，库区生态安全和移民安稳致富两大难题一直未能得到有效破解，由于绿色发展能力不强、居民就业致富渠道不多、公共服务供给水平较低，库区人民不能充分有效共享改革发展成果。通过培育构建城镇群，探索适宜新型城镇化的现代生态产业体系，优化重大公共服务设施布局，改善区域医疗教育等公共服务供给条件，有助于深化落实以人民为中心的发展思想，创造高品质生活，提升库区人民群众的获得感、幸福感，增强区域公共服务供给，提升人均公共服务水平，促进社会和谐稳定，推动渝东北片区与全市一道迈入现代化新征程。

二、城镇群内涵及国内外实践经验

（一）城市（镇）群的概念内涵

城市（镇）是人口、建筑、资金、知识等要素和经济（工业、服务业）、社会、文化等活动的空间集聚体。城市（镇）群是在城市发展的基础上演变而来的，是城市化发展到较高阶段的产物。

1. 定义

结合地理空间结构特征、城际间经济社会联系两大因素，可以将城市（镇）群定义为：一定地域范围内具有相当数量的不同性质、类型和等级规模的城镇，依托一定的自然环境条件，以中心城市作为地区发展的核心，借助现代化的交通体系和高度发达的信息网络，强化城（市）镇个体之间的内在联系，共同构成的一个相对完整的城镇集合体。城市（镇）群是城市化发展到一定阶段的产物，是我国新型城镇化的主体形态，是体现区域竞争力的重要载体。基于国内外学者的研究，本文认为成型的城市（镇）群具备以下两大内在特征和四大基本表象特征。

2. 两大内在特征

一是集聚集约特征突出。城市（镇）群是城市（镇）的聚合体，和城市一样，是集聚经济的重要空间组织形式，“要素集聚、发展集约”是其本质特征。一方面，人口、资金、知识等要素和经济、社会、文化等活动沿交通、通信线路向城市、城镇集聚，形成了高密度的人口和经济产出。另一方面，在要素资源集聚的基础上，借助高效公共交通、混合土地利用、技术创新等方式强化资源的节约集约利用，促进生态环境的“面上保护”，实现生产生活空间与生态空间的平衡。

二是具有空间网络连接性和共生特征。城市群是资源要素遵循市场规律在多个城市间流动与配置的网络化城市体系，城际之间具有广泛的空间网络连接性。各城镇通过交通通信等基础设施网络和社会交往、文化交流等非物质网络，构筑商品、要素的“流空间”网络，各种有形、无形的网络紧密相连，在产业、环境、公共服务、社会治理等方面相互影响，成为一个互促互补的发展共同体。

3. 四大表象特征

一是从产业结构上看，第一产业比重较低，以生产效率和效益更高的第二、第三产业为主。

二是从人口空间分布上看，城镇群具有较强的人口集聚能力，对乡村区域人口以及外地人口的吸引力较大。

三是从城市间交通联通上看，已形成多条干线和众多支线紧密衔接、高效发达的网络型交通体系，城际间互联互通程度高，经济社会联系紧密。

四是从城际关系上看，形成了以核心城市为引领，若干综合实力相对发达的中心城市为支撑的城际关系网络，发挥核心城市和多个中心城市的辐射带动功能，形成“大中小”城市协同发展格局。

（二）国内外城市（镇）群案例启示

纵观纽约、东京、巴黎国际都市圈和国内苏锡常都市圈、珠江东岸都市圈、成绵乐城市带发展，城市群的形成总体经历了“单体城市点状发展”—“城市间沿交通轴线状发展”—“城市间网络化发展”三个阶段。在不同发展阶段，城市群的交通、产业、人口、市场、公共服务等基本构成要素的空间布局和空间联系也呈现明显的阶段性特征，具体如表2－1所示。

一般而言，城市（镇）群的形成具备以下三点必要条件：一是具备良好的自然区位，气候适宜、水源充足、地形地貌相对平坦，拥有人口和产业集聚以及大城市辐射带动周边小城镇的自然便利度。二是拥有发达的联通内外的以交通信息为核心的网络化基础设施。城市（镇）群各节点城市（镇）通过高度通达、便捷的网络化交通、信息等基础设施，实现要素的城际间流通和交易成本的降低，依托网络化设施体系构筑网络化、一体化的经济社会发展内在联系，与群外城市（镇）建立开放合作的发展关系。三是具有与城市（镇）群发展规模相匹配的资源环境承载力。土地、水系、森林、矿产等生态环境和资源是城市（镇）群发展的物质根基，城市（镇）群的一切经济社会活动必须要尊重自然，在区域资源环境承载力范围之内开展，才能实现良性持久的可持续发展。

表 2－1　城市群不同发展阶段特征

	单体城市孤立分散点状发展阶段	城市间沿交通轴线线状发展阶段	网络化城市群发展阶段
交通	以城市内部交通为主，城际间交通联系微弱	围绕中心城市，形成放射性的城际交通路网，中心城市与其他城市的交通联系加密	形成多节点、“放射＋环状”的城际网络化交通格局，任何两个城市节点间形成了高频高效的交通联系
产业	以农牧业为主，工业和服务业尚处在初级发展阶段，城市间产业竞争大于合作	工业、服务业快速发展，中心城市与周边小城市之间形成初步分工体系	现代制造业和服务业成为主体产业形态，城际间形成相对完整的产业分工体系
人口	人口在国土空间上散居，农村人口居多	农村地区人口向交通轴线两侧的城市、城镇集聚	城市、城镇的人口集聚度越来越高
市场	城市市场保护现象严重，城际间市场分割，要素无法自由流通	中心城市与重要节点城市间市场合作和要素流通加强，但节点城市之间市场竞争较强，存在市场保护与市场分割	市场一体化，要素实现自由流通
公共服务	城市独立发展公共服务，服务供给“小而全”，缺少城际间的服务联系	部分重点城市间实现公共服务的连接和共享	城市间形成一体化和功能相互支撑的公共服务供给体系，实现公共服务共享
生态和社会治理	单体城市治理	部分城市携手生态和社会治理	治理共同体

从国内外都市圈、城市带发展案例中，可以总结以下几点对渝东北城镇群的发展启示：

启示 1：自然生态是城镇群发展的根基，要着眼可持续发展，根据区域环境承载力创新城镇群发展模式。相比地势平坦、生态承载力强的平原地区城市（镇）群，渝东北片区的山地地形地貌和敏感脆弱的生态环境，决定了渝东北城镇群的生态约束更强、发展空间有限、建设成本较高，人口、产业集聚整体规模不可太大。渝东北城镇群的建设必须尊重自身自然生态格局，充分考虑区域资源环境承载能力，走“绿色化、特色化”发展道路。创新发展思维，不强调“做大规模”，侧重人口、产业等内部结构的调整优化，在诸多限制条件之下，创新性推进城镇群建设工作，建设与自然生态相协调的城镇群。

启示 2：政策规划引导是城镇群发展的重要推力，要重视规划政策的引领。纽约都市圈、东京都市圈、巴黎都市圈分别颁布实施了 4 轮、5 轮、7 轮规划版本，苏锡常都市圈在 2002—2003 年集中出台了多部规划，在城市群空间扩张、人口分布、市场流通、城市间产业与职能分工协作等方面发挥了重要引领作用。渝东北城镇群应该要结合国家主体功能区、长江经济带、成渝城市群等宏观战略以及自身生态环境承载能力，科学合理地制定城市群发展规划，在未来发展中结合发展新形势，及时调整规划。

启示 3：交通等基础设施互联互通是形成城镇群的前提，要建立高效运转的网格化交通体系。东京都市圈建成了新干线、轻轨、地铁等区域轨道交通网络，凭借放射状、高密度的交通路网，促进了沿线城镇的深度互动和融合。国内各都市圈、城市群也在加大力度推进网格化交通体系建设。渝东北城镇群受地形地貌、发展基础等影响，城镇群对内对交通设施薄弱，造成群内城市间经济社会联系相对松散，群外城市开放合作不足，应加快推进区县间网格化高速公路和渝西高铁、郑万高铁等对外大通道建设。

启示 4：产业协作和市场共享是城镇群形成的基础，要加强城际间产业分工协作和市场一体化建设。纽约都市圈形成了城际间要素自由流通的一体化市场，以纽约市为中心，与周边城市产业合理分工，提升了城市群整体经济实力。苏锡常都市圈、珠三角东岸都市圈积极对接上海、香港两大国际化大都市，形成垂直分工体系。渝东北城镇群应从群内和群外两个层面推进城际间的产业分工。群内，以中心城市以及万开云重点板块为核心，推进区县间的产业整合与协作。群外，与主城区和渝西片区构成的都市圈、川鄂周边城市开展整体产业协作。要加快消除生产要素自由流动的行政壁垒，构建统一、开放、竞争、有序的一体化市场。

启示5：公共服务共享和生态、社会共治是城市群高质量发展的支撑，要强化公共服务一体化建设、生态共建共保、社会共治。20世纪70年代末，巴黎都市圈就提出绿色空间计划，在强调城市扩张和空间重组的同时，加强自然空间保护。苏锡常都市圈和珠三角东岸都市圈在发展中也在公共服务共享、生态共建、社会共治领域取得了重大突破。渝东北城镇群要破除各自为政的观念，推进城际间基本公共服务衔接，统筹布局区域性公共服务设施及功能性设施；推进以水环境为重点的环保联防联控和生态共建；推进合作、协调、共同行动的社会治理模式。

启示6：高品质旅游业和特色精致小城镇是体现山地生态型城市群比较优势的核心支撑，要充分利用发挥山地景观和生态资源强化旅游业和特色小城镇建设。瑞士达沃斯小镇是阿尔卑斯山系最高的小镇，早在19世纪就依托洁净空气发展康养旅游业，成为世界"富翁和名流的汇聚地"。20世纪80年代，达沃斯小镇凭借生态优势成为世界经济论坛举办地，会议旅游、休闲旅游、体育旅游等旅游业态强劲发展，成为世界知名旅游胜地。日本飞驒山片区富山、新潟、长野和岐阜四县毗邻东京都市圈和名古屋都市圈，近几年积极对接两大都市圈的旅游客源市场，大力发展旅游业，持续改善城镇面貌、优化城镇功能，城镇发展活力显著上升。渝东北城镇群要积极承接都市圈旅游外溢功能和川鄂陕周边地区客源市场，推进域内城镇特色化、精致化发展，提升旅游景区和服务品质，做强自身山地生态比较优势。

三、渝东北城镇群发展现状及基础条件

渝东北城镇群位于长江经济带上游、成渝城市群东部、三峡库区腹心，是成渝城市群重要组成部分，是重庆现代化都市圈建设和全市城乡格局系统优化的重要支撑。近年来，在长江经济带、成渝城市群等国家战略引领下，渝东北片区经济发展保持较快增长态势，城镇化率稳步提升，城乡居民收入水平持续改善，区域脱贫攻坚成效显著，对全市整体发展的支撑作用不断增强，但总体上仍处于"双欠"阶段，新型城镇化、新型工业化仍需深化探

索。新时期，以城镇群建设为核心推进渝东北片区高质量发展意义重大。

（一）综合实力

1. 经济总体保持较快增长，发展质量仍需全面提升

2018 年，渝东北片区户籍人口 1097 万，常住人口达到 814 万，区域人口净流出率为 25.9%，常住人口城镇化率为 47.6%，常住人口城镇化水平高于毗邻的四川达州、陕西安康。GDP 总量为 3122 亿元，人均 GDP 为 3.88 万元，人均 GDP 水平高于四川达州、陕西安康。三次产业结构为 13.9∶47.7∶38.4，第二、第三产业占比总体偏低，新型工业化进程有待加快。渝东北片区城乡居民人均可支配收入为 18810 元，低于全市平均水平，与湖北宜昌、四川达州也存在较大差距。人均一般公共预算收入、人均一般公共预算支出分别为 2795 元、9709 元，远低于全市平均水平，地方财税创收能力总体有限。2017 年渝东北片区各项指标情况如表 2－2～表 2－5 所示。渝东北片区与周边地区城镇化率如图 2－1 所示。

表 2－2　2017 年渝东北主要指标及在全市的占比情况

指标项	户籍人口/万人	常住人口/万人	城镇人口/万人	国土面积/平方公里	GDP 总量/亿元
渝东北片区	1097.84	813.58	387.19	33927.23	3121.99
占全市比重（%）	32.34	26.46	19.65	40.87	17.50

表 2－3　2017 年渝东北与全市主要指标对比情况

指标项	人均 GDP（万/人）	城镇化率/%	人均一般公共预算收入/元	人均一般公共预算支出/元	人口净流出率/%	人口密度（人/平方公里）	城镇密度（个/百平方公里）
渝东北片区	3.88	47.59	2795	9709	25.9	240	1
全市水平	6.34	64.08	7325	14103	9.41	375	1.24

表 2－4　2017 年渝东北片区与周边地区的各项经济指标比较

地区	GDP/亿元	人均 DP/万元	城乡居民可支配收入/元	社零总额/亿元	投资总额/亿元	下辖地区
主城片区	7652	8.85	28063	4080	5169	—
渝西片区	6236	5.55	27360	2277	7502	—

续表

地区	GDP/亿元	人均 DP/万元	城乡居民可支配收入/元	社零总额/亿元	投资总额/亿元	下辖地区
渝东北地区	3157	3.88	18810	1195	3106	3 区、8 县
渝东南片区	998	3.66	9717	427	1035	2 区、4 县
达州市	1584	2.78	19068	860	1728	2 区、4 县、1 县级市
宜昌市	3857	9.33	24182	1330	2582	5 区、5 县、3 县级市
安康市	975	3.66	16702	297	1149	1 区、9 县

表 2-5 2017 年渝东北三峡库区主要指标与全市的比较

地区	GDP/亿元	人均 DP/万元	占全市比重/%	城乡居民收入/元	占全市比重/%
万州区	965.81	5.9	93.1	26405.53	109.3
开州区	399.59	3.38	53.3	19571.52	81.0
梁平区	298.1	4.56	71.9	21395.44	88.6
城口县	48.79	2.65	41.8	14092.75	58.3
丰都县	206.58	3.57	56.3	19185.71	79.4
垫江县	276.76	4.01	63.2	21696.58	89.8
忠县	271.33	3.75	59.1	21121.47	87.4
云阳县	235.17	2.54	40.1	16999.88	70.4
奉节县	251.18	3.45	54.4	16551.3	68.5
巫山县	116.15	2.59	40.9	16411.1	67.9
巫溪县	87.15	2.26	35.6	13473.55	55.8

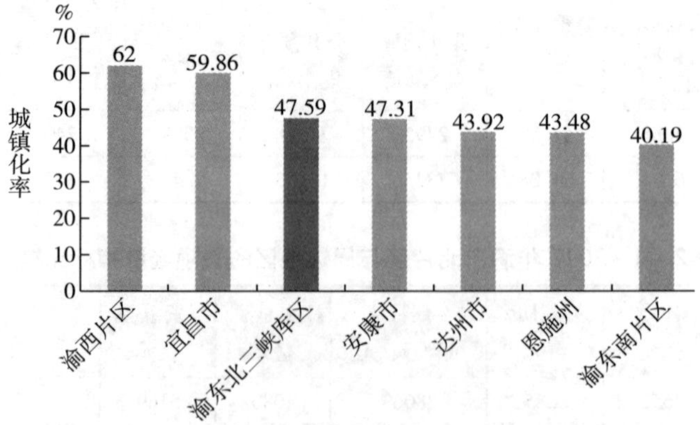

图 2-1 渝东北片区与周边地区城镇化率

2. 区域板块发展总体均衡，万州城市首位度有所下降

近年来，从GDP占比看（表2-6），万—开—梁—云、垫—丰—忠、奉—巫—巫—城三大板块总体保持稳定，其中万—开—云经济总量占比保持稳步提升。万州经济保持较快增长，GDP增速持续高于湖北宜昌、四川达州，具体如图2-2所示。但随着开州区、梁平区逐步呈现加快追赶发展态势，万州区城市首位度有所降低，与处于第二位的开州区相比，GDP比值从2010年的3.3调整为2017年的2.4，常住人口比值从2011年的1.39调整2017年的1.35。

表2-6　万州及不同区域板块GDP在渝东北片区的占比情况　（%）

年份	2017	2015	2010
万州区	30.6	32.1	36.1
万—开—云	50.7	52.0	53.0
万—开—梁—云	60.1	61.4	61.1
垫—丰—忠	23.9	23.7	23.4
奉—巫—巫—城	15.9	14.9	15.6

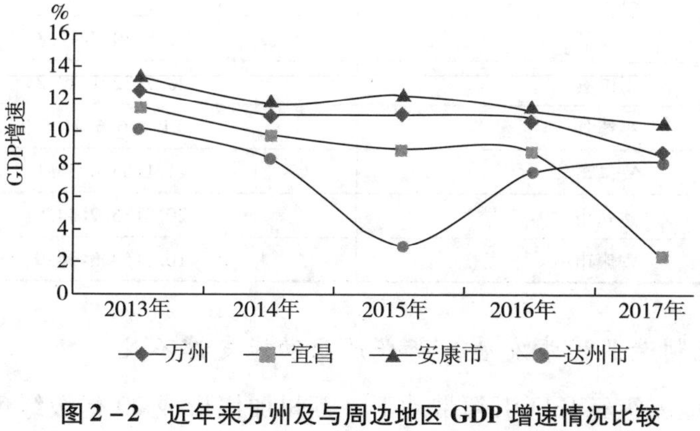

图2-2　近年来万州及与周边地区GDP增速情况比较

（二）产业发展

1. 非农产业占比总体偏低，三次产业融合发展不足

渝东北片区第二、第三产业合计占比为86.1%，低于全市7.0个百分点。第二产业超过50%的仅有开州、梁平、忠县3个区县，工业规模有待提

升。11个区县中，第一产业占比低于10%的仅有万州，第一产业占比高于20%的有3个区县（云阳、巫溪、巫山），具体如表2-7所示。同时，以大旅游经济为引领的三次产业融合发展程度仍显不足，农旅融合的精准度、乡村旅游的精品度有待深化提升，制造业与服务业融合发展的态势仍未形成。总体上看，渝东北片区产业发展还存在产业能级低、龙头带动弱、链条延伸短、区域协作散、环保压力大等短板。

表2-7　2017年渝东北三峡库区各区县三次产业比重

地区	三次产业比重
渝东北片区	13.9∶47.7∶38.4
万州区	7.2∶48.3∶44.5
开州区	15.9∶50.4∶33.6
梁平区	14.7∶54.3∶31.0
城口县	18.2∶47.8∶34.0
丰都县	18.1∶48.0∶34.0
垫江县	14.9∶49.9∶35.2
忠县	15.0∶51.9∶33.1
云阳县	20.5∶44.5∶35.1
奉节县	17.5∶39.7∶42.8
巫山县	20.7∶32.1∶47.2
巫溪县	21.∶36.6∶41.6
宜昌市	11.1∶53.8∶35.1
达州市	20.3∶35.2∶44.5
安康市	10.7∶54.3∶34.9

2. 传统制造业稳步发展，新兴产业动能支撑不足

在万州国家级经开区引领带动下，万州加快形成20亿级绿色照明、30亿级新材料、50亿级汽车产业集群，汽摩配套、能源建材、食品加工、化工医药、机械装备等一批传统制造业在开州、云阳、梁平、忠县、垫江、奉节也实现了集聚发展。与此同时，电子竞技小镇、钟表产业园、眼镜产业园等一批新型产业平台加快布局，绿色化、智能化、园区化转型升级步伐加快，但新兴产业集聚规模总体较小，支撑带动作用仍显不足。

3. 旅游经济加快布局发展，精品打造开发深度不够

长江三峡黄金旅游带建设有序推进，云阳龙缸、巫山小山峡等一批精品旅游景区品牌吸引力持续提升，丰都南天湖、巫溪红池坝等一批特色旅游度假区加快建设，"旅游+"等多业态融合发展渐成趋势，生态资源与人文资源叠加价值持续彰显。但同时，旅游产品仍多数停留在"一日观光游"层面，旅游服务链条延伸短，旅游消费带动能力弱，普遍存在"一流的资源、二流的产品、三流的包装、四流的体验"等发展困境。

4. 特色农业品牌加快建设，规模化发展效应不显著

特色农业园区建设步伐加快，生态农业、精品农业、农产品深加工发展态势良好，奉节柑橘、丰都肉牛、巫山脆李、城口土鸡、三峡鱼、梁平柚等一批重点农业品牌市场影响力持续增强。但受地形地貌以及交通物流条件影响，渝东北三峡库区农产品规模化水平仍有待提升，设施农业、工厂农业、冷链物流等标准化农业基础设施建设依然存在诸多短板。

（三）重大平台

渝东北片区各类园区平台加快搭建，整合联动发展局面初步显现，要素集聚功能不断增强。铁公水多式联运发展快速，对外开放通道平台体系不断完善。

1. 重大园区平台总体偏少，功能布局仍需优化

渝东北片区初步形成以国家级万州经开区和其他市级特色工业园区为主的"1+11"园区支撑发展体系，具体如表2-8所示，除万州区外，其余区县工业园区实力较弱，面积大多不足10平方公里，且缺乏高新技术产业平台，整个片区对高新产业集聚能力不强。同时，多数园区沿交通干线、沿江布局，一区多园、一园多点特征显著，园区内部、园区之间联系不够紧密，协同化、集中化、集约化态势尚未形成，园区布局形态有待优化。此外，产学研联动发展平台谋划不多，园区开发平台层级有待提升。

表 2-8　渝东北片区主要工业园区平台

序号	级别	开发区名称
1	国家级开发园区	万州经济技术开发区
2	市级开发园区	渝东经济技术开发区、梁平工业园区、丰都工业园区、垫江工业园区、开州工业园区、云阳工业园区、忠县工业园区、巫山工业园区、巫溪工业园区、城口工业园区、奉节工业园区

2. 创新创业平台加快发展，创新能力总体偏弱

近年来，重庆三峡农科院、重庆绿色生态工程学院、万州医药研究院、奉节脐橙研究所、三峡库区水环境演变与污染防治重点实验室、开街创谷等一批科研创新创业平台快速发展。万州区已培育发展各类工程技术研究中心、市级重点实验室、市级企业技术中心、协同创新中心 40 余家，云阳、开州、梁平、忠县等地创新创业平台数量快速增长。但整体科技研发投入依然不足，2016 年渝东北片区规模以上企业研发经费仅占全市总量的 6.2%，R&D 人员仅占全市 6.3%，R&D 经费投入仅占区域 GDP 的 0.55%，远低于全国、全市整体水平。

3. 开放平台载体加快建设，开放发展水平整体不高

依托公、铁、水、空通道建设优势，万州区水运口岸、航空口岸、进境粮食指定口岸、丰都澳洲活牛进口基地等开放平台功能不断完善，万州综合保税区、万州物流园、云阳海关物流保税仓等一批特色保税物流平台加快搭建。丰都水天坪港、忠县新生港、奉节夔门港、云阳复兴港等水运枢纽加快建设，巫山神女峰机场建成通航。但目前渝东北片区仍然缺乏国家级开放口岸，铁水联运接驳不便，保税交易、跨境电商等开放型产业发展滞后，区域开放发展水平整体不高。

（四）资源环境

1. 地形地貌复杂，城镇开发建设难度较大

渝东北片区地形地貌以山地、丘陵为主，平坝和台地零星分布，城镇连片开发、产业规模化开发等条件不足。区域内峡谷纵横，喀斯特地貌分布广泛，地质条件脆弱，滑坡、泥石流等地质灾害频发。城镇建设、产业布局、

交通设施布局、人口集聚等受地形地貌和地质条件约束较大，节约集约开发要求较高。此外，区域内相对海拔高差达2723.7米，立体气候明显，具有建设高山避暑度假小镇的天然优势。

2. 生态资源丰富，资源产业化开发路径创新滞后

渝东北片区属亚热带季风气候，长江水系遍布整个区域，水资源丰富，适宜发展临港经济。大巴山、巫山等山脉贯穿境内，动植物资源丰富，生物多样性明显，森林覆盖率在50%以上，适宜栽种柑橘、茶叶等经济作物，盛产大黄、连翘、等中药材。片区已建立多个自然保护区，具体如表2－9所示，其中国家级自然保护区4个、市级自然保护区6个，优美的环境和丰富的资源，为发展生态农业、生态旅游奠定了良好基础。但同时，资源开发、城镇建设受生态红线约束较大，生态产业化路径创新不足，导致生态资源向生态产业转化速度慢、规模小。

表2－9　渝东北片区市级以上自然保护区

区县	国家级自然保护区	市级自然保护区
万州区		王二包自然保护区
开州区	雪宝山国际级自然保护区	澎溪河湿地自然保护区
丰都区		南天湖自然保护区
云阳县		七曜山自然保护区
巫溪县	阴条岭国家级自然保护区	
巫山县	五里坡国家级自然保护区	江南自然保护区
奉节县		天坑地缝自然保护区
城口县	大巴山国家级自然保护区	

3. 人文资源富集，内涵式联动性开发水平不高

渝东北片区巴渝文化和三峡文化源远流长，各区县地方文化富有特色，如梁平的禅宗文化、丰都的鬼城文化、巫溪的巫文化、巫山的大溪文化、奉节的诗词文化等久负盛名。截至2018年底，渝东北片区拥有2个5A级景区、17个4A级景区、15个3A级景区、21个2A级景区（表2－10）以及众多小景区，拥有国家级非物质文化遗产6项、市级非物质文化遗产144项，发展文创产业、深化文旅融合具备良好基础。但长期以来，该片区人文

资源由“无形资源”向“有形产品”的转化体系不健全，文旅融合开发品位不高、创新不足、内涵不新等矛盾突出，仍需深化区域旅游互补性、联动性、差异性协作布局。

表2－10 渝东北片区文化旅游资源及A级以上自然景区

区县	主要文化	非物质文化遗产	景区
万州区	三峡文化 巴楚文化 抗战文化 移民文化	国家级（1项）：金钱板 市级（15项）：甘宁鼓乐、川东竹琴、龙驹狮舞、花鼓、万州逃遁术、牙齿顶板凳、万州石雕、桐油手工压榨技艺、川剧、罗氏剪纸、万州泥塑、万州竹雕、万州杂酱面传统制作技艺、冉师傅牛肉干传统制作技艺、万州烤鱼	4A级（1个）：万州大瀑布群旅游区 3A级（5个）：潭獐峡风景区、同鑫蔬菜大观园、西山公园、石桥乡湿地公园、奇芳花谷景区 2A级（2个）：铁峰山森林公园、古红桔主题公园
开州区	盛山文化 （举子文化） 帅乡文化 桔乡文化	市级（10项）：巫舞、车车灯、瑞兽金狮、“冰薄月饼”传统制作技艺、三合水竹凉席传统制作技艺、开州民歌、紫水豆腐传统制作技艺、南门红糖古法熬制技艺、开州糖画、上九登高	4A级（1个）：汉丰湖景区 3A级（6个）：厚坝休闲农业观光园、竹溪休闲农业观光园、龙头嘴森林公园、盛山植物园、马扎营养生旅游区、紫海云天香草园 2A级（2个）：天心桥景区、温泉仙女洞
梁平区	禅宗文化 易学文化 农耕文化 抗战文化 古驿道文化 山寨文化	国家级（5项）：梁山灯戏、梁平木板年画、梁平竹帘、梁平癞子锣鼓、梁平抬儿调 市级（15项）：梁平傩戏、蓝印花布制作技艺、礼让草把龙习俗、双桂堂庙会、梁平孝歌、梁平狮舞、梁平竹雕、梁平张鸭子传统制作技艺、梁平土陶技艺、梁平劁猪调、四川竹琴、竹编、真丝绸制作技艺、木缘坊木梳制作技艺、礼让豆棒制作技艺	4A级（1个）：滑石古寨景区 3A级（1个）：双桂堂
云阳县	井盐文化 抗战文化	市级（9项）：“瑞兰斋”桃片糕制作技艺、亚亚戏、云阳泥溪土法造纸技艺、五句子歌、陶器传统制作技艺、鱼泉酶豆渣传统制作技艺、竹台孝歌、皮鼓制作传统手工技艺、外郎藤编传统手工技艺	5A级（1个）：云阳龙缸景区 4A级（2个）：张飞庙、三峡梯城景区 2A级（4个）：锣鼓宕风景区、枣康源景区、泥溪农耕故土园景区、香盟·花千谷景区

续表

区县	主要文化	非物质文化遗产	景区
丰都县	鬼城文化 上善文化	市级（10项）：丰都县民间故事、楼子山迎春狮舞会、梁山吹打、榨菜踩池号子、石工号子、鬼城神鼓舞、龙河高台狮舞、朱氏麦秆画、茶元白酒酿造技艺、青龙茶传统制作技艺	4A级（4个）：名山风景区、雪玉洞景区、九重天景区、南天湖景区 2A级（2个）：兴龙文化公园、江池横梁景区
垫江县	巴蜀文化	市级（9项）：垫江角雕技艺、土法造纸技艺、大石竹编、高峰薅秧歌、高安唢呐、新民春牛舞、永安梅咂酒传统酿造技艺、垫江石磨豆花制作技艺、牡丹皮传统加工技艺	4A级（1个）：牡丹花世界 2A级（1个）：乐天花谷景区
忠县	忠文化	市级（13项）：忠州石工号子、忠州吹打乐、土法造纸技艺、石宝蒸豆腐制作技艺、忠州豆腐乳制作技艺、忠州矮人舞、忠州朽木虫雕、忠州传统制盐技艺、左家坪高台狮舞、邱氏泥塑、谢氏铁匠传统锻造技艺、咸说忠文化、香山蜜饼传统制作技艺	4A级（1个）：石宝寨
巫溪县	巫文化 盐文化 药文化	市级（11项）：五句子山歌、巫溪民间故事、大宁河刺绣、巫咸孝文、大宁河巫舞、老鹰茶传统制作技艺、巫溪吉令词、文峰木雕工艺、巫溪烤鱼、大宁河柳叶舟制作技艺、转丧鼓	4A级（1个）：红池坝森林旅游景区 2A级（1个）：灵巫洞、荆竹峡—汉风神谷景区
巫山县	大溪文化 龙骨坡文化 巴蜀文化 红椿土家文化 巫文化	市级（16项）：龙谷坡抬工号子、踩堂戏、巫音、三峡皮影、巫山神女传说、邓家背二哥号子、巫山民歌、巫山龙洞传说、大昌雪枣传统制作技艺、巫文化的禁忌、四川竹琴、巫山烤鱼、梨膏糖传统制作技艺、翡翠凉粉传统制作技艺、水口银丝面传统制作技艺、饮酒习俗	5A级（1个）：巫山小三峡—小小三峡 4A级（2个）：神女景区（神女峰·神女溪）、文峰景区 3A级（1个）：巫山博物馆

续表

区县	主要文化	非物质文化遗产	景区
奉节县	诗词文化 三峡文化 宗教文化 军事文化 三国文化	市级（24 项）：夔州竹枝歌舞、花鼓子、竹园鹽子鸡传统制作技艺、夔梳传统制作技艺、奉节土火纸制作技艺、奉节阴沉木雕刻技艺、夔龙术、斑鸠叶凉粉传统制作技艺、夔州民间故事、夔州竹枝词、夔州民间吹打、夔州民歌、奉节高台狮舞、四川竹琴、夔州绣、搭搭面制作技艺、巴渝土陶传统制作技艺、夔州泡菜制作技艺、夔州生漆制作技艺、老腊肉传统制作技艺、郭家沟老白干酿造技艺、土家婚俗、夔州食俗、清净庵庙会	4A 级（2 个）：白帝城—瞿塘峡景区、天坑地缝景区 3A 级（1 个）：亚源生态农业观光园 2A 级（9 个）：西部新区滨河公园、茅草坝滑雪场、玫瑰农庄、铭阳农庄、空谷度假村、龙汇头现代农业园、夔州博物馆、夔门欢乐谷、青龙镇大窝景区
城口县	巴蜀文化 秦巴文化 抗战文化	市级（12 项）：老腊肉制作工艺、钱棍舞、土法造纸技艺、三人锣鼓、城口漆艺、薅草锣鼓、鸡鸣贡茶传统制作技艺、情妹歌、鸡鸣手工制锣技艺、鸡淖传统制作技艺、搭红习俗、城口十大碗	4A 级（1 个）：亢谷景区 3A 级（1 个）：苏维埃政权纪念公园

（五）交通现状

目前，渝东北片区初步形成了港口、铁路、公路、机场等多种交通运输方式相互衔接的水、陆、空立体交通体系，但交通基础设施整体滞后，内畅外联交通格局尚未形成。

1. 对外互联互通水平低，与周边联系不紧密

片区向西主要以达万铁路、达开万高速、南大梁高速和 G318 国道与川东北地区相连；向西南主要以渝万城际铁路、渝宜高速、沪渝高速与渝西片区和主城片区相连；向东则主要以宜万铁路、万利高速、渝宜高速和 G318 国道与鄂西地区相连；向北暂无高效现代的交通基础设施与陕南地区相连，仅有几条省道与其相通。总的来说，片区对外交通设施相对不足，且交通覆盖区县较少，使得城镇发展与周边地区缺乏联系。

2. 内部交通设施分布不均衡，城镇间经济互动不强

片区内的交通基础设施主要分布在万州以南的区县，万州以北的区县分布较少，忠县、城口、开州、巫溪、巫山和奉节尚无铁路设施。城口县几乎

处于孤立状态，仅有省道与周边区县互通联系。此外，交通设施的滞后和分布不均，使得各区县经济联系不够紧密，如首位城市万州对开州区、云阳县的经济影响相对较大，而对其他区县几乎没有经济辐射影响。

3. 交通设施以东西走向为主，南北走向通道建设不足

受大巴山、巫山—七曜山等山脉走向的影响，南北方向的交通设施建设难度较大，交通布局以东西走向为主，结果导致相同直线距离城镇到中心城市（城区）的时间有所差异，受中心城市（城区）的辐射影响不同。

四、渝东北人口分布及城镇空间格局现状

渝东北片区人口总体呈现小聚居、大散居格局，城镇发展受三峡工程大规模移民迁建影响，沿江靠山建设，条带状、组团式分布较为普遍。21世纪以来，以高速铁路、高速公路为核心的现代化交通运输方式加快布局，给渝东北片区基础设施互联互通、城镇空间优化布局带来重大机遇。

（一）人口空间分布及结构特征

渝东北片区人口分布相对稀疏，人口集聚程度较低。目前渝东北片区常住人口城镇化率47.59%，远低于全国、全市水平，人口与资源环境矛盾依然突出。

1. 人口空间分布特点

区域内人口分布相对稀疏，但中心城区人口承载压力凸显。2017年渝东北片区整体人口密度240人/平方公里，低于全市375人/平方公里的水平。区域密度差异显著，万州、梁平、垫江等农业生产条件相对较好的区县，人口密度高达400人/平方公里以上，巫山、城口等区县地理环境复杂，每平方公里不足百人。中心城区人口承载压力逐步凸显，渝东北各中心城区人口承载量已超过城镇总人口的70%。万州、开州、云阳、忠县、奉节、巫山等多数中心城区平均超过1万人/平方公里，且老城区人口高度集中，奉节、巫山等县城老城区人口密度超过2万人/平方公里，人口疏解缓慢，基础设施负荷较重。按照宜居城市1万人/平方公里的人口规模相比，这些城镇人口承载量过高，城镇建设水平和空间拓展有待进一步优化。

2. 人力资源结构特点

人口净流出比例偏高，人口结构与质量分布有待优化。渝东北人口净流出率远高于周边地区，2017 年区域内户籍人口 1097.84 万人，常住人口仅 813.58 万人，人口净流出率达 25.89%，且流向渝东北以外地区的多，向万州等区域内大城市集聚的少。2017 年渝东北及周连地区人口流向指标如表 2－11 所示。人口老龄化特征较为突出，由于平均预期寿命提高，青壮年劳动力常年外出，老龄留守人口占比大，60 岁以上人口超过 20%，属典型的“老龄型”社会。高学历人才资源长期匮乏，渝东北目前拥有大专院校 7 所，在校学生不足 10 万人，拥有大专及以上学历的人口仅占总人口的 3.5%，远低于全国、全市整体水平。高校毕业生走出去多，留本地少，本地城镇发展得不到强有力的人力资源补充。

表 2－11　2017 年渝东北三峡库区与周边地区人口流向指标

地区	常住人口	户籍人口	人口净流出率（%）
渝东北三峡库区	813.58	1097.84	25.89
恩施州	336.1	401.36	16.26
达州市	568.95	671.67	15.3
安康市	266.1	305.02	12.76
渝西片区	1124.09	1247.19	9.87
宜昌市	413.56	392.26	－5.43

（二）城镇化与城镇体系现状

近年来，渝东北片区城镇化水平与全国差距逐步缩小，但仍处于城镇化中期加速阶段，城镇空间分布和经济联系具有显著的地域独特性。

1. 城镇化水平及各板块特点

（1）城镇化发展速度较快，整体质量有待提升

渝东北片区总体处于城镇化加速阶段①，2007—2017 年，渝东北片区常

① 城镇化水平的高低是衡量一个国家或地区发达程度的重要标志。根据城镇化水平的进程划分，城镇化进程分为初始阶段、加速阶段、停滞阶段三个基本阶段，城镇人口占区域总人口 30% 以下为初始阶段，30% ~70% 为加速阶段，超过 70% 为停滞阶段。

住人口城镇化率由31.1%提高至47.59%，年均提升1.65个百分点，而同期全国城镇化率由44.9%提升至58.52%，年均提升1.36%，重庆全市城镇化率由48.3%提升至64.08%，年均提升1.58%，渝东北片区分别高于全国、全市0.29和0.07个百分点，差距进一步缩小。户籍人口城镇化步伐缓慢，2017年，区域整体户籍人口城镇化率35.27%，低于常住人口城镇化率12.32个百分点，农业人口仍占总人口的64.73%。农村劳动力转移偏向于“劳务输出”，“打工经济”形态突出，劳动力常年转移向区域外就业的占比达70%以上，农民本地城镇化、市民化程度较低。

（2）城镇化水平地区差距较大，协调发展任重道远

城镇化发展极不均衡，2017年万州区常住人口城镇化率达65.45%，且户籍人口城镇化率高达61.49%，超过全国、全市整体水平，具体如图2－3所示。最低的城口常住人口城镇化率仅34.83%，差距超过30%。梯度差异特征显著，万州属于渝东北城镇化水平最高区域，梁平、开州、云阳、丰都、垫江、忠县、奉节等区县常住人口城镇化率处于40%～50%的快速发展阶段，巫溪、巫山、城口等区县处于30%～40%，仍属于城镇化中期的起步阶段。板块上看，万州、开州等中部区域城镇化率较高，奉节、巫溪、巫山、城口等偏远区域城镇化率较低。

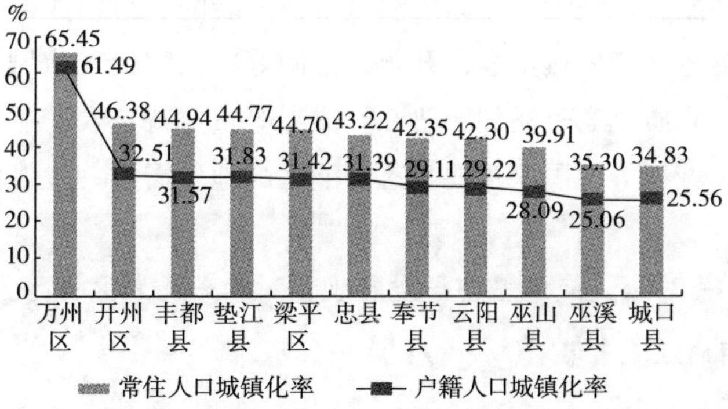

图2－3　渝东北片区常住人口与户籍人口城镇化率

2. 城镇空间分布与结构特征

（1）城镇发展受移民、交通因素影响较大，城镇分布总体稀疏

从空间分布看，渝东北片区城镇分布密度为1个/百平方公里，低于全

市整体水平。万州、开州、云阳三个中心城区两两相距仅30余公里，巫山、巫溪、奉节三个中心城区空间距离两两相距也不足50公里，构成城镇相对密集的板块。梁平、万州、垫江、忠县等地势相对平坦，交通网络密集，城镇密度较高，是渝东北城镇密集地区。从城镇形态看，由于三峡工程大量移民迁建，打破了团状城市的传统形态，组团式、条带状布局较为普遍。多数中心城区由长江黄金水路串联，且与地质灾害频发区域高度叠合，建成区狭小，面积大多不足30平方公里。近年来，渝万城际铁路、渝宜高速等交通干线使万州、梁平、垫江、云阳等区县联系不断加深，逐步形成交通串珠式城镇发展格局。

（2）初步形成多层次城镇发展体系，但城市特色功能有待增强

从行政组织体系看，基本形成中心城区与建制乡镇支撑发展的城镇体系，中心城区起着区域发展的龙头引领作用，建制乡镇服务广大农村农业经济发展，是最坚实的底部基础。从城市规模看，位序规模差异显著，2017年万州城区人口84.2万人，在渝东北片区首位度达2.34，开州、云阳、忠县等城市城区人口分别为36万人、30万人、20万人，已初具中等城市规模，而城口县城人口不足5万人。小城镇量多体小，渝东北片区建制乡镇326个，但镇域人口大多不足5万人，重点乡镇（中心镇）仅48个。城市特色主导功能有待增强，作为成渝城市群发展的有机组成部分，万州区域性综合交通枢纽功能依然不强，开州、云阳等新兴移民工贸城市，奉节、巫山等旅游城市同质化竞争激烈，垫江、梁平等重要特色农产品基地功能有待提升，巫溪、城口等地国家重要生态功能区的地位需进一步强化。

专栏2-1　成渝城市群发展规划对渝东北片区各区县的定位

培育沿江城市带

依托长江黄金水道及沿江高速公路、铁路，充分发挥重庆的辐射带动作用，促进泸州、宜宾、江津、长寿、涪陵、丰都、忠县、万州等节点城市发展，培育形成沿江生态型城市带。发挥沿江区位和港口优势，有序推进岸线开发和港口建设，增强泸州、宜宾、涪陵、长寿、万州等产业园区支撑作用，建设临港产业、特色产业和现代物流基地。

培育达万城镇密集区

包括达州市部分地区、万州、开县和云阳部分地区，加快达万综合通道建设，促进万开云一体化融合发展，建设成为成渝城市群向东开放的走廊。

做强区域中心城市

把万州打造为渝东北区域中心、长江经济带重要节点城市、沿江城市带的区域中心城市。2020年中心城区城市人口150万人，城市建设用地130平方公里。

重要节点城市功能定位

梁平为重庆东北部重要农产品基地和食品加工基地；丰都为特色休闲旅游目的地；垫江为重庆东部重要陆上交通枢纽和商贸中心；忠县为重庆重要的农产品加工基地，长江三峡国际黄金旅游带重要节点；开州为重庆市劳务经济和承接产业转移示范基地；云阳为生态经济示范县。

3. 主要城镇的内部联系特征

（1）城镇经济势能差距较大，中部增长极核效应凸显

根据经济总量、人口规模、空间距离等相关指标测算，渝东北主要城镇和区域之间经济势能差距较大。万州作为渝东北区域中心城市，经济辐射能力在渝东北片区最强，经济总量约为第二位开州的2.4倍，接近最末位城口的20倍。开州、云阳、梁平、奉节、垫江、忠县等城市经济势能相对较弱，丰都、巫山、巫溪、城口等城市辐射能力最弱。增长极核逐步显现，万、开、云三地经济总量超过渝东北片区的50%，人口占比接近总量的一半，经济联系紧密，是渝东北片区经济核心板块。万、开、云、梁四地经济总量超过渝东北片区的60%，人口占总量的54%，在渝东北片区有着较强的增长极核效应。

（2）城镇联系局部相对紧密，总体较为松散

根据城镇空间经济引力分析，万州在渝东北片区具有较强的经济引力，且与开州地缘相近，人文、经济相通，经济联系量最大，形成联系最为紧密的万－开经济板块。万州与梁平在客货铁路、公路等交通联系上较为紧密，

经济联系量较大。受交通因素影响，云阳、垫江等地与万州经济联系也较为密切。总体来看，城镇联系较为松散，丰都、垫江、忠县等西部区县受重庆主城经济辐射带动影响较大，受万州经济影响相对较小，相互之间的城镇联系并不紧密。巫山、巫溪、城口等地相互之间联系也不紧密，三地与中心城市万州距离较远，经济联系也相对较弱。

五、发展环境

渝东北片区是全国重要的生态屏障区，总体仍处于“双欠”发展阶段，随着国家区域和开放战略格局的深化调整，加快推动城镇群建设面临诸多机遇和挑战。培育发展渝东北三峡库区城镇群，既是“一带一路”建设、长江经济带发展等重大战略带来的新机遇，也是西部大开发深入实施和成渝城市群发展壮大的重要支撑。

（一）优势与机遇

1. 国家的新一轮开放战略为培育渝东北三峡库区城镇群带来了重大机遇

国家推动“一带一路”建设、长江经济带发展和新一轮西部大开发，为内陆地区协同开放、长江上中下游地区协调发展和沿江地区高质量发展带来了重大机遇。

一是“一带一路”建设推动重庆及渝东北片区由改革开放的末梢走向内陆开放的前沿，国家、市级开放通道和开发平台加快规划布局，为培育渝东北三峡库区城镇群提供了形成开放引领发展新格局的难得机遇。

二是依托长江黄金水道，培育渝东北三峡库区城镇群，可以优化三峡库区长江沿线城市（镇）和产业布局，推动渝东北片区深度融入长江经济带发展。

三是国家新一轮西部大开发为培育渝东北三峡库区城镇群带来机遇，有利于推动区域经济转型升级、缩小城乡发展差距，促进城乡协调发展。

2. 国家实施城市群战略为培育渝东北三峡库区城镇群提供了新动力

国家深入实施城市群发展战略，推进建立中心城市引领城市群发展、城市群带动区域发展的新模式，将为培育渝东北三峡库区城镇群提供不竭动力。

一是渝东北片区区位独特，是成渝城市群东部的重要组成部分，处于成渝城市群与长江中游城市群、关中平原城市群交汇之处，近年来三大城市群加快发展，为培育渝东北三峡库区城镇群、建设三大城市群之间的次级城镇群创造了良好的区域环境。

二是渝东北片区位于三峡库区腹心地带，毗邻川东南、陕南、鄂西等地区，培育渝东北三峡库区城镇群，构建中小城市和小城镇协调发展格局，可以密切渝东北片区与周边地区的经济合作，推动区域协调发展。

3. 重大交通格局转变为提升城镇群内部的联动发展水平提供了重要支撑

“一带一路”建设、长江经济带发展、新一轮西部大开发和成渝城市群发展战略将促使重大基础设施加快向中西部城镇化地区倾斜，渝东北片区在建或规划建设多条高速铁路和高速公路，内畅外联的交通格局加速形成，区域交通运输能力将显著提升，为培育渝东北三峡库区城镇群提供了有力支撑。

一是随着郑万高铁、渝西高铁、沪蓉沿江高铁等重要交通干道的建设布局，长江黄金水道优势加快凸显，渝东北片区的区位优势、与周边区域互联互通水平将进一步提升，可以有效降低物流成本，培育渝东北城镇群的基础设施支撑条件将大幅度改善。

二是重大交通格局转变也将增强渝东北城镇群内部的互联互通水平，带动城镇群内部各区县的产业发展、公共服务、环境治理等协同创新，从而促进区域内先进产业布局优化和生产要素集聚集约发展，为片区生态保护更多“留白”。

三是重大交通干道的建设布局必将引领城镇群内部交通条件的改善，中心城区、镇乡、村三级之间的道路将更加便捷，为提升以城带乡发展能力，加快推动乡村振兴创造基础条件。

4. 生态人文旅游资源富集为打造“精、特、美”的现代城镇群创造了有利条件

良好的生态条件和长江三峡旅游资源是渝东北片区的特色所在，为培育打造以“精、特、美”为特色的渝东北三峡库区城镇群创造了有利条件。

一是渝东北片区既有长江三峡独特的山水资源和悠久的人文历史，也有丰富的森林资源和美丽的田园风光，集约节约发展一批规模适宜的旅游小镇、生态小镇、田园小镇、农业小镇等特色美丽城镇的资源条件良好。

二是立足“绿水青山就是金山银山”理念，培育渝东北三峡库区城镇群，可以提升生态农业、旅游业等生态产业的整体协调发展水平，进一步深化农村“三变”改革，促进农民增收致富；同时，也可以加快探索区域性排污权交易、碳排放权交易试点，为逐步形成市场化的横向生态补偿机制奠定基础。

5. 政策叠加优势为城镇群建设提供了重要保障

渝东北片区地处三峡库区，叠加了诸多国家、市级扶持发展的各类“政策包”，有利于培育渝东北三峡库区城镇群。

一是国家开放战略和区域协调发展带来了“一带一路”建设、长江经济带发展、西部大开发的诸多政策、资金、项目红利，以及秦巴山区脱贫攻坚、三峡库区水资源安全等专项政策。

二是全国对口支援三峡库区工作明确了全国 21 个省（区、市）、10 个大城市对口支援三峡库区县（区）的结对关系，有利于对口支援双方抓住培育城镇群机遇共促渝东北片区发展。

三是全市正推动建立区域协调发展政策，探索建立以都市圈来引领带动渝东北、渝东南片区加快发展，万州经开区、保税物流区等开放平台和特殊政策优势将进一步释放，更好助力乡村振兴，实现城镇群培育与乡村振兴双轮驱动。

四是目前渝东北片区各区县森林覆盖率普遍高于全市平均水平，全市推进建立横向生态补偿机制，明确各区县的森林覆盖率目标值，探索形成森林覆盖率低于目标值的区县向森林覆盖率高出目标值的区县购买森林面积指标的约束、激励机制，有利于渝东北片区通过该方式或进入全国森林碳汇市场

释放森林资源的经济价值。

（二）劣势与挑战

1. 区域生态环保约束趋紧，对人口集聚产业选择要求更加严格

国内外城镇群的发展实践经验表明，城镇群具有较强的人口和产业集聚能力。但是渝东北片区必须在生态保护前提下探索城镇化，人口集聚和产业选择受“红线”约束较大，规模要适度，结构要优化。

一是人口布局优化难度大。目前渝东北片区重点开发区域人口集聚能力不强、生态脆弱区域人口有序外移不足问题并存。培育构建渝东北三峡库区城镇群，人口总量要适度，增大了区域内部人口空间布局优化调整的难度。

二是产业发展选择空间小。库区生态环境承载能力较弱，对产业选择提出了更为严苛的条件。目前渝东北片区资源加工型制造业较多，产业层次较低，构建适应新型城镇化的现代产业体系，必须要加快探索“生态产业化、产业生态化”的新路径，未来绿色化转型升级任务较重。

2. 特殊的地理和地质条件，增加了城镇开发建设的难度和成本

渝东北片区既是大库区，也是大山区，峡谷纵横，河流交错，喀斯特地貌分布广泛，地质条件脆弱，特殊的地形地貌导致城镇开发布局难、建设成本高。

一是城镇开发布局选点难度大。城市（镇）建设用地与地质灾害频发带高度叠合，对城镇开发边界、城镇形态布局选点和建设影响明显。

二是城镇基础设施建设成本高、施工难度大。区县财政实力弱、配套能力差，高山移民、生态移民任务重，投融资难度较大。

3. 经济区位交通条件不优，导致区域发展的竞争能力总体不强

较好的区位优势和便捷的交通条件是培育形成城镇群的重要支撑。目前渝东北片区对外大通道格局尚未形成，区域内部的交通设施互联互通水平低，是培育城镇群的主要制约因素。

一是与周边区域经济联系较少。距离周边城市群和市场较远，与重庆都市圈、成都及周边城市有机衔接的高铁和高速公路等对外通道较少，省际断头路多，区域经济合作层次较低。同时，片区内长江沿岸的港口建设缺乏统

筹，水铁公多式联运方式有待优化，长江黄金水道潜力未充分释放，与长江沿线城市协作不够。

二是区域内部的经济联系不紧密。区域内铁路网、公路网覆盖面小，尤其是南北向联通水平有待提高。区县之间的连接道路较少，没有形成网络化交通格局，物流运输成本较高，在产业发展、生态建设、公共服务等方面协同性不够，区县间经济联系较弱。

4. 城镇带动乡村能力偏弱，新型城镇化的动力支撑相对不足

渝东北片区经济总量偏小、产业发展基础薄弱，非农产业发展水平较低，城镇化率低于全国、全市水平，小城市（镇）带大农村特征明显，城镇与乡村有机联动性不强。

一是中心城区产业体系就业吸纳能力不足。目前区域内规模以上企业较少，就业岗位不足。同时，中心城区的商贸商务等城市功能不发达，教育、文化、卫生、科技、体育等基本公共服务供给不足，吸纳区域人口转移的能力不强。

二是小城镇对乡村发展带动能力较弱。区域内小城镇较多，大多点状散布于山地丘壑之间，综合承载力普遍较弱，场镇人口较少，对乡村产业振兴培育带动不足，山地特色农业也难以形成规模经济，居民就业增长压力较大，难以有效提升居民就近就地城镇化水平。

5. 人力资源结构问题突出，难以适应现代城镇群发展的要求

新型城镇化的本质是人口城镇化，合理的人口结构和人力资源资本是培育构建城镇群的重要基础，也是决定城镇化质量的关键因素。渝东北片区的特殊性决定了区域人口总量不宜增加，构建城镇群的人口和人力资源结构性问题较为突出。

一是老龄化问题突出。2017 年末渝东北片区 60 岁以上人口占 20% 以上，远超国际上老龄型社会 10% 的人口结构标准，也高于全国平均水平，“未富先老”现象严重。

二是高学历人才资源长期匮乏。目前渝东北片区拥有大专及以上学历的人口比例远低于全国、全市整体水平。大中专院校较少，职业教育水平较低，科技、经济、管理、教育、医疗等人才资源匮乏，缺少与生态绿色特色

产业发展相匹配的人才，吸引人才和留住人才难，难以支撑区域城镇发展需要。

渝东北三峡库区城镇群 SWOT 图如图 2－4 所示。

图 2－4　培育构建渝东北三峡库区城镇群 SWOT 图

六、思路设计

（一）发展思路

培育构建渝东北三峡库区城镇群，要围绕推动渝东北片区建设长江经济带生态优先绿色发展示范区的总体定位要求，从四个宏观维度来把握和进行思路设计。

1. 必须遵循国内外城市群发展演变的共性规律

城市群是城市化发展到高级阶段的产物，一般要经历"单体城市点状发展"—"城市间沿交通轴线状发展"—"城市间网络化发展"三个阶段，中心城市带动和发达的交通基础设施是形成城市（镇）群的前提。构建渝东北城镇群要充分借鉴发达国家山地城镇群建设经验，力求在遵循客观规律的前提下制订发展阶段目标和实现路径，谋求特色发展。

2. 必须在全国和全市发展大格局中谋划发展

不能孤立地看待渝东北城镇群的构建和发展，必须紧扣"一带一路"

倡议和长江经济带、新一轮西部大开发等国家战略，围绕高质量发展和实现现代化的要求，坚持从全局中谋一域、以一域服务全局，要在开放发展的大格局中谋划自身发展定位和争取国家支持，寻求加快发展的外部动力支撑。同时，要处理好与全市各区域板块特别是和主城区都市圈的关系，以“区域人口总量适度、空间分布结构优化、人均产出和公共服务提升”为导向，力求在人口转移、产业配套、对口帮扶等方面寻求新的突破，增强对主城区都市圈的战略支撑作用。

3. 必须考虑渝东北的客观情况突出生态优先

要充分认识到该区域的“双欠”发展阶段进程，综合考虑区域特殊的区位和地理地质特征、国家主体功能定位、库区生态环境综合承载能力较弱等多重因素，坚持以“两山”论指引“两化”路，加强政府引导，突出生态优先，走出一条不同于一般平原丘陵地区的新型城镇化道路。重点要结合未来交通信息等重大基础设施布局，前瞻性的科学规划渝东北城镇体系，突出“集约高效、生态智慧、特色发展”，形成疏密有致的国土空间开发格局。

4. 必须注重新型城镇化与乡村振兴双轮驱动

渝东北片区要实现高质量发展，必须解决“小城市带大农村”动力不足的短板问题，克服传统城镇化过程城市建设与乡村发展分割的矛盾，注重新型城镇化与乡村振兴的互动，坚持以做强中心城区、培育特色小镇为主体，着力促进城乡产业共生、基础设施互通，提升农村现代化进程，实现城乡一体化发展，为乡村振兴和城镇群发展提供不竭动力。

总体看来，渝东北三峡库区城镇群的培育构建，要紧扣筑牢长江上游重要生态屏障要求，以推动渝东北片区高质量发展为主题，充分遵循城镇群发展的客观规律，坚持以人为本，实施新型城镇化与乡村振兴双轮驱动，突出政府统筹引导，发挥政府在空间开发管制、基础设施支撑引领、一体化体制机制建设等方面的作用，深化区域开放合作，重塑城乡关系，突出城镇形态的“精、特、美”，走集约节约和绿色发展之路。

（二）发展原则

1. 坚持生态优先，绿色发展

深入践行“两化”理论，将绿色城镇化理念全面融入城镇群建设，尊重自然格局，依托现有山水脉络等优化城镇空间布局形态，构建绿色化的生产生活方式和城市建设运营模式，推进生态共保环境共治，确保三峡库区生态安全，推动区域绿色永续发展。

2. 坚持统筹规划，集约发展

以培育发展城镇群为导向，统筹区域经济社会发展、人口空间分布、生态环境保护和基础设施建设。根据渝东北片区资源环境承载能力和特有的山地特征，科学确定城镇群边界、最小生态安全距离和空间结构，坚持国土空间集约节约开发利用，加快重点板块建设，推动形成集约高效的新型城镇群。

3. 坚持以人为本，共享发展

以宜居宜业为导向，构建与新型城镇化相适应的现代产业体系，强化公共服务供给，优化教育、医疗、科技、文化、体育等重大公共设施布局，促进公共服务城乡一体化发展，确保库区移民安稳致富，提升城镇化进程中群众的获得感和幸福感。

4. 坚持开放创新，融合发展

强化开放合作制度创新，消除区域行政壁垒，建立有利于要素自由流动的统一市场体系，建立健全城镇群一体化发展和以城带乡新机制，促进区域协调、城乡融合发展。构建区域协同创新体系和内陆开放新机制，整合内外创新资源，增强渝东北片区的开放创新水平。

5. 坚持市场主导，政府引导

遵循城镇群演进的客观规律，充分发挥市场在城镇群形成发展中的决定性作用，更好发挥政府在空间开发管制、基础设施支撑引领、一体化体制机制建设等方面的作用，因势利导、顺势而为，稳步推动渝东北城镇群健康科学发展。

（三）发展定位

根据思路设计和原则，渝东北三峡库区城镇群的战略定位可以包含以下方面：

1. 引领成渝地区东向开放的特色生态城镇群

渝东北片区位于成渝城市群的东部，是川东陕南地区融入长江经济带、和东向出海的重要门户通道。随着全市区域发展战略和生产力空间布局的持续优化调整，可依托重庆主城区都市圈，抢抓国家和市级重大交通干道在区域内加快布局的大好机遇，充分发挥新的综合交通区位优势和三峡库区生态旅游资源优势，着力优化城镇空间格局、打造高品质人居环境，构建高水平生态产业体系，引导人口相对聚集和超载人口梯度转移；强化区域开放合作，发挥渝东北片区作为成渝城市群东向开放发展的桥头堡作用，辐射带动川东陕南鄂西融入“一带一路”和长江经济带建设，增强对重庆主城区都市圈发展和成渝城市群的战略支撑作用。

2. 国家重要的绿色生态屏障区

紧扣渝东北片区的国家主体功能区定位，坚持国土空间集约节约开发和绿色发展优先，建立三峡库区生态环保治理联动机制，积极推动区域污染防治攻坚，坚守生态红线，大力倡导绿色生产生活方式，增强三峡库区水土保持功能，切实保护好三峡淡水资源储备库。积极探索生态补偿新机制，增强渝东北片区绿色发展的可持续能力和长江上游生态屏障功能，打造成山清水秀美丽之地。

3. 长江三峡国际黄金旅游带

充分挖掘整合渝东北三峡库区丰富的旅游资源，统筹联动打造“三峡牌、人文牌、乡村牌”，做大做强三峡生态人文旅游经济，打造国际知名旅游目的地。全面发展三峡观光旅游、休闲度假旅游、民俗生态旅游和乡村旅游，创新培育新兴旅游新业态，推动实施5A级景区创建工程，加快旅游交通等基础设施和旅游集散中心等公共服务设施体系建设，培育壮大旅游市场主体，规范旅游市场秩序，推动旅游业与城市、文化、农业、工业等深度融合，积极发展智慧旅游，将旅游经济打造成渝东北三峡库区城镇群的重要支柱产业。

4. 区域性综合交通物流枢纽

依托长江沿线港口口岸和万州区域性交通枢纽优势，加快培育发展公铁水空多式联运，形成以万州区为核心，垫江、梁平、丰都、忠县、开州、奉节、巫山等城市为节点的现代综合物流体系，打造西北地区通江达海新通道。积极培育临港经济，增强渝东北三峡库区城镇群发展的物质要素集散和产业支撑能力，成为重庆建设国际物流枢纽的重要载体和融入长江经济带的重要功能板块。

5. 城乡融合发展新型示范区

积极探索库区山地生态城镇群发展新路径，坚持城镇化与乡村振兴有机联动，加快推动农业转移人口市民化和农村土地制度改革，着力强化统筹城乡产业、基础设施、公共服务一体化发展，促进城乡要素双向流动，培育壮大与新型城镇化相适应的现代产业体系，增强城镇对乡村发展的带动能力，提升渝东北区域城镇化质量水平和农村现代化进程，形成一批“精、特、美”的现代小镇，打造“生态产业化、产业生态化”特色突出的城乡融合发展示范区。

（四）发展目标

渝东北三峡库区城镇群建设目标设定，要遵循城镇化客观规律，坚持统筹规划、突出重点、阶段推进。具体阶段性目标设定如下：

1. 到 2025 年：打基础、建平台，优化形成以区县中心城区为主体的城镇体系

该阶段基本做好四件大事：第一，重点推动各区县以中心城区为主体的城镇体系建设，进一步优化中心城区城市功能，加快布局重大基础设施和开发开放平台，提升中心城区的人口集聚和产业支撑能力。第二，大力推动乡村振兴，提升农业农村发展水平。第三，加快推动区域重大交通干线建设取得新突破，强化推动各区县间的通道互联，有效衔接各中心城区、小城镇、园区和景区的多层次快速交通运输网络基本形成。第四，积极推动形成区域协同发展的新机制新举措，营造良好的城镇群建设氛围。到 2025 年，渝东北片区常住人口城镇化率提升到 55% 左右。

2. 到 2030 年：求突破、上台阶，基本建成高效网络化的现代城镇群框架

（1）高效网络化的现代城镇群框架基本形成

加快沿重大交通干线和高铁站点优化城镇空间布局，国土空间开发利用

效率、集约化水平显著提升，一批特色城镇加快兴起，区县中心城区的城市服务功能和产业体系进一步完善，万州中心枢纽城市的辐射带动能力显著增强，基本形成“一心多点、一带两轴”城镇空间发展格局，大中小城镇间的经济联系显著增强，布局合理、特色突出、高效网络化的现代城镇群框架基本形成。到2030年，渝东北片区域常住人口城镇化率突破60%。

（2）基础设施支撑体系和生态格局更加健全

内场外联的交通格局基本形成，内部基础设施密度和网络化程度显著提高，通信、能源、水利设施保障能力明显提升。沿江港口码头、铁路站场、旅游集散中心等重大功能设施加快建设，综合交通物流枢纽的基础进一步夯实。区域生态安全格局和环境分区管制制度更加完善，资源利用更加高效，集约紧凑式开发模式成为主导，整体形成生产空间集约高效、生活空间宜居适度、生态空间山清水秀的可持续发展格局，城镇综合承载能力明显提升。

（3）绿色发展的“两化”示范效应初步彰显

“生态产业化、产业生态化”的现代绿色产业体系加快形成，以大数据和人工智能为引领的传统产业改造升级取得积极进展，现代旅游经济、临港经济、生态工业、特色农业加快发展，新兴产业和业态蓬勃发展，产业的集聚带动能力明显增强，三峡旅游的国际品牌影响力进一步提升，横向生态补偿制度更加完善，生态脆弱地区的超载人口加快转移，库区移民安稳致富能力进一步增强，内陆开放型经济形态基本形成，生态经济效益显著改善。

（4）区域协同发展的体制机制更加完善

阻碍生产要素自由流动的行政壁垒和体制机制障碍基本消除，区域市场一体化步伐加快，区域交通互联互通、公共服务设施共建共享、生态环境联防联控联治、创新资源高效配置和开放共享的机制不断建立，城镇群成本共担和利益共享机制不断创新，区域合作取得实质性进展，重点板块一体化发展步伐加快，多元化主体参与的城镇群治理机制建设取得突破。

3. 到2035年：大发展、显魅力，基本现代化的特色生态城镇群建成

城镇群一体化发展全面实现，人口经济集聚度和同城化水平显著提升，万州区域中心城市的辐射带动作用明显增强，现代生态产业体系更加健全，

三峡库区的生态环境承载能力进一步增强，长江三峡国际黄金旅游带魅力全面彰显，综合交通物流枢纽全面建成，引领成渝城市群东向开放发展的综合实力显著增强。

七、重点任务

（一）构建现代交通格局，强化设施互联互通

互联互通的交通网络是城镇群形成和发展的硬件基础。从要素流动角度看，现代化的交通网络既能够有效推动资金、资源、人口等向中心城市集聚，形成极核效应；也能够推动先进的技术、产业发展理念向落后区域渗透，形成辐射效应。从城镇空间布局看，现代化的交通网络既可以推动新兴城区沿交通干道布局，拓展城市发展空间；也将推动人口、产业在重要交通站点、道口集聚，培育形成一些特色产业小城镇。同时，现代化的交通网络会逐步形成区域同城效应，有利于城镇群公共服务优化布局、旅游资源一体化开发等。因此，依托长江黄金水道，以高速铁路、高速公路建设和港口、机场功能优化等为重点，着力提升渝东北基础设施共建共享、互联互通水平，加快形成内畅外联的现代基础设施网络体系，可以夯实城镇群空间格局优化、高质量发展的支撑能力。

1. 构建对外大通道

加强与长江中游城市群、关中平原城市群、主城区都市圈、渝东南片区及周边省际边界地区的交通联系，加快完善高速铁路、高速公路等对外交通通道。

一是加快推动郑万高铁、渝西高铁、沪蓉沿江高铁、渝万高铁、达万高铁和沿江货运铁路、安张铁路、广忠黔铁路规划建设，形成贯通周边三大城市群的主要铁路通道。研究启动达州—梁平—丰都—武隆、万州—黔江、万州—利川等高铁项目前期工作，打通南向高铁通道。

二是加快推动巫溪—镇平高速、奉节—建始高速、垫江—丰都—武隆高速建设，畅通与陕南、鄂西、渝东南片区的联系通道。研究启动万州—利川、奉节—利川等高速公路项目前期工作，增加南向高速通道。

三是统筹好区域高速铁路、高速公路与长江上游航道建设，进一步释放长江黄金水道的通江达海运输能力。

2. 畅通内部交通网络

以打通中心城区和适宜开发地区部之间的交通联系为重点，加密各个功能板块、区县之间的路网，推动区域内交通设施网络化。

一是加快建成区域贯通的长江北线、南线沿江高速公路，加快推动城开高速、巫云开高速、开云高速、两巫高速建设。研究启动梁平—开州、巫溪—城口等高速公路项目前期工作。

二是研究启动万州—开州—云阳城际环线铁路等区域内部重点功能区（板块）快速连接项目前期工作，强化重点开发区域之间的经济联系。

三是加强区域内部各区县城、机场、工业园区、物流园区、重要港口等快速道路互联互通，便捷内部交通。

四是谋划建设一批旅游公路，促进奉—巫—巫—城、万开云—梁、垫—丰—忠三大板块内部重点景区的互联互通，支撑旅游协同发展。

五是加快完成“四好农村路”建设任务，结合乡村振兴战略推进和农村现代化发展要求，建设一批联通高速公路道口的快速道路，增强对以城带乡发展的支撑。

3. 完善多式联运枢纽

长江黄金水道是渝东北的重要物流通道和旅游通道，可考虑以机场、重点港口、物流园区、铁路站场、客运中心等为重要枢纽节点，完善升级综合运输体系，加快建设多节点的多式联运网络。

一是加快完成万州机场扩建工程，并加密国际国内航班，规划升级为4E机场，争取国家级航空开放口岸，建成区域性枢纽机场；充分发挥重庆巫山机场的旅游服务和集散功能。

二是优化长江航道沿线港口功能。结合片区新建物流园区，统筹优化长江上游重点港口布局，规划建设区域性综合枢纽港、旅游集散枢纽港。新田港建成重要的公铁水联运枢纽港，支持运营万吨级江海直达船，争取建设国家级水运口岸；忠县港区建设成为水陆联运港，支持发展港口物流；丰都港区、奉节港区建设邮轮港，全面提升长江黄金旅游服务功能。

三是抓住高速铁路、高速公路建设机遇期，结合发展需要，优化调整区域物流园区建设布局，增强区域要素集聚集散能力，大幅降低物流运输成本。

四是加快高速铁路沿线等综合客运枢纽站场建设，优化高铁站场与区县客运中心的连接通道。

4. 强化信息等设施保障能力

提高信息网络互联互通能力，增强城镇群智能化发展支撑，强化水利、能源等设施的保障能力。

一是构建高速共享信息网络，统筹规划建设信息基础设施。城市（镇）方面，围绕智慧城市建设，将万州等区县城区纳入5G信息网络建设和宽带提速工程建设范围，提高网络覆盖程度和运营效率，建成服务便捷的城镇群信息网络。农村方面，结合乡村振兴战略推进和乡村产业升级需要，突出强化农村信息网络和电商服务平台建设。

二是统筹布局，加强区域重大水利、能源基础设施建设，保障水资源安全，增强能源供给能力，提高用水用能效率。城市（镇）重点开展海绵城市试点，加快完善城市（镇）供水工程，优化提升电网布局。农村重点对标乡村振兴、现代化的要求，补齐农田水利建设短板，加快农村变电站建设及农村电网改造工程等薄弱领域建设。

专栏2－2　渝东北三峡库区城镇群交通基础设施重点项目

铁路

郑万高铁、渝西高铁、沪蓉沿江高铁、渝万高铁、达万高铁；沿江货运铁路、安张铁路、广忠黔铁路；前期工作：万州—开州—云阳城际环线铁路和达州—梁平—丰都—武隆、万州—利川、万州—黔江等高铁。

公路

长江北线、南线沿江高速公路、巫镇高速、丰建高速、垫丰武高速、城开高速、巫云开高速、开云高速、两巫高速；前期工作：万州—达州、奉节—利川、梁平—开州、巫溪—城口等高速公路；各区县城、机场、工业园区、物流园区、重要港口等快速道路；奉—巫—巫—城、万开云—梁、垫—丰—忠三大板块内部重点景区旅游道路；连接高速公路出口的快速路及“四好农村路”。

水路

区域内的长江上游航道建设。

枢纽

铁路：万州城际站、丰都站、忠县站、云阳站、开州站、奉节站、巫溪站、巫山站、城口站等建设。

港口：丰都港区、忠县港区、万州港区、云阳港区、奉节港区、巫山港区功能优化。

机场：万州机场改扩建。

（二）优化城镇空间结构，着力完善城镇功能

渝东北片区地形地貌特殊、生态系统脆弱，小城市带动大乡村发展的格局短期难以根本改变，导致人口承载能力弱、产业约束条件多、生态保护任务重、综合物流成本高、城乡建设难度大。因此，渝东北城镇群城镇空间结构的设计，必须准确把握渝东北片区的特殊性，坚持“多中心、组团式”发展形态，充分发挥大城市的辐射带动作用，将重要交通通道作为城镇联系轴带，通过发展轴带放大中心城区辐射带动功能，提升渝东北片区整体发展水平和质量，促进人口结构优化，推动产业生态化、生态产业化，实现渝东北片区高质量发展。

基于此，要坚持做大中心城区和完善城镇功能并重，依托互联互通的基础设施网络，围绕高质量发展主题，着力培育“万开云—梁”城镇发展核心，推动大中小城市协同发展，打造沿长江城镇密集带、培育垫—梁—万—开、“巫—巫—城”两大特色城镇发展轴，构筑“一心多点，一带两轴”城镇空间结构，形成大中小城市“多极支撑”的城镇发展新格局。

1. 培育“万开云—梁”城镇发展核心

“万开云—梁”包括万州、开州、梁平和云阳“三区一县”涵盖范围，

是渝东北片区经济最发达、人口最密集、发展基础最好、经济联系最紧密的区域。辖区面积12957平方公里，占渝东北片区的38.2%；常住人口439.63万人，占渝东北片区的54.04%；地区生产总值2062亿元，占渝东北片区的58.5%。从中心城区看，“三区一县”城市建成区面积达到161.6平方公里，城区常住人口180余万人。

围绕渝东北三峡库区城镇群发展定位要求，结合“三区一县”城市发展目标，突出万州区对周边区域的引领和带动作用，联动开州、云阳和梁平，共同谋划打造渝东北片区经济中心、商贸物流中心、公共服务中心、综合交通枢纽、对外开放窗口，成为渝东北城镇群发展引擎和极核。

一是坚持生态优先、绿色发展，综合考虑生态承载、产业布局、城市建设等要素，着力完善要素集聚、科技创新、物流贸易、文化交往、生态宜居等区域组织功能，打造宜居宜业宜游的现代化城市。

二是依托城市功能布局和产业升级，增强产业对人口的吸纳能力，促进“万开云—梁”周边人口梯度转移，就近就地实现城镇化，优化人口结构、提升人口素质、推动人口相对集聚。

三是加强区域合作，推动区域产业统筹布局、功能一体构建、生态协同保护，突出核心城市集聚辐射功能，提升对周边地区辐射带动能力。

四是推动基础设施和公共服务设施互联互通和统筹布局。推动万州、开州、云阳和梁平“三区一县”道路、市政、能源、水利、信息等基础设施和公共服务设施一体化布局和调整，适时推动万州非核心功能向云阳、开州转移，提升梁平承接重庆都市圈外溢功能能力，构建有序互补、大中小协同的设施网络体系。

2. 完善各区县公共服务网络

以城乡一体、老城新城一体、城区园区一体为导向，持续完善区县内部公共服务保障网络，提高各层级、各片区、各领域公共服务供给水平。

一是按照中心城区、特色中心镇、一般乡镇、行政村四级保障体系，合理布局公共服务设施，既保障当期人口集聚需求，又兼顾未来人口流动趋势，引领人口向综合承载力强与公共服务供给效率高的区域集聚。

二是结合各区县境内重大交通设施建设布局、老城区城市品质提升功能更新、新兴城市发展空间拓展，有序推进教育、医疗、文化等公共设施从老城区向高铁站点、港口枢纽、高速道口等新兴城区分流疏解。

三是加强产业园区公共服务设施前瞻性布局，围绕“1+10”园区平台，强化产业、人口、公共服务配套，切实引领产城园融合发展，提高城区园区生产生活空间有机融合。

四是结合生态移民、劳务转移、城镇体系规划和交通区位变革，加强城乡人口流动趋势、空间分布、集聚规模预测，促进公共服务配套与人口流动集聚动态匹配、精准供给。

五是按照全面乡村振兴和实现农业农村现代化的总体要求，加快补齐偏远乡村公共服务供给短板。

3. 推动大中小城市协同发展

以强化中心城区辐射带动作用为基础，着力培育区域中心城市，建设中小城市和重点小城镇，进一步优化城市规模结构，构建大中小城市“多极支撑”的城镇结构。

（1）打造万州成为现代化大城市

依托万州经开区、新田港等发展平台以及铁公水空立体式综合交通网络优势，按照“提升老城、拓展新城”的思路，完善城市功能和提升城市品质并举，培育特色产业集群，承接周边人口转移，有序推动小城镇建设，打造成为渝东北城镇群区域中心，成为三峡库区和川渝陕鄂交界地经济中心和服务中心、综合交通枢纽、长江三峡国际黄金旅游带集散中心。到2025年，建设成为城市建成区面积和城市常住人口“双百”的现代化大城市。

（2）培育开州和梁平成为中等城市

结合开州、梁平自身特点和条件，依托恩广高速、达万铁路、沪蓉高速、渝万城际铁路和规划中的渝西高铁、城开高速、巫云开高速、开云高速等通道，加快发展要素集聚，提升区域服务能力，辐射带动城口、云阳、垫江、忠县等地区，积极承接重庆都市圈功能转移扩散，适当扩大城市规模，推动开州、梁平与万州一体化发展，大力发展特色效益农业、商贸流通、生态休闲旅游等产业，强化智能产业配套，打造成为全市重要的农产品基地、工业配套基地、承接产业转移示范基地和商贸流通集散中心。到2025年，形成城市常住人口达到50万人以上的中等城市，成为生态旅游城市和特色旅游目的地。

（3）培育发展八个重要节点城市

一是依托垫江、忠县、丰都、云阳、奉节、巫山、巫溪、城口各自基础条件，围绕建设重要节点城市目标，不断提升专业化服务功能，培育壮大特色优势产业。

二是强化与重庆都市圈及万州、开州的协作配套功能，发挥垫江、云阳等区位优势明显城市对渝东北城镇群的支撑作用，完善忠县、丰都、奉节、巫山、巫溪、城口等城市在城镇密集区发展中的支点作用。

三是推动有条件的地区撤县设区，探索赋予更大的发展权限，鼓励引导产业项目向资源环境承载力强、发展潜力大的县城布局，夯实县城产业基础，城市定位及人口规模如表2－12所示。

四是加强市政基础设施和公共服务设施建设，推动公共资源配置适当向县城倾斜。鼓励适度增加集约用地程度高、吸纳人口多的县城建设用地供给，有效满足农民就近城镇化的需求。到2025年，力争培育城镇人口达到20万人以上的小城市3~5个，城市定位及人口规模如表2－12所示。

表2－12　重要城市定位及人口规模

区县	城市等级	功能定位	城镇人口（万人）
万州	现代化大城市	渝东北城镇群区域中心，三峡库区和川渝陕鄂交界地经济中心和服务中心、综合交通枢纽、长江三峡国际黄金旅游带集散中心	100~200
开州	中等城市	智能产业配套基地，重要的生态农产品供给基地，承接产业转移示范基地，生态旅游城市和红色旅游目的地	50~100
梁平	中等城市	重要的农产品供给基地，城乡融合发展示范县，特色产业基地，特色旅游目的地	30~50
云阳	小城市	生态经济示范县，长江三峡国际黄金旅游带重要节点和工业配套基地，生态旅游休闲度假基地	20~50
垫江	小城市	承接都市圈功能扩散示范县，城乡融合发展示范县，工业配套基地，重要的农产品供给基地，休闲旅游度假基地	20~50
丰都	小城市	重要的农畜产品基地、长江三峡国际黄金旅游带重要节点，工业配套基地，特色旅游基地，临港物流基地	20~50

续表

区县	城市等级	功能定位	城镇人口（万人）
忠县	小城市	重要的农产品供给基地、长江三峡国际黄金旅游带重要节点，工业配套基地、商贸物流基地	20～50
奉节	小城市	重要的生态产品供给基地，特色产业基地，长江三峡国际黄金旅游带重要节点，渝鄂陕交界地区商贸物流集散地，临港物流基地、重要的旅游城市	20～50
巫山	小城市	重要的生态产品基地，特色产业基地，长江三峡国际黄金旅游带重要节点，重要的生态旅游和文化旅游目的地，全国生态文明示范县	20～50
巫溪	小城市	重要的生态产品基地，秦巴山区旅游扶贫试验县和特色产业基地	20万人以下
城口	小城市	生态文明示范县，红色旅游和生态旅游基地，特色产业基地	20万人以下

（4）着力培育特色小城镇

按照控制数量、提高质量、绿色生态、体现特色的要求，加大扶持力度，创新发展机制，培育发展一批小城镇，促进小城镇绿色化、专业化、集约化和特色化发展。

一是中心城区周边的重点镇和中心镇，要加强与城市规划区的统筹规划、功能配套，有效分担城市功能，融入中心城区发展，逐步建设一批数字小镇、电商小镇、创客小镇和特色产业小镇。

二是处于交通节点和具有特色资源的小镇，要通过规划引导、市场运作，培育成为文化旅游、商贸物流、资源加工、交通枢纽、边贸经济等专业特色镇，成为连接城乡、聚集产业、承接人口的新载体。

三是处于生态功能区的乡镇，要加大生态保护力度，着力发展生态型产业，培育文化古镇、避暑小镇、养生小镇，完善基础设施和公共服务，发展成为服务农村、带动周边的生态型小镇。

4. 培育“一带两轴”城镇发展轴带

（1）打造沿江城镇密集带

依托长江黄金水道及银百高速、规划中的郑万高铁和沪蓉沿江高铁等交通网络，培育沿江城镇密集轴带，打造成渝城市群向东开放的走廊。

一是充分发挥万州的辐射带动作用，促进丰都、忠县、云阳、奉节、巫山等节点城市发展，向上承接重庆都市圈辐射，向下融入长江中游城市群，增强“承上启下、左传右递”功能。

二是充分发挥万州新田港、丰都水天坪港、忠县新生港、奉节夔门港优势，统筹推进岸线开发和港口建设，强化沿线产业园区支撑作用，打造临港产业、特色产业和现代物流基地。

三是坚持生态优先、绿色发展，严守生态红线，强化沿江生态保护和修复，统筹沿线环境综合治理，打造沿江绿色生态廊道。

（2）培育“垫—梁—万—开”城镇发展轴

依托渝万城际铁路、沪蓉高速以及规划推进中的渝西高铁等综合运输通道，加快培育垫梁万开城镇发展轴，成为重庆都市圈外溢功能的拓展轴。

一是推动梁平—垫江—长寿一体化发展，积极承接重庆都市圈外溢功能沿轴带疏解，以都市圈辐射带动梁平、垫江、万州、开州等沿线城市加快发展，打造重庆都市圈外溢功能承接轴带。二是加快沿线铁路、高速公路和交通枢纽建设，促进基础设施互联互通，构筑发达的基础设施复合廊道。三是推动轴带绿色产业发展，积极承接重庆都市圈产业转移，强化产业分工协作，加快培育特色产业基地。按照国家农产品主产区发展要求，强化农业基础支撑，重点发展特色效益农业，增强农业综合生产能力。

（3）培育“巫—巫—城”特色城镇发展轴

依托规划中的安张铁路、两巫高速、巫开云高速，超前谋划城巫高速，加快培育巫山、巫溪、城口特色城镇发展轴。

一是围绕秦巴集中连片特困地区、国家重点生态功能区建设要求，坚持以优化城镇布局促进人口集中，以产业布局优化人口结构，以生态保护推动高质量城镇化，加快打造绿色城镇。

二是加快完善旅游线路组织，深化与鄂西地区、神农架地区及陕西安康地区的旅游商贸、产业布局、扶贫开发、基础设施等领域合作，打造高山休闲旅游带、高山特色生态农产品供给带。

三是着力增强生态产品供给能力，发展特色效益农业，发展生态经济、旅游经济、道口经济和站点经济等资源环境可承载的特色产业。

（三）优化调整产业体系，促进产业分工协作

城镇群的形成和快速发展，离不开专业化的产业分工和高级化的产业结构。渝东北片区特殊的地形地貌、脆弱的生态系统，导致在产业的选择和布局上，要按照产业生态化、生态产业化的思路，在限制发展污染大、能耗高的大工业基础上，重点突出以旅游、物流、商务、康养等产业为主体的现代服务业，加快发展以绿色化、清洁化为特征的绿色制造业，提升发展现代农村产业。在优化产业布局的前提下，推动优势特色产业集聚发展，促进产业协同发展、互补错位发展，夯实渝东北城镇群产业基础。

1. 加快发展现代服务业

现代服务业是城镇群发展的重要支撑，也是优化区域产业结构、提升综合实力、完善综合服务功能的客观要求。渝东北片区服务业发展总量不大、结构不优、支撑作用不强等问题依然较为突出。因此，要围绕渝东北城镇群实际需要，以旅游、物流两大服务业为重点，同步发展商贸、金融、研发、中介等服务业，进一步强化服务业对城镇群发展的支撑能力。

（1）提质发展旅游业

旅游业具有资源消耗低、环境污染小、产业关联广、带动效应强等特点，是“生态产业化”发展的重要产业选择和连接城乡的重要纽带，有利于将自然生态优势转化为经济效益，有利于带动旅游资源富集的贫困乡村、地区发展和人民增收。渝东北城镇群自然文化旅游资源丰富，具有发展旅游业的比较优势。应按照全域旅游的发展思路，依托长江水道、渝万高铁、沿江高铁、渝西高铁等重要交通干线，加快城镇群内外的旅游资源整合和区域协作，积极拓展“旅游＋”，构建横跨秦巴、穿越三峡、贯通平原与盆地、串联黄河与长江的多自然风貌多人文风情的世界级旅游经济廊道。

一是推动长江三峡自然景观带与秦巴山生态人文景观带融合联动发展。以“奉节—巫山—巫溪”长江三峡旅游金三角为重点区域，携手四川、湖北长江沿线城市，高品质共建长江三峡黄金旅游经济带。充分挖掘秦巴山区优美的生态资源、丰富的秦汉人文历史资源，与四川、陕西邻近地区共建秦巴山生态人文旅游长廊，重点发展山景生态观光、文化体验、休闲康养、自

然人文科考等业态，构建世界级旅游经济廊道。

二是推动长江和黄河两大流域文化旅游互促共荣。依托渝西高铁，将长江流域的巴渝文化、渔猎文化、农耕文化和黄河流域的秦文化、游牧文化连接起来，强化与重庆、西安两大文明古都的旅游联动，推动秦巴古道—秦蜀古道申报世界自然与文化遗产。跨行政区与陕西安康、柞水等城市，联合深度开发秦巴红色文化根据地，共同建设华夏古文化重要承载区。

三是强化与周边三大都市圈的旅游联动。重视大城市的旅游带动，积极对接和深入开发重庆都市圈、西安、武汉三大核心城市的客源市场，提升 11 区县城区、重点场镇的生态与人文品质，加大历史文化名镇及传统村落保护性开发力度，做优做精具有三峡及山地特色的都市文化旅游、都市休闲旅游。

四是优化旅游产品和服务供给。强化精品景区景点和精品旅游线路打造，推动现有景区提档升级的基础上，集中力量建设一批富有吸引力的景区景点。以“人性化、品质化、智慧化”为导向，提升旅游服务接待能力。强化旅游集散中心、“一站式”旅游综合服务平台、旅游信息大数据中心和智能化监管平台建设等载体建设。完善旅游交通、旅游公厕、餐宿娱乐等设施，积极发展旅游电子商务。

（2）大力发展临港物流

遵循临港经济发展及其空间演变的一般规律，依托长江黄金水道，围绕港口、机场、交通轴线等载体平台，加快发展临港物流业，打造“一枢纽三中心多节点”临港物流发展格局，如表 2 – 13 所示。

一是打造万州临港物流枢纽。充分发挥万州新田港和五桥机场节点作用，加快水港和空港集疏运网络体系建设，大力发展铁公水空多式联运。争取设立综合保税区（水港和空港保税区），推动设立大宗商品交易中心，建设国际物流中心、国际采购中心、国际物流分拨中心，打造立足渝东北、面向长江经济带、辐射陕西和四川等内陆地区的临港物流中心，成为渝东北临港物流枢纽。

二是打造三大临港物流中心。依托丰都水天坪港、忠县新生港、奉节夔门港三大港区，围绕周边区域产业发展需求，通过完善服务设施、强化服务功能，逐步增强辐射集聚能力和服务水平，建设生态化、集约化现代化区域性港口，打造丰都、忠县、奉节三大临港物流中心。

三是打造临港物流节点。围绕民生物流、商贸物流、农产品物流、快递物流、应急物流等需求，加快建设梁平、垫江、开州、云阳、巫山、巫溪、城口等区县现代物流园区，布局临港物流运输、中转、装卸、仓储、包装、流通加工、配送、公铁水空联运、金融等专业性临港物流中心，打造连接陕南、川东、鄂西等地重要的区域性节点。

四是推动临港物流智能化发展。推动万州、梁平、奉节等地率先打造智慧物流园区和专业市场，开展智慧物流试点。建立渝东北片区物流信息感知网络，加强无线射频识别、多维条码、卫星定位等技术的应用。推动临港物流数据开放，建设渝东北片区物流云、仓储云、供应链管理云等智能服务系统。

五是强化物流合作联动。推进渝东北物流园区、网络、平台等与重庆都市圈重点物流基地的业务对接，促进与空港、团结村、果园港、寸滩港等重点物流枢纽的有机联动。加快融入“一带一路”、长江经济带和成渝城市群等大区域物流网络体系。强化渝东北城镇群内部物流通道、物流园区等基础设施的共建共享，共同对接国家级和市级重大物流项目。

表 2－13　“一枢纽三中心多节点”临港物流格局

节点位置	发展定位	主要载体	主要功能	运输结构
万州临港物流枢纽	立足渝东北、面向长江经济带、辐射陕西和四川等内陆地区的临港物流枢纽	万州新田港、万州五桥机场	保税、商贸、临港金融、临港会展、服务贸易等	以集装箱、大宗散货等运输为主
丰都临港物流中心	服务渝东北地区生态工业集聚发展的物流中心；辐射川东北、鄂西等地区	丰都水天坪港	仓储、物流、交易、物流配送等	以集装箱、件杂货、畜牧滚装等运输为主
忠县临港物流中心	服务渝东北地区产业集群化发展的重要载体，辐射川东北、鄂西等地区	忠县新生港	仓储、物流、展示、交易等	以大宗散货、集装箱、件杂货、汽车滚装等运输为主
奉节临港物流中心	服务周边地区物资集散中心，辐射陕南、鄂西南等地区	奉节夔门港	仓储、物流、交易、中转、物流配送等	以大宗散货、件杂货等运输为主

续表

节点位置	发展定位	主要载体	主要功能	运输结构
物流节点	梁平、垫江、开州、云阳、巫山、巫溪、城口；立足当地，辐射周边的区域性物流节点	各区县物流园区、大型交易市场等	仓储、物流、交易、物流配送等	以制造业物流、农产品物流、快递物流、商贸物流和应急特殊物流为主

（3）积极发展其他服务业

加快发展商贸、金融、康养、研发、中介服务等其他服务业，不断提升渝东北城镇群综合服务功能、要素聚集功能和辐射带动作用。

一是发展特色商贸业。围绕渝东北片区及周边城乡居民消费升级需求，加快完善各区县城区核心商圈、社区商圈、特色商业街和重点乡镇商业中心区商贸服务功能，优化城乡商业网点布局，构建符合渝东北片区实际消费需求的现代商贸服务体系。推动中心城区核心商圈提档升级，优化布局集购物体验、商务休闲、娱乐康体等功能于一体的"体验式"商业综合体。提升电子商务业发展水平，推动农村电子商务加快发展，完善城市工业品下乡、农村农产品进城的农村商贸流通服务体系。

二是发展金融服务业。围绕渝东北片区生产生活对金融服务的需求，鼓励和支持银行、证券、保险等主流金融机构落户，进一步扩大主流金融业规模。积极培育惠民金融、融资担保、金融租赁、金融外包、融资中介等新型金融业态，提升金融服务水平，构建适应城乡经济和社会发展的多层次金融市场组织体系和多样化的金融服务体系。推动金融网点向乡镇延伸布局。结合自身需求，发展保险业和风险投资基金，争取利用保险资金和风险投资资金。

三是加快发展康养产业。依托瀑布、温泉、高山、森林等生态资源优势，围绕"医药养食游"等重点领域，推动医疗、文化、旅游、体育等多业态融合发展，构建全方位、全周期康养产业链。发展森林沐浴、登山览胜、天然氧吧、温泉养心、竹林疗养等健康养生产品。开发山地运动、野外探险、户外露营、攀岩等户外运动康体养生产品。发展健康养老、中医保健、远程管理、健康旅游、健康教育等，打造"医教研养康"五位一体的康养服务产业基地。

四是着力培育发展科技服务、中介服务、法律服务、信息服务等业态，逐步完善结构合理、特色鲜明、支撑有力、竞争力强的现代服务业体系。

2. 加快发展绿色制造业

围绕产业生态化，做好传统产业“减法”和新兴产业“加法”，推动优势渝东北城镇群特色产业制造向智能化转型、产品向品牌化转型、结构向高端化转型、过程向绿色化转型，打造现代生态工业基地。

（1）大力发展智能装备制造

一是围绕传统制造业改造升级和新兴产业智能制造需求，依托现有船舶、铸钢和相关零部件等制造基础，以绿色化、智能化为主要方向，改造提升产业发展水平，向上、向下纵向延伸产业链，横向整合与拓展相关产业，突出发展系列化锻压设备、船舶配套及特种船舶、节能设备、能源装备、电气设备等，引进和培育智能机床等智能制造装备生产企业。

二是聚焦感知、控制、检测、物流等关键环节，参与全市智能传感与控制装备、智能检测与装配装备、智能物流与仓储装备的研发和引进。

三是鼓励企业应用3D快速成型技术、激光加工技术、虚拟制造技术、微机电系统（MEMS）技术、微纳米加工技术、网络化协同设计及制造技术、基于物联网的远程运维等先进制造工艺技术，提高制造水平。

（2）发展智能网联汽车

围绕全市汽车发展方向，以万州、忠县、垫江、开州、云阳、丰都等为重点，推动面上发展汽车配套加工、点上发展整车制造。

一是加大招商引资，积极引进乘用车、商用车、改装车及新能源汽车整车制造和研发企业。以整车带动新能源汽车“大三电小六电”（电池、电机、电控；电空调、电制动、电动辅助转向、充电器、DC/DC、远程监控系统）的配套发展，大力发展新能源智能网联整车、高比能低成本动力电池及系统、一体化驱动电机系统、高性能轻量化底盘、高效混合动力系统、怠速启停等核心产品。

二是积极鼓励车企建设网联平台，追踪采集产品使用信息，大数据引领支撑产品改进和服务提升。深度参与国家智能汽车测试和评价体系建设，有序推动道路交通系统智能化改造升级，积极推进智能网联汽车示范运行，推动智能网联汽车应用发展。

（3）发展绿色光电产业

一是以万州经开区和梁平、丰都、奉节、垫江、云阳等为重点，依托大全、雷士照明、三雄极光、恩林电器、平伟实业等企业，引入 LED 外延片、LED 芯片、LED 封装、智能灯具及开关等关键节点项目。

二是坚持纵向整合发展模式，以芯片封装为核点，向上向下延伸产业链，做大做强现有企业，引进国内外龙头企业，形成光源、切片、芯片、封装、灯具、灯管等完整产业链，打造西部绿色光电产业基地。

（4）发展绿色消费品工业

依托渝东北及三峡库区生物资源和农副产品多样化以及粮食进出口口岸与周边市场优势，加快发展特色食品、休闲食品和调味品，畜/禽/鱼类冷鲜制品及低温制品、调理肉制品、熟肉制品、速冻小包装等肉制品，菜籽、花椒、油橄榄、茶树籽、油牡丹等特色食用油资源精炼加工制品，免淘米、营养强化米、包装速煮米等米面加工产品。发展生活用纸、信息用纸等中高档纸制品，生态塑料，钟表，眼镜，五金，绿色家居，发展功能性纺织品，产业用纺织品及品牌服装制造等。

（5）培育发展新兴产业

一是充分发挥万州国家高技术产业开发区的要素集聚平台和辐射带动作用，瞄准国家和全市科技创新趋势，依托渝东北片区各区县产业园区，加强分工协作，联合打造一批创新性园区和新兴产业基地，加快培育电子核心部件、新材料、物联网、生物医药等新兴产业。

二是围绕全市“芯屏器核网”全产业链构建，加快引进轻便小巧的智能硬件零配件生产加工企业，为全市智能产业发展配套。

三是立足渝东北片区及周边中药材，培育壮大本地医药企业，引进国内外先进医药企业，大力发展中药饮片、中成药、保健药品等现代中药，逐步向化妆品、保健品等健康产品过渡和拓展。

（6）优化产业空间布局

发挥渝东北城镇群现有产业基础优势，按照梯度分工、优势互补的原则，强化区域集聚效应，构建多点支撑、错位发展、相互支撑的产业空间格局。

一是着力推动万州经济技术开发区产业向高端化、智能化、品牌化发展，打造引领渝东北城镇群产业绿色化转型发展的龙头。

二是以万州经开区为核心载体，进一步深化万州、开州、云阳产业园区协同发展，打造“三峡经开区”。

三是加快优化梁平、垫江、丰都、忠县、奉节、巫山、巫溪、城口等工业园区产业布局，重点推动传统工业向生态工业转型，提升现有产业清洁环保生产水平，打造低碳循环、节能环保型产业园区。

各区县重点产业及发展方向如表 2 – 14 所示。

表 2 – 14　各区县重点产业及发展方向

园区	重点产业	发展方向
万州经开区	电子制造，装备制造，汽车制造，医药食品，材料	铜材，商用汽车、新能源汽车，LED 器件、芯片封装，铜材、半导体稀材，智能锻压设备、舰船特种设备
开州园区	纺织服装，现代家居，汽车制造，医药食品，材料	新型建材，智能家居、化妆品、纺织服装，汽车零部件
梁平园区	电子制造，材料，农副食品，装备制造	集成电路，不锈钢制品，生态塑料，食品
垫江园区	汽车制造，电子制造，医药，农副食品，材料	汽车零部件，钟表及精密加工、智能穿戴，铜再生利用，食品加工
云阳园区	纺织服装，农副食品，现代家居，汽车制造	新能源汽车、建筑材料、复合材料，大数据
丰都园区	农副食品，材料，特色轻工，医药	水泥及制品，造纸及纸制品，建材，医疗器械
忠县园区	医药，汽车制造，材料，农副食品	化学药品及原料药，智能制造装备，新能源汽车，建筑材料、新能源材料
奉节园区	特色轻工，医药食品，材料	眼镜，环保建材及纳米材料，中药材加工，绿色食品
城口园区	材料，农副食品，特色轻工	中药材加工，绿色食品，金属材料、新型建筑材料
巫山园区	农副食品，纺织服装，材料	鞋服制造，中药材加工，新型建筑材料
巫溪园区	材料，农副食品，特色轻工	绿色食品、服装，建筑材料，中药材加工

3. 提升发展现代农村产业

农业是典型的生态型产业和贫困人口的生计渠道。随着人民生活水平的提高，高品质的生态有机农产品消费需求持续增长，市场空间持续扩张。渝东北城镇群生态环境和山水资源良好，具备山地生态特色效益农业的基础条件和优势。应该以“绿水青山就是金山银山”理念为指引，以资源环境承载力为基准，围绕满足城乡居民不断升级的农产品消费需求，构建种养殖—加工—销售、研发等服务互相促进的全产业链，推进山地特色效益农业提质增效，强化绿色优质农产品供给。

（1）建立现代农业产业体系

一是持续壮大柑橘、渔业、畜牧、粮油蔬菜、中药材五大特色优势农业。加快建设万州、忠县、开县、丰都、云阳、奉节、巫山七大柑橘产业基地，梁平、垫江、丰都三大名柚基地，增加种植面积，优化柑橘品种结构，打造长江流域特色柑橘种植区。依托库区长江干支流、湖泊等丰富水域资源，发展保水型渔业①和特色渔业，抓好鱼类特色餐饮开发，建设一批休闲垂钓基地。依托丰富的林地草地资源，充分利用国家新一轮退耕还林还草政策，大力发展丰都、梁平的肉牛，忠县、开州的肉兔，云阳、巫溪的肉羊，城口山地鸡等特色畜牧业。以国家农产品主产县垫江、梁平、丰都、忠县、开州为重点区县，大力发展高粱、糯玉米、高淀粉薯类等高效特色粮食作物和高山有机蔬菜。深度开发秦巴山中药材资源，以城口、巫山、巫溪、奉节等区县为重点区域，大力建设川党参、天麻、木香等药材繁育和种植基地。在三峡库区和秦巴山高海拔区域，因地制宜发展李、梨、蓝莓等生态林果。

二是积极发展农产品深加工和农业生产性服务业。依托丰富农产品，积极发展果汁饮料、罐头、榨菜加工、休闲食品、中药材冲剂含片等农产品精深加工。加快农产品、农业生产资料专业市场建设，大力发展农村电子商务，推动电商小镇、村级综合服务站点建设，鼓励开展生鲜农产品“基地+社区直供”电子商务模式。加大农业科技研发投入力度，强化良种育种、生态化种植养殖、生物农药、耕地土壤污染治理技术等农业技术研发。

---

① 保水型渔业是指以保护水环境为目的，选择适当鱼类进行人工鼓养的一种渔业生产方式。

（2）强化科技和质量兴农

一是深入推进藏粮于技、科技兴农，大力发展机械化农业和智慧农业。加快山地农业宜机化整治，重点在梁平、垫江、丰都北部、忠县长江沿岸等相对平坦区域推进高标准农田建设，因地制宜将各种异形土块改造成适应全程机械化作业的大土块。大力发展智慧农业，降低不良自然气候、病虫灾害对农业生产的负面影响。加快搭建智慧大棚，深化田间感应设备、控制设备和生产 ERP 管理系统应用。综合利用卫星遥感、无人机、物联网、云计算等现代信息技术和设施设备，建设天空地一体化智慧农业监测体系。

二是全力推进质量兴农，推进农业绿色化生产、农产品质量安全管理。强化农产品生产源头管控，推进产地环境污染治理修复，控制化肥、农药使用量，推广生物农药、农业废弃物资源化利用和节水农业设施。严格把控农产品质量，推进农产品质量安全追溯智能化，健全“区—镇—村”三级农产品质量安全监管体系，实现农产品从生产、流通到消费的全流程质量监管追溯。以品牌建设实现高质量农产品的高价值，加强“三品一标”认证和监管，培育壮大“奉节脐橙”“开味开州”等区县农产品的区域公共品牌，在此基础上，探索建立城镇群“三峡牌”绿色、有机优势农产品区域统一品牌，制定三峡柑橘、茶叶等“三峡”系列农产品地方标准，规范产前、产中、产后各个环节，联合宣传推介大区域品牌。

（3）强化农业发展载体建设

按照国家推进农村第一、第二、第三产业融合发展和“五区一园四平台”的建设要求，对标强化农业高质量发展载体。

一是强化农业园区建设。加快万州国家农业公园建设步伐，大力推进园区基础设施、特色产业基地、乡村旅游景点建设，加快完善农业公园农业生产、休闲旅游等综合功能。高标准推进忠县国家现代农业示范区、忠县和丰都国家农业科技园区等国家级园区建设，推动万州、垫江等其他区县市级农业园区提档升级成国家级，鼓励支持区县积极创建国家现代农业示范区。

二是打造一批山地田园综合体。通过现有园区升级或新建方式，在各区县因地制宜打造一批集“吃、住、行、娱、购、乐”为一体的“园区景区化、景区田园化、景园一体化”的小康田园示范综合体，鼓励区县结合自身发展实际探索农业主题公园等新型产品业态。推进园区、产业基地、田园综合体等载体平台向绿色生态、循环化方向提升。

（四）优化公共服务布局，统筹公共服务供给

新时期，随着交通、信息技术变革加快，互联网、大数据、物联网等正在优化重构空间物理连接形态，这将深刻影响城镇群内部公共服务的供给方式与重大设施的布局。着眼未来，提升渝东北城镇群公共服务供给水平，必须坚持区域紧密联动、功能协同互补、相对集中布局、集约覆盖辐射、城乡融合一体，着力优化区域性重大公共服务设施布局，加快形成与城镇群发展需求、与人口集聚趋势相匹配的公共服务供给保障体系，提升城镇群公共服务联动供给水平，促进城乡基本公共服务均等化。

优化片区重大公共设施协同布局。以功能定位、有机联动、区域协作为导向，依循渝东北城镇群三大片区有差异且高度联动的发展格局，按照“布局一域服务全局”的思路，推动重大功能性公共服务设施协同布局。

一是根据功能定位、辐射距离、承载能力，统筹推进城镇群各片区防灾减灾、应急救援、生态治理、能源供给、信息网络、旅游集散等重大公共服务设施平台布局，在万州、奉节统筹布局区域性应急救援中心和应急物资储备中心，在城口、巫溪、巫山统筹布局生态治理基地，推进梁平能源供给保障基地建设，在万州、巫山布局区域性旅游集散中心。

二是根据人口集聚度、交通便利性、市场需求度，在关键节点城市适时推进一批高等级综合性医院、复合型特色文体活动场馆、区域性职业技能培训基地建设，利用生物多样性尤其是生物性药材资源丰富的优势，加快筹建长江三峡中医药大学。

三是加快推进片区公共服务同城化，率先在“万、开、云、梁”推动实施义务教育、就业服务、社会保障、基本医疗、住房保障等同城化，着力完善基本公共服务财政共建共担协作机制。

（五）强化区域合作开放，提升内陆开放水平

积极对接“一带一路”倡议、长江经济带发展和西部大开发等战略部署，构筑区域开放合作新格局，是增强渝东北城镇群发展活力的关键举措。随着高铁、水运、高速公路等网络化格局加快形成，渝东北对外开放大通道的基础支撑更加全面，承接国家级、市级重大平台功能的有利条件持续增多，以城镇群为目标创新区域协同发展机制的紧迫性也愈加突出。

1. 依托大通道有序构建对外开放新格局

一是加强与现代化都市圈联系，优先推行交通同城化。主动对接重庆现代化都市圈，深度融入成渝城市群整体发展，优先推进交通同城化体系建设。有序加密成渝万客专班列，论证成渝万客专班列月票制、周票制等公交化运行方案，全力打造人员流动便捷化公交化同城化交通网络。对接渝万高铁建设步伐，前瞻性做好各区县公交接驳系统。统筹规划设计，率先研究制定万—开—梁—云、垫—丰—忠片区与主城客运班车集约高效公交化换乘方案。论证研究城际铁路、县级班列、城市公交三种运输方式“一卡通”无障碍换乘方案。

二是加强与长江中游城市群对接联动，突出多式联运协作。依托长江黄金水道、沿江高铁、郑万高铁等，加强与长江中游城市群对接联动，率先与宜昌市在多式联大物流体系构建领域开展合作，深化长江三峡黄金旅游带市场一体化建设。

三是深化与川东北区域合作，创新川渝合作新示范。重点瞄准能源开发、产业扶贫、片区交通等领域，积极推动开州、梁平、城口与达州下辖区县开展多层面合作。

四是促进与陕南城镇群、关中平原城市群互联互通，开启渝陕合作新篇章。借力渝西高铁大通道建设，加快推进长江三峡黄金旅游带与秦文化人文景观带有机联动建设，渝陕合作联合谋划、加快推进世界级生态人文景观带建设。

2. 对接大平台提升区域平台开发新功能

一是巩固提升现有重大平台开发开放功能。全面对接两江新区、重庆自贸区建设、中新（重庆）战略性互联互通示范项目合作，争取各类型机构平台在渝东北设立办事处分支机构，引导各种创新试点功能和政策机遇向渝东北延伸，加快提升万州国家级经开区、万州综合保税区以及其他各类园区、口岸、港口、机场等开发开放功能。优先对接长江经济带建设和长江黄金水道开发，有序提升片区重点港口口岸开放功能，重点提升大物流集散服务功能。谋划推进构建以经开区、高新区、自主创新示范区为主体的发展平台体系，加快推动市级平台升级，积极争创国家级平台，推进“一区多园”“一园多区”等多点布局、跨区协作，让三峡库区各区、县、园区共享开发开放政策红利。

二是新增布局一批新型开发开放平台。深入对接“一带一路”倡议、长江经济带发展、新时代西部大开发新格局等重大战略实施，以西部陆海大通道建设、长江黄金水道开发、区域交通互联互通为契机，加快推进完善区域内重要港口、高铁站点、航空枢纽系统功能配套。以临港经济、临空经济、高铁站点经济等新兴经济形态建设为抓手，围绕“两化”协同发展，加快集聚生态环保产业，围绕重要水生态屏障建设和新型生态环保产业发展谋划建设“两化”创新产业发展试点平台，更好推动该片区产业生态化、生态产业化发展。

3. 营造大环境完善区域协同发展新机制

（1）创新招商引资协同机制

以协同招商、良性竞争、共享发展为导向完善招商引资机制，促进产业整体高效协作。

一是规范优化片区招商政策，严格财政支出型优惠政策，避免政策比价式恶性竞争。

二是深化片区联合招商，以任务共担、指标共享、税收分成为导向完善片区招商考核机制。三是推动园区联合招商，筹划建立园区协同招商联合会，加强片区内园区用地指标、环境指标统筹调度。

（2）加快完善市场一体化机制

以资金、劳动力、执法等一体化为导向，加快促进区域市场一体化发展。

一是成立渝东北城市群一体化发展基金，加快促进城市群共享性基础性建设事项落实。

二是促进片区劳动力自由流动，消除就业、医疗、教育、住房保障等公共服务户籍差异。

三是加强市场秩序协同监管，加强质监、工商、安监、公安等联合执法。

(3) 完善跨区交通合作机制

以一体化、集团化、开放型为创新导向，加快完善跨区交通运输合作机制，以交通增效助推城镇群建设提速。

一是组建渝东北三峡库区航运集团，以万州港为龙头，联合沿江多个港口，统筹利用航运资源，强化铁水联运，提高对外运输协作效率。

二是组建渝东北城镇群跨区公交运输集团，以各区县公交运输主体为股东，专门负责跨行政区的公交线路运营。

三是强化交通基础设施规划对接机制，加快破除断头路、宽窄路等障碍。

(4) 完善开放合作政策协调机制

立足渝东北城镇群相近的资源开发禀赋和相似的开放合作区位，加快构建区域一体、协调有力的开放合作政策体系。

一是定期联合举办渝东北三峡库区开放合作高端论坛，建立开放性前瞻性的区域政策磋商交流平台。

二是建立完善多层级协商联席会议，在市级层面成立渝东北城镇群发展领导小组，建立健全市级统筹、区县对接、分级运作、统分结合的协商合作机制。

(六) 推进生态环境共治，夯实绿色发展底本

良好的生态环境是人类赖以生存发展的基础，否则，人类正常生产、生活无以为继，城镇群建设更无从谈起。渝东北城镇群是长江上游的重要生态屏障，在全国发展中具有重要的生态地位。必须坚持“绿水青山就是金山银山”的发展理念，把生态建设和环境保护作为城镇群建设的前提，全力建设长江上游重要生态屏障，筑牢维护生态安全的“绿色长城”，持续筑牢城镇群建设的生态安全屏障和生态优势，积蓄绿色发展势能。

1. 共同构筑生态安全格局

坚持区域一体化建设，推动城镇群内外生态建设联动，共同推进重点生

态功能区建设，筑牢城镇群发展的生态安全屏障。

一是共建“一廊三屏多带多点”生态安全网络格局。全面落实主体功能区战略，严格遵守生态保护红线，严格控制重点生态功能区、生态敏感区的开发强度与规模，引导生态脆弱地区人口、企业有序迁移，降低生态压力。加快划定城市周边永久基本农田，严控城市无序扩张。着力构建以长江干流及小江、梅溪河、大宁河等重要支流为主体的城镇群水系生态廊道，依托大巴山、巫山、七曜山等山体及周边自然丘陵，构建城镇群山地生态屏障。加强江河、三峡库区防护林带和铁路、高速公路等交通沿线绿化带建设。强化国家和市级自然保护区、地质公园、森林公园、湿地公园等管控和保护，建设好城镇群生态节点。加强城市群区县间生态廊道、绿道衔接，强化与周边四川、湖北、陕西三省周边重要生态区保护建设的联动，强化跨区域生态保护红线的衔接与协调。

二是强化生态保护修复和提升生物多样性。坚持保护优先、自然恢复为主，联合推进重点区域和重要生态系统保护与修复，全面提升自然生态系统稳定性和生态服务功能。加强长江干支流、库区及重点水源涵养区、重点湖泊等水生态环境修复，严禁围垦河湖水域，保护城市周边天然湿地。以库周绿化带和水源涵养林为重点，巩固已有的退耕还林成果，大力实施新一轮退耕还林、山育林、公益林建设等重大森林生态修复工程，探索PPP模式开展森林资源培育，加强石漠化和水土流失治理，不断增强森林生态防护功能。实施珍稀濒危野生动植物拯救保护和野生动植物就地保护及迁地保护，构建生物多样性保护网络，全面维护区域生态系统稳定性和生态服务功能。

三是扩大生态产品供给。加快完善城乡绿道、休闲公园、郊野公园等城乡生态基础设施。加大风景名胜区、森林公园、湿地公园等保护力度，适度开发公众休闲、旅游观光、生态康养等生态服务和产品，提升生态公共空间的服务能力。

2. 推进生态环境共同治理

强化生态环境联防联治，推动城镇群生态环境协同共治、源头防治。

一是加强污染联防联治。全面加强污水、废气、土壤污染、固体废物等联合治理。强化城镇间环卫设施的建设和互联互通。建立长江上下游之间的水环境监测和水污染防治对接机制，全面推行河长制、湖长制，对江河湖库实施分流域、分单元、分阶段科学治理。以劣V类水体为重点，系统推进水污染防治。加快实施内河航道能源清洁化工程，统筹实施次级河流沿线农村环境综合治理工程，推进三峡库区消落区生态环境综合整治。全面加强重点区域、重点行业的粉尘、扬尘等空气污染物排放的协同控制。以重点工矿区、污灌农田等被污染地块和饮用水水源地土壤环境为重点，开展土壤污染治理与修复。加大对危险废物非法倾倒的打击力度。

二是在“产业生态化、生态产业化”中探索生态保护新渠道新机制。利用绿色技术改造传统工业，积极培育资源消耗小、环境污染少的产业。建立渝东北城镇群产业生态化发展评价指标体系，探索生态发展权与生态产业发展绩效挂钩改革试点，强化评估和考核。将生态环境资源作为特殊资本来运营，强化保护培育和有序产业化开发，实现保值增值。

三是建立完善生态环境协同共治机制。加快生态环境监测网络一体化建设，协商建立城镇群内流域水污染、大气污染、土壤污染等污染预警应急及联防联控信息网络和联合防治对接机制。实施环境监管执法联动，统一执法标准，建立健全跨行政区的环境治理跟踪机制、协商机制和仲裁机制等，加强联合监管和纠纷调解工作。按照“谁开发谁保护、谁受益谁补偿”的原则，探索建立完善财政资金补偿和市场化补偿相结合的多元化生态补偿机制，探索跨区域水权转让、碳排放权交易试点，建立自然资源确权登记体系。

3. 倡导绿色生产生活方式

加快构建绿色循环的生产生活方式，推进资源节约集约循环利用。

一是推进城市绿色低碳发展。加强城市自然山水格局保护和公园、绿道等生态空间建设，构建层次分明、疏密有致的天际线、山际线、水际线。强化森林城市、节水城市、海绵城市等新型绿色城市建设，发展绿色能源，全面推进绿色建筑、绿色交通体系建设。逐步推行城市垃圾分类回收处理，加快形成跨区域再生资源回收网络。统筹规划地下地上空间开发，推进城市地下综合管廊建设。

二是发展低碳循环经济。以万州国家级经开区和区县产业园区循环化改造和生态化升级为核心抓手，打造企业间、园区间资源循环利用产业链，鼓励万州经开区创建国家级循环化改造示范园区，推进循环经济发展。全面落实环保“三同时”制度，严格执行产业禁投清单，强化清洁生产，淘汰落后产能和污染企业，加强污染源在线监测监控。完善再生资源回收、加工和利用体系，推进产业废弃物循环利用。

三是倡导节能绿色消费。引导全社会形成勤俭节约、绿色低碳、文明健康的消费理念和生活方式，推进低碳社区、低碳家庭建设。健全生产者责任延伸制，引导企业对产品进行可回收包装。鼓励市民选择公共交通、步行等绿色出行方式，对消费者购买低能耗家用电器产品、节能环保汽车等绿色消费行为给予适当补贴。推广家庭废旧物回收利用，减少使用一次性产品。

（七）创新城镇化新机制，增强乡村振兴动力

培育和构建城镇群必须加快机制创新，不能重复过去城乡分离的老路，要坚持新型城镇化和乡村振兴双轮驱动，促进城乡资源要素双向流动，增强以城带乡的能力，特别是围绕城镇化的需求推动乡村产业振兴，提升城乡融合发展水平。

1. 加强中心城区和重点城镇建设，推进农业转移人口市民化

大力提升中心城区和重点城镇承接农业人口转移的基础支撑能力。首先是加大中心城区和重点城镇发展政策扶持。在交通、水电、通讯、污水处理等基础设施建设，全域旅游、文化创意、现代农业和健康养生养老体育等产业发展方面给予中心城区和重点城镇更多的资金投入、项目立项、政策优惠，为经济发达乡镇扩权赋能，健全城镇化建设投融资机制，带动社会资本参与城镇基础设施建设，做强一批重点城镇。其次是加快完善基础设施和公共服务设施建设。统筹规划、完善配套，加强城镇更新和二次开发，提高城镇用地开发水平，提高重点城镇道路网络连通性和可达性，加强综合交通枢纽布局、建设和运营衔接，大力发展公共交通，进一步完善基础设施。统筹安排教育、医疗、文化、社区服务及周边康体休闲和商业等设施，增强城镇公共服务能力。

推动相关政策和改革举措形成合力，加快农业转移人口市民化。一是深入推进户籍制度改革。围绕加快提高户籍人口城镇化率，推动户籍、住房等

相关政策和改革举措形成合力，大力推动有能力有意愿在城镇稳定就业和生活的农业转移人口和其他非户籍人口落户城镇，健全城镇建设用地增加规模同吸纳农业转移人口落户数量挂钩机制，实行居住证制度全覆盖，以居住证为载体为常住公民提供城镇基本公共服务及办事便利。二是建立完善库区生态移民新机制。推动生态移民、高山移民等农村人口向重点城镇转移集聚，进一步加大库区生态补偿力度，建立互惠互利的生态移民补偿机制，完善对库区生态移民、高山移民、易地搬迁的持续精准帮扶和跟踪服务机制，确保移民地区和广大移民群众在生态补偿中增加获得感。三是提升农村人口融入城镇的能力。加强农民工转移、回引就业创业信息动态监测，推进建设人力资源产业园，大力开展转移农村劳动力培训、职业技能培训、就业适应性培训、创业培训等服务。引导劳动力回流，推动劳动力在本地城镇就业创业，农业人口本地城镇化。

2. 分类推进特色小镇和乡村发展，加快美丽乡村示范建设

加强理念引导、规划制定和政策创新，推动形成一批功能聚合、产业兴旺、形态精致的特色小镇和宜居村庄。一是打造一批服务城乡的特色小镇。按照突出重点、差异发展、分类推进的原则，立足区域资源禀赋和基础条件，坚持生态文明理念，顺势而为、因势利导，重点打造一批定位明确、特色鲜明、功能集中、规模适度、专业化发展，人口承载功能较强的特色节点小镇。充分挖掘自然、人文、产业等特有元素，推进城镇特色化、公园化建设。二是分类推进乡村建设与发展。按照集聚提升、融入城镇、特色保护、搬迁撤并的思路，大力改造提升规模较大的中心村和人口集聚地，推进农村人居环境整治，积极培育田园综合体、建设现代农业科技园，加快发展现代农业、乡村工贸、休闲服务等专业化美丽宜居村庄。加快城乡基础设施互联互通、公共服务共建共享，推进郊区农村融入城镇，打造城市后花园，增强郊区服务城市发展、满足城市消费需求的能力。加强传统村落、少数民族村寨、特色景观旅游名村的保护发展，通过发展乡村旅游、特色产业合理利用村庄特色资源。加强对生存条件恶劣、生态环境脆弱、人口流失严重的村庄搬迁撤并，在尊重农民意愿的基础上依托适宜区域打造新型产业新村和集镇。

3. 加快推动城乡一体化发展，增强以城带乡的内在动力

完善城乡融合发展政策与制度设计，加快形成工农互促、城乡互补、融合发展的新型工农城乡关系。首先是强化以城带乡、以工促农。深化农村土地制度改革，扩大农业对外开放，优化农村农业投资环境，制定出台吸引工商资本投入乡村振兴的政策措施，加强农业招商引资，引导城镇资本、科技、智力要素更加深入、精准服务农业和农村发展，让农业产品、农村生态、自然资源更加优质、广泛服务城镇发展。以完善产权制度和要素市场化配置为重点，推进建立城乡融合发展的体制机制和政策体系，推动城乡要素自由流通、平等交换。其次是推动城乡公共服务一体化。加快城乡教育、医疗、养老制度化并轨。完善城乡教育公共服务体系，深化农村教育资源布局调整，推动城乡义务教育一体化发展。完善统筹城乡社保制度体系，加强各级医院服务能力建设，提升基层医疗卫生服务质量，缩小城乡居民就医差异。健全城乡养老服务体系，加快乡镇养老服务机构建设，出台各类资产收益支持养老的政策制度。

大力丰富乡村产业业态，强化城乡产业的共生互促发展。首先是以城镇消费需求为导向拉长乡村产业链。以城镇居民物质精神文化需求为导向，大力发展休闲农业与乡村旅游，做足全域旅游文章，加强农、林、牧、渔与旅游、教育、文化等产业对接，推进乡镇、村社全域旅游发展试点示范建设。推动开发三峡特色生态文化旅游小镇、山地户外运动基地、农业公园、森林游憩区、宗教旅游胜地、古村古道、矿区博览馆、旅游商贸集镇、旅游产业园等新产品、新业态，打造精品旅游线路，以消费经济促进农村发展，以城镇发展带动乡村振兴。其次是丰富完善商品流通体系促进城乡商贸对接。加快完善农产品生产、加工、储运、销售等流通体系，优化各类农产品市场布局，推进农产品产地初加工设施、主导产业产地冷藏设施建设，完善重点乡镇农产品加工园区、农产品交易市场、冷链物流中心、冻库储运基地等主要流通环节的市场载体布局，大力培育新型农业生产企业、协会、农产品储运加工、中介服务、农村电商、物流等多元化市场主体，促进农业生产与销售环节对接更加流畅。

八、政策建议

（一）加强组织领导保障

渝东北城镇群建设是一个系统性工程，需要加强顶层设计，建议在市级层面设立“渝东北三峡库区城镇群”建设领导小组，建立由市领导牵头召集的市级联席会议制度，统筹研究区域发展大事，强化统筹规划调整。重点围绕构建城镇群的重大支撑体系建设，加快调整区域的国土空间利用和城乡建设规划，制订三年行动计划和年度工作计划，协同推进上述领域重点任务落实。抓紧编制出台渝东北片区交通基础设施、生态环境保护、区域性物流枢纽、大旅游经济等专项规划。积极营造有利于城镇群建设的舆论环境，宣传构建渝东北三峡库区城镇群的重要意义和重大举措，增强公众对城镇群建设的认同感，引导各类市场主体积极参与城镇群建设。完善激励约束机制，督促各区县采取共同行动策略，确保城镇群建设持续稳定开展，推进渝东北三峡库区城镇群与主城现代都市圈有机互动。

（二）争取国家政策支持

一是积极争取国家三峡库区后扶政策、三峡库区相关对口支援政策在2020年到期后，继续延长10年，支持重庆发行三峡库区生态修复专项债。

二是积极争取国家支持，将渝东北三峡库区城镇群上升为国家级“产业生态化、生态产业化”特色示范区，探索新型城镇化发展新路径、新模式。

三是积极争取国家支持，完善对三峡库区各区县的生态横向转移补偿制度，探索生态移民政策创新。

四是积极争取国家内陆开放政策支持，争取新设国家级高新区，支持万州综合保税区建设，将万州航空和水运口岸升级为国家级开放口岸。

五是积极争取国家支持将国家三峡电网接入三峡水利地方电网，实现220千伏并网，降低渝东北片区企业用电成本。

（三）强化发展要素保障

1. 推动土地指标统筹利用

完善渝东北城镇群统一的建设用地市场，推进土地资源区域平衡调剂，预留弹性空间。完善城乡建设用地增减挂钩政策、建立健全城镇低效用地再开发激励约束机制，完善城镇群内低效和闲置土地退出机制。建设用地指标向产业基础好、人居环境优、城镇规模较大的小城镇倾斜。在不影响生态保护的前提下，结合渝东北城镇群发展的特殊地貌和未来需求，实施更加灵活合理的生态保护红线分级分类管控政策。对区域性旅游项目和生态型产业给予建设用地指标的优先考虑和适度倾斜。

2. 加大财税政策支持

积极推动国家支持渝东北城镇群实行库区减税免费政策。落实各级公共财政对城镇群建设的投入责任。建立财政投入城镇建设增长机制，推行财政投入项目管理制度，确保财政投入资金专项用于城镇建设项目。建立渝东北城镇群专项引导资金，城镇群内各区县按照各自财力增长实际，逐年增加城镇群专项引导资金。对文化旅游、生态产业等项目实施财政补贴支持政策，对生态环境保护实施奖励政策，积极争取国家对渝东北城镇群生态补偿的财政支持。对渝东北生态环境治理、文化旅游、特色农产品加工等产业发展，实施低税率和税收返还政策。

3. 强化金融政策保障

鼓励金融机构与渝东北各区县政府开展协作配合，培育绿色金融地方服务主体，把更多金融资源配置到库区经济社会发展的重点领域和薄弱环节，更好地满足库区乡村振兴多样化金融需求。引导金融机构加强对乡村振兴和库区生态屏障及安稳致富相关项目的中长期信贷支持。探索创新农村绿色金融产品和服务方式，鼓励新兴产业投资基金助力库区绿色产业发展。强化金融基础设施和金融服务一体化建设，建立统一的信息网络和服务平台，完善区域金融服务网络，实现存取款等金融服务同城化。

4. 加强人才支撑保障

按照渝东北片区产业和城市发展实际，制定更加优惠和便捷的高层次紧缺人才引进政策，对“生态产业化、产业生态化”急需人才实施免征个人所得税政策。整合人才引进管理服务资源，建设渝东北人力资源产业园和就业信息平台，引导培育集团化、规模化、品牌化的人力资源服务企业，建设专业适用性人才培养基地，完善人才教育培养制度。支持各类企业、机构通过市场机制从国内外引进各类优秀人才和团队。以项目为纽带，根据工作需要整合专业技术人才，实现人才智力资源的合理配置和动态使用。开展“渝东北卓越人才培养计划”，引进和培育复合型人才。

（四）深化重点领域改革

以人的城镇化为核心，以提升城镇综合承载力为关键，围绕创新城镇化投融资机制、完善农业转移人口市民化机制等，深化投融资、户籍、农村产权等重点领域系列配套改革，稳步提升人口本地城镇化水平。

1. 创新城镇化投融资机制

重点深化基础设施、公共服务等领域投融资创新，建立多元化可持续的城镇化投融资机制。

一是研究制订区域性城镇化投融资战略规划，编制城市基础设施建设规划和融资规划，针对不同项目设计差别化融资模式与偿债机制。

二是试点整合财政资金，探索建立城镇群一体化发展基金，深入推进区域 PPP 投融资改革，支持县城、小城镇、中心村公共服务联动建设。

三是出台鼓励支持民间资本参与城镇化建设的指导意见，以市政基础设施、棚户区改造、扶贫生态移民、石漠化治理等领域为突破口，拓宽社会融资渠道。

2. 完善户籍制度及落户配套政策

统筹考虑区域人口转移落户政策。

一是全面放开区县城城区和建制镇落户限制。有序推进租房或购房、就业或创业人口落户城镇，有序推动区域内的人口梯度转移。允许有合法稳定就业、合法稳定住所的非本市户籍人员迁入。

二是畅通农业转移人口市民化通道。探索失地农民、城边村农民、有条件农民三种农业转移人口市民化推进模式，有序稳妥促进农村居民进城落户，就业、住房、社保等政策向落户农民覆盖。

三是加大农业转移人口职业技能培训，将农业转移人口培训经费纳入财政预算，提高农业转移人口融入城镇能力。

3. 稳妥推动农村“三变”改革

围绕乡村振兴战略推进实施和农村经济发展需要，以“三变”改革为重点，加快完善农村产权制度，营造农业转移人口市民化的基础环境。

一是完成区域内的农村集体经济组织所有的资金、资产、资源“三资”清产核资、确权颁证工作，全面清理“空壳村”。

二是借鉴全市农村“三变”改革试点经验，稳妥开展农村集体资产的量化确权改革试点，探索集体直接经营、股份合作经营等多种具体的股份合作实现形式，激活集体资产资源，逐步壮大村集体经济。

三是稳妥推动农村产权流转。探索农村承包地的经营权资本化改革，让农业转移人口按股享受收益。鼓励土地承包经营权规范地向专业大户、家庭农场、农民合作社、农业企业等新型经营主体流转。

附录2-1 国内外城市（镇）群发展案例分析

城市（镇）群是新型城镇化主体形态，是支撑区域经济增长、促进区域协调发展、参与市场竞争合作的重要平台。国内外城市（镇）群发展实际表明，城市（镇）群的形成大致要经历三个阶段，即：大中城市和小城镇自由发展的点状阶段、城市（镇）带协同融合的带状发展阶段、以都市圈①为引领的城市（镇）群一体化发展阶段。在推动渝东北三峡库区城镇群和渝东南武陵山区城镇群研究过程中，有必要从形成机理和发展动力的角度，着眼市场和政府在各个阶段发挥的重要作用，选择国内外具有普遍意义的城市（镇）群案例进行分析和研判，为渝东北三峡库区城镇群和渝东南武陵山区城镇群提供借鉴。

一、国外城市群发展案例

欧美发达国家城市群已经进入信息社会，发展较为成熟，处于城市化的高级阶段。考虑到资料的可获取性，选取东京都市圈、纽约都市圈、巴黎都市圈作为典型案例进行分析。

（一）东京都市圈

1. 现状概况

东京都市圈是日本三大都市圈之首，是世界上最大的城市聚集体之一，

---

① 都市圈是城市群内部以超大特大城市或辐射带动功能强的大城市为中心、以1小时通勤圈为基本范围的城镇化空间形态，是城市（镇）群的核心组成部分，也是引领和带动城市（镇）群形成和发展的龙头。城市经济的快速发展和区域交通快速化、便捷化水平的显著提升，在提升都市圈集聚发展能力、扩大区域通勤半径的同时，也促使都市圈的空间辐射范围进一步扩张。一般而言，较为成熟的都市圈，其核心区范围约为半径50公里左右，其拓展区范围的半径可达到150公里左右，辐射区的空间范围则可达到半径200～250公里。

包括东京都、神奈川、千叶、埼玉、山梨、群马、栃木、茨城一都七县，辖206市、99町、29村。2015年，东京都市圈土地面积约为3.7万平方公里，约占日本国土面积的9.8%，集中了全国约34.5%的人口。东京都市圈的人口密度由内向外呈递减趋势，东京都的人口密度约为6162.4人/平方公里（其中，东京市人口密度约1.5万人/平方公里），内圈三县（神奈川、千叶、埼玉）的平均人口密度约为1989.53人/平方公里，外圈四县（山梨、群马、栃木、茨城）的平均人口密度约为329.95人/平方公里。东京都市圈总人口密度约为1188人/平方公里，是全国平均水平（338人/平方公里）的3倍多。2015年东京都市圈基本情况见如表2－15所示。

表2－15　2015年东京都市圈基本情况

城市	面积/平方公里	GDP/亿美元	总人口/万人	人均GDP/美元	人口密度/（人/平方公里）	行政区划
东京都	2193.96	9434.55	1352	69782.19	6162.373	23区、26市、5町、8村
神奈川县	2415.84	3065.24	913	33573.29	3779.224	19市、28区、13町、1村
千叶县	5156.68	1827.16	622.3	29361.34	1206.784	37市、6区、16町、1村
埼玉县	3797	2018.17	726.7	27771.68	1913.879	40市、10区、22町、1村
山梨县	4465.37	293.80	83.5	35185.67	186.9946	13市、8町、6村
群马县	6363.16	783.23	197.3	39697.51	310.0661	10市、15町、8村
栃木县	6408.28	814.80	197.4	41276.84	308.039	29市、10町、2村
茨城县	6096.93	1174.09	291.7	40250.03	478.4375	32市、10町、2村
总计	36897.22	19411.05	4383.9	44278.03	1188.14	辖206市、64区、99町、29村

资料来源：日本统计局官网（日元兑美元的汇率按当年计）。

2. 发展历程

都市圈的发展过程主要是指都市圈形成后圈内各城市规模扩张和圈域范围扩大。东京都市圈形成总体可以分为以下四个阶段：

（1）东京都极核壮大阶段（1945年以前）：政治地位和产业发展推动东京都逐渐壮大

公元1457年，东京建城，被称为“江户”。1603年，德川幕府在“江户”建立封建幕府政权，加速了人口的集聚。在幕藩体制的影响下，日本完成了中央集权制度，并形成兵农、兵商分离的身份制社会，同时影响了城下町的发展①。此时，江户仅是日本的政治中心而非工业中心，其工业仅是面向贵族与市民消费的日常工业。1859年，日本正式开港，距离东京不远的横滨②是最早开放的港口之一，很快发展成为商人云集的大城市。明治维新之后，东京、横滨等地依托良好的港湾、丰富的工业用水、接近大的消费市场以及低廉的地价等优良条件，促进了重化工业在此布局。东京、横滨初步发展成为一个工业带。同时，由于大量资本、人口、企业向东京集中，东京也由单纯的政治中心转变为政治中心、工业中心与经济中心的集合体。

（2）东京都市圈形成阶段（1945—1973年）：产业和人口集聚加速都市圈的形成

随着东京、横滨工业带的初步形成，以二者为轴线的东京都市圈初步形成。第二次世界大战后，日本实行了倾斜生产方式，重点发展以钢铁、石化等产业为主的重化工业，使得东京湾地区经济得到迅速发展，工业部门用工需求集聚增加。许多出生在非城市地区的人初中或高中毕业后就立刻进入企业工作，进而实现了人口从农村向城市的迁移③。随着东京产业和人口的加速集聚，城市内部交通拥挤、居住环境日益恶劣、城市建设用地无序扩张等问题持续涌现。鉴于此，日本政府于1958年颁布了《第一次首都圈基本规划》以解决这些问题，并确定东京都市圈的范围为东京都、埼玉、神奈川、千叶一都三县。20世纪60年代，日本大规模引进新的工业技术，东京都科技水平快速提升，产业和人口持续集聚。东京都城市发展远远超过第一次规划的设想，城市问题依旧突出。因此，1968年，日本政府又颁布了《第二次首都圈基本规划》，将“首都圈”的范围扩大至东京都、神奈川、千叶、埼玉、山梨、群马、枥木、茨城一都七县，并提出要有计划地开展城市建设，加强周边县郡主动承接中心城区产业和人口转移的能力。此时，东京都市圈基本形成。

① 姚世谋，等. 中国城市群新论［M］. 北京：科学出版社，2016.

② 横滨是神奈川县东部的国际港口都市，也是神奈川县的县厅（行政中枢）所在地.

③ 王涛. 日本东京都市圈的空间结构变动、规划变迁及其启示［J］. 城市，2013（11）：12－16.

（3）东京都市圈发展阶段（1974—2000年）：政府规划有序引导都市圈的扩张

前两次首都圈规划后，为了疏散东京功能，东京都市圈建设了大量的铁路和公路以连接各个主要城市。但由于东京的强大吸引力，分散东京功能的目的并没立即实现，大量产业和人口仍持续向东京集聚，使东京都市圈呈现出“一核集中”的发展格局。鉴于此，日本于1976年又颁布了《第三次首都圈基本规划》，提出了“均衡发展”的思想，培育优化核心区，建立区域多中心城市复合体。随着经济全球化的到来，都市圈中心区（都心区[①]）需要进一步强化国际金融智能和高层次中枢管理职能，以应对全球化的挑战。于是，日本于1986年又制定了《第四次首都圈基本规划》。此次规划的范围重点是强化中心区（都心区）的国际金融和高层次中枢管理职能，发展区域副都心，承担中心区部分产业和政务功能。此次规划后，东京形成了心宿、池袋、涩谷、大崎、上野－浅草、锦丝町－龟户、临海七大副都心，如图2－5所示。20世纪90年代以来，日本社会老年化加剧，经济发展缺乏活力，市民对居住环境要求提高。于是，日本于1999年由编制了《第五次首都圈规划》，提出建立“分散的网络结构”，如图2－6所示，通过培育节点城市，推进交通和通信基础设施的改造，重组都市职能空间。这一次规划将首都圈因地制宜地划分为五个区域：东京都市区、北关东地区、西关地区、内陆西部地区和岛屿地区，并根据各地区的特征分别进行整治。东京都市圈内形成环状中心城市群，在关东北部、东部、内陆西部地域形成都市圈大环状合作轴。

此外，这一阶段完善的区域轨道交通网络加快了区域资源要素的流动，推动了都市圈的发展。在历次综合规划中均制定了相应的区域交通规划，东京都市圈已经形成由新干线、轻轨、地铁等区域轨道组成的交通网络，保障了都市圈内人们出行的高效便捷，加速了区域资源要素的流动。

① 都心区指东京都的核心区，包括千代田区、中央区、港区。

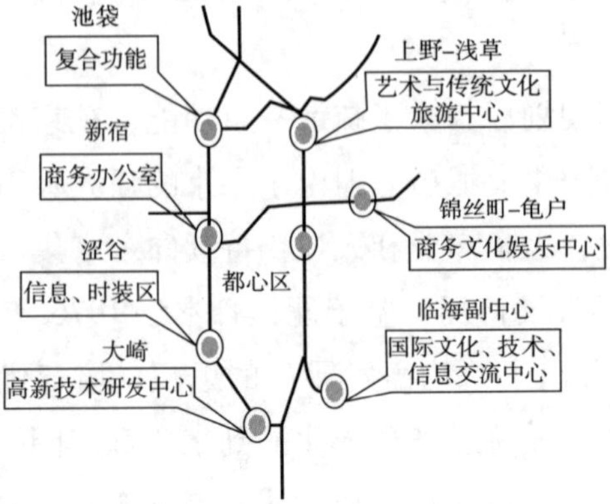

图 2-5　东京副都心及其功能定位示意图①

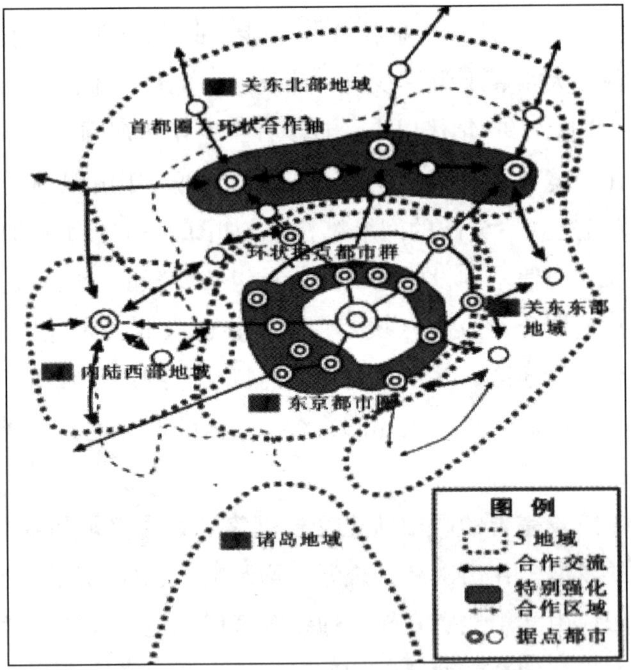

图 2-6　日本分散型网络结构示意图②

---

① 丁一文．国外首都圈发展规律及其对我国“首都经济圈”建设的启示［J］．河南大学学报（社会科学版），2013，53（4）．

② 杜德斌，智瑞芝．日本首都圈的建设及其经验［J］．世界地理研究，2004，13（4）．

（4）东京都市圈成熟阶段（2000 年以后）：产业集群化发展加强都市圈内城市间的协作

2001 年，日本推出了产业集群政策。该政策是以新型的产学研关系代替经连会体系，以营造良好的地域环境促进技术的不断创新。日本经济产业省在全国设立约 20 个产业集群项目，其中涉及东京都市圈的项目共 4 个，包括东京都市圈北部区工业振兴项目（栃木县、群马县、茨城县北、埼玉县北），东京都市圈西部区工业振兴项目（埼玉县西南部、东京多摩区、神奈川县中部），信息技术发展项目（主要是东京、神奈川县、千叶县、群马县），生物企业培育项目（主要是东京、横滨、千叶县、筑波、静冈县东）。这些产业集群项目进一步加强了东京都市圈内城市间的合作发展。

此外，这一阶段东京都市圈城市建设的重点逐步转变为建设基层生活圈，促进生活性服务设施、公共交通设施的发展。道路交通建设从增加规模转向提升交通网络系统的整体运行效率。城市开发模式也从政府主导转向以民间开发和区市町村基层自治体为主。东京都市圈形成了相对成熟的“都心—副都心—郊区卫星城—邻县中心”的多中心分散型网络结构。

（二）纽约都市圈

1. 基本概况

纽约都市圈是世界上最大的都市圈之一，北起缅因州，南至弗吉尼亚州，跨越美国东北部的 10 个州，面积约占美国国土面积的五分之一。纽约都市圈拥有纽约、费城、波士顿、巴尔的摩和华盛顿 5 座大城市，以及 40 个 10 万人以上的中小城市。都市圈内人口 6500 万人，面积 13.8 万平方公里，人口密度约为 471 人/平方公里（按辖区面积计算，人口密度较小）。其中，核心城市纽约市人口密度约为 10636 人/平方公里，华盛顿人口密度约为 3847.46 人/平方公里，费城人口密度约为 4650.19 人/平方公里，波士顿人口密度约为 4697 人/平方公里，巴尔的摩人口密度约为 2967 人/平方公里。纽约都市圈城市化水平约在 75% 左右，该区域的制造业产值占全美的 30% 以上，被视为美国经济中心。

2. 发展历程

从发展历程来看，纽约都市圈的形成与演化大致经历了三个阶段：

（1）城市孤立分散的阶段（1870 年前）：城市间经济联系不够紧密

南北内战之前，美国农业占据主导地位，产业结构呈现出“一二三”的格局，各城市之间彼此孤立发展。随着第二次工业革命的出现，制造业急剧扩张使得大量外来人口涌向城市，城市规模逐渐扩大。随着城市化进程的加快，以纽约、费城和波士顿为主的港口城市发展迅速，并在外向型经济的带动下，集聚能力进一步加强。但城市间缺乏贸易和经济往来，区域间经济联系不紧密。

（2）纽约都市圈雏形阶段（1870—1950 年）：铁路联通推动都市圈的形成

1870—1920 年，随着工业革命的不断推进，美国产业发展以钢铁、煤炭等重工业为主，产业结构转变为“二三一”的格局。越来越多的农业人口涌向城市，逐渐形成了纽约、波士顿、费城等中心大城市。随着横贯大陆铁路的运行，西部丰富的矿产资源不断运向纽约等地。在自然资源的输入与输出下，城市间的经济联系有所增强。同时，以纽约、费城两个城市为核心的城市发展轴线初步形成。1920—1950 年，纽约都市圈进入后工业化阶段，非农业人口占总人口的 90% 以上。城市发展开始向郊区扩张，中心城市经济腹地范围越来越大，行政区域的界限逐步淡化，大都市圈雏形形成①。

（3）纽约都市圈发展阶段（1950 年以后）：产业转型和技术发展引领都市圈扩张

随着 20 世纪四五十年代第三次科技革命的出现，人类在原子能、计算机、微电子技术、航天航空技术、分子生物学和遗传工程等领域取得了重大突破，纽约都市圈在这一阶段显现出明显的科技经济的特点，产业结构向知识密集和技术密集型转变，第三产业占据绝对比重。城市郊区化出现，劳动力、资金、技术等生产要素向除中心城市外的周边区域转移。城市间要素流动增强，经济空间联系紧密，成熟的纽约都市圈形成。

---

① 刘泽平．基于城市流视角的纽约都市圈经济空间联系研究［D］．河北大学，2017.

此外，有效的政府规划、市场的自我调节以及区域的合理分功也共同推动了纽约都市圈的形成与发展。首先，纽约区域规划协会（PRA）先后对纽约都市圈编制了4次规划，推动其协调可持续发展。1921年，纽约区域规划协会发布《纽约及其周围地区区域规划》，其核心是“再中心化”，即将中心城区的部分职能向郊区疏散，增加中心城区的开敞空间。1968年，应对郊区无序蔓延，纽约区域规划协会启动了第二次纽约都市圈规划，但此次规划出现了“逆城市化”现象，导致城市空心化。1996年，纽约区域规划协会提出了第三次都市圈规划，并同时考虑经济、环境和社会的发展，实现了都市圈的可持续发展。2004—2013年，纽约区域规划协会编制了第四次都市区规划，强化都市圈核心城市纽约的建设，并建立一套城市可持续发展指标体系，用于测度纽约都市圈内城市长期的环境变化。其次，市场机制在纽约都市圈发展的过程中发挥至关重要的作用。纽约都市圈形成初期，郊区无序蔓延产生了一系列与经济有关的问题。同时，都市圈内空间结构问题显现，城市与郊区的差距逐渐缩小。纽约都市圈通过区域合理分工、市场重组以及产业结构调整，不但解决了郊区无序扩散所引发的问题，还迅速成为区域经济发展的核心力量。市场有效地调节了区域资源的配置，加强了城市功能的互补性，加快了生产要素的自由移动，增加了区域发展的经济效益，促进了纽约都市圈的有序发展。最后，区域合理分工为纽约都市圈发展提供有力保障。纽约都市圈的层级结构形似金字塔，顶端是纽约，次之为费城、波士顿、巴尔的摩和华盛顿四个较大城市区域，再次是环绕在上述五座中心城市周边的众多中小型城市①。其中，纽约、费城、波士顿、巴尔的摩和华盛顿五大中心城市在发展上各具特色，互相补充，实现了较好的错位发展。金融中心纽约为都市圈的发展提供资金支持，政治中心华盛顿为都市圈的发展提供政治产品、政治庇护以及和政府相关的经济利益，高科技之城波士顿为都市圈发展提供人才和技术保障，制造业中心费城和工业复兴区巴尔的摩为都市圈发展提供产业发展的技术支持②。

---

① 陈江生；刘瞳．城市间分工协作是发展的决定性因素—纽约都市圈建设的经验和启示［J］．共产党员（河北），2017，10：21－22.

② 庞德良，唐艺彬．纽约都市圈的城市空间结构功能及其演化动力因素［J］．社会科学战线，2012（7）：260－262.

（三）巴黎都市圈

1. 基本概况

巴黎都市圈位于法国北部，东西长约120公里，南北宽约100公里，面积达1.2万平方公里。由市区（巴黎市）、内环和外环组成，是法国社会经济最核心地区。内环包括了上塞纳省、塞纳-圣但尼省、马恩河谷省。外环包括塞纳-马恩省、伊夫林省、埃松省、瓦兹河谷省。2014年，其土地总面积与人口规模分别约占法国的2.2%和20%，工业总产值占全国的1/4，GDP约占全国的1/3。都市核心城市巴黎市是世界上人口密度最高的城市之一，超过了22000人/平方公里。

2. 发展历程

巴黎都市圈的形成和发展主要包括以下四个阶段：

（1）巴黎都市圈形成前期（19世纪末以前）：政治优势促进巴黎极核壮大

两千多年前，巴黎是塞纳河西岱岛上的一个小渔村。公元1世纪，罗马人来此定居，巴黎有了雏形。500年后，巴黎成为法国的王都，人口规模和建设用地快速增加。11世纪初，巴黎冲破了西岱岛的边界，沿塞纳河右岸扩张。至18世纪初，巴黎已拥有人口60万余，成为法国人口最密集的地区，其行政范围可划分为20个次级行政区。随着巴黎证券交易所的建立，诸多银行和信托公司在巴黎地区建立机构，19世纪末，巴黎已成为欧洲仅次于伦敦的第二大金融中心。

（2）巴黎都市圈形成阶段（19世纪末—1964年）：产业自发集聚推动巴黎城区扩张，政府规划布局新城加速巴黎都市圈的形成

19世纪末，巴黎以其较高的政治地位和经济地位，吸引了大量工业企业在近郊自发集聚，独立式住宅在工业用地外围呈蔓延之势。由郊区扩散而引发的交通拥堵、公共设施不足等城市问题日益突出。为了限制巴黎中心城区无限扩张，1932年，法国第一次以法律的形式打破行政区壁垒，根据区域开发需要规划巴黎地区，并于1934年对以巴黎圣母院为中心，半径约35公里之内的地区进行整体规划布局。受“二战”的影响，第一次规划仅部

分实施，且实施中多次被改动。法国于1956年编制了《巴黎地区国土开发计划》，此次规划划定了巴黎的城市建设用地范围，限制其空间扩张，同时提出巴黎邻省规划建设拉德芳斯、凡尔赛等5座新城。1960年，巴黎建成区蔓延趋势未得到减缓，大型住宅仍向巴黎郊区集中。鉴于此，法国编制了《巴黎地区国土开发与空间组织总体计划》，规划重点是对现有建成区进行调整，并利用企业扩张和转产的机会建设新的城市发展极核。

（3）巴黎都市圈拓展阶段（1965—2005年）：以规划积极拓展城市空间，推动区域协调发展

1964年，法国进行了行政区划调整，巴黎地区政府成立。在此背景之下，法国于1965年编制了《巴黎大区国土开发与城市规划指导纲要》。此次规划改变了以往"以限制为主"的发展思路，主张"以发展为主"促进城市扩张。规划还提出发展多中心的大都市格局，在沿塞纳河两岸构建两条平行的城市发展轴线，规划建设新城。1970年初，巴黎都市圈人口增长放缓，全球经济衰退，自然环境开始受到关注。法国于1976年编制了《巴黎地区城市发展与管理总体规划》，在强调城市扩张和空间重组的同时，主张加强自然空间保护，建设综合性、多样化的城市，形成沿两轴线布局的多中心空间格局。1994年，在全球经济结构重大调整，法国经济低迷的背景下，法国编制了《法兰西之岛地区发展指导纲要（1990—2015）。此次规划指导思想是"以规模为主"向"以质量为主"转变，强化新城的城市功能，强调不同层次城市间的联系与合作，注重区域平衡发展，改善生活质量，保证社会公平，保护自然环境。

此外，这一阶段交通基础设施先行，推动区域一体化发展。从20世纪60年代起，巴黎的规划者们就意识到，主要交通线路的布局决定了城市化地区的发展形态，并将这种认识自觉融入地区规划中，以交通设施建设引导城市发展，通过构筑区域交通网络调控区域空间布局。在此后数十年，交通设施建设始终是巴黎都市圈建设的重点。巴黎都市圈形成了四通八达的交通网络，极大提高了人员、物资流动的便利性，促进巴黎周边地区的城市化进程和区域整体化发展。

（4）巴黎都市圈优化协调发展阶段（2006年以后）：通过功能区划促进

都市圈协调可持续发展

面对全球化趋势下日益激烈的城市竞争，巴黎都市圈“多中心+新城”的发展模式受到质疑。这种模式导致整个区域资源分配不均衡，中心城与卫星城之间的联系不牢固，郊区边缘化现象日益严重，行政体制和交通基础设施的阻隔造成了经济和文化上的断裂。2006 年，法国再次编制了巴黎都市区规划，此次规划提出继续优化多中心城市空间格局，将巴黎都市圈划分为普通城市区、城市服务区、绿色城市区和自然林业区等 4 个功能区，强调协调城市更新与城市特色保护，将巴黎都市圈建设一个可持续、具有国际竞争力的绿色环保大都市圈。

（四）小结

东京都市圈、纽约都市圈和巴黎都市圈均是世界上发展成熟的发达都市圈。三大都市圈的形成和发展呈现以下特点：

1. 都市圈形成前期

都市圈极核凭借政治优势和经济优势优先发展壮大，为都市圈的形成奠定基础。日本东京在德川幕府建立政权后，人口开始向东京集聚，促使东京成为政治中心。东京以其良好的区位优势，吸引重化工业布局，逐步发展成为日本的经济中心。纽约、费城在第二次工业革命的推动下，以其港口优势，发展外向型经济，城市得到快速发展。巴黎在公元 2 世纪就成为法国王都，带动人口向其集聚，促使城市发展壮大。

2. 都市圈雏形阶段

多种因素共同推动了都市圈的形成。第一，产业和人口的集聚推动城市扩展。三大都市圈都是在中心区快速发展后，产业和人口加速向城市集聚，城市化进程加快，城市开始向外扩张。第二，交通设施的联通形成城市之间的发展轴，引导城市扩张。纽约则主要是横贯大陆的铁路建成后，促进了城市间要素流动，引导城市的扩张。纽约与费城间的干线建设，形成了纽约—费城城市发展抽。第三，政府规划引导都市圈的形成。法国通过规划限制巴黎建成区的扩张，在巴黎邻省建设新城以承接产业转移和新产业布局。

3. 都市圈发展阶段

政府规划、产业转型和技术发展、交通设施互联互通等都是推动都市圈发展的重要因素。第一，政府规划有序引导都市圈城市梯级发展。三大都市圈在这一阶段，多次编制都市圈规划，以加强都市圈中心区的中枢管理功能，通过建立新的副中心、卫星城等，以分散中心区的部分职能。第二，推动都市圈产业转型升级和空间布局优化。这一阶段都市圈中心区更加注重发展知识密集型、技术密集型产业，制造业开始向外围转移。第三，交通互联互通助推都市圈一体化发展。三大都市圈在这一阶段都加强交通基础设施建设。完善的交通设施推动中心城市与副中心城市、其他小城市之间的要素的自由流动，加深了各城市间的政治、经济往来。

4. 都市圈成熟阶段

都市圈的发展更加注重区域分工协作、生态环境共建、城市品质提升等方面。第一，城市间产业分工更加精细化，城市间协作水平更高。东京都市圈一都七县通过产业协作，形成极具国际竞争力的产业集群，城市间功能定位更加明晰优化。第二，大力改善人居环境，提升都市圈城市品质。东京都市圈在这一阶段更加注重生活圈建设，提升城市公共服务水平。纽约都市圈则注重经济、环境和社会的协调发展。巴黎则通过功能区划，协调城市更新与城市特色保护。

二、国内城市（镇）群发展案例

鉴于国外社会文化、制度体系等方面与我国有着较大区别，为进一步增强案例研究的针对性，有必要从国内选取本土城市群作案例剖析，国内国外案例相结合，梳理城市（镇）群发展的历史轨迹，总结普遍性启示。国内城市（镇）群发展案例选取主要考虑两点因素：第一个因素是城市（镇）群的层次等级与渝东北三峡库区城镇群相似，以方便进行横向比较。在案例选取上，将研究视角对应下沉到国家城市群空间涵盖范围下的省级内部城市（镇）群。第二个因素是在空间范围上瞄准长三角、珠三角、成渝三大城市群内部区域。选择前两者，主要是考虑这两大城市群域内的省级内部城市群的发展更为成熟，便于总结归纳城镇群发展的一般规律，对尚处在欠发达阶段的渝东北城镇群具有较强的对标和借鉴意义。而成渝城市群下的城镇群与渝东北三峡库区城镇群有更多的共性特征，无疑也是值得研究对比的。

（一）苏锡常都市圈

1. 现状概况

苏锡常都市圈位于江苏省南部环太湖流域，是长三角城市群“一核五圈四带”网络化空间格局的重要一圈，东临上海、西接南京都市圈，含苏州、无锡、常州3市，国土面积17670.32平方公里。2017年，苏锡常都市圈地区生产总值为34453.59亿元、常住人口达2195.39万人，占江苏全省16.7%的国土面积上集聚了全省27.3%的人口，贡献了全省40.1%的GDP。经济密度和人口密度分别为1.95亿元/平方公里、1242人/平方公里，明显高于全省平均水平（0.81亿元/平方公里、761人/平方公里），城市化率达75%，按照诺瑟姆曲线，已处于城市化发展成熟阶段，是江苏、也是长江三角洲城市群中经济发展最为活跃的区域。

2. 发展历程

苏州、无锡、常州三市同处长江流域太湖平原，同属吴文化，地理毗邻、语言相通、风俗相同，自古就存在经济社会文化联系。纵观苏锡常地区新中国成立以来的历史发展轨迹，以1983年“苏锡常都市圈”概念的提出和2014年《国家新型城镇化规划（2014—2020年）》出台为重要时间分界点，结合三个城市间经济社会发展的联系紧密度，可以将苏锡常都市圈的形成演变大致划分为以下四个阶段。

（1）第一阶段（1949—1982年）：依附上海壮大单体城市阶段

这一阶段，无锡常地区在市场机制作用和上海核心辐射下实现城市单体的快速发展。新中国成立后尤其是1978年改革开放后，苏州、无锡、常州充分发挥敏锐的商品经济意识和手工业发达优势，主动承接上海辐射，抓住机遇大力发展乡镇企业，从上海科研机构、工厂中高薪聘请技术人才，形成了“星期天工程师”浪潮，城市间的人口流动和经济联系互动显著活跃起来，经济水平跳跃性提升，单体城市规模倍数扩张，为城市间一体化发展铺垫了基础。但是，三市发展战略、产业结构等方面都高度趋同，彼此间存在严重的同位竞争，不利于区域竞争力的整体提高。

（2）第二阶段（1983—2013 年）：苏锡常都市圈起步培育阶段

为避免苏州、无锡、常州三市的同位恶性竞争，提升区域整体竞争力，1983 年 5 月，时任江苏省社科院副院长的沈立人基于全球城市体系发展的一般规律和对我国未来城市体系发展的展望，在其一篇论文中首次抛出“苏锡常”概念[①]，苏州、无锡、常州三市一体化发展进入学界探讨研究范围。很快，“苏锡常”这个概念被国家和江苏省政府认可并付诸实践。2002 年《江苏省城镇体系规划（2001—2020 年）》中，首次明确了“苏锡常都市圈”概念，明确提出“三市应发挥整体优势，共同形成苏锡常都市圈的核心，组成高新技术产业密集带和亚太地区重要的制造业基地，可实现区域一体化发展”，标志着苏锡常都市圈进入培育阶段。

这一阶段，苏锡常都市圈主要是依靠政府力量培育一体化发展软硬环境。首先，“谋定而后动”，加强顶层设计、完善重大政策制度，以规划有序引导都市圈建设。2002 年，江苏省政府批准实施《苏锡常都市圈规划》，尝试通过规划手段，整合协调城市资源，消除三个城市间的恶性竞争，提升苏锡常作为一个整体的区域竞争力。规划内容涉及了空间布局、产业发展、基础设施、生态保护等诸多方面。截至 2003 年，已集中编制了《苏锡常地区区域供水规划》《苏锡常绿地系统规划》《苏锡常都市圈轨道交通规划研究》等专项规划。其次，以高铁等现代交通设施强化城市间内在联系。随着沪宁城际、京沪高铁前后于 2010 年、2011 年建成通车，苏锡常地区与上海、内部三城市间的通勤时间分别缩短到约 1 小时和 0.5 小时，时空距离的缩短极大促进了城市间人员、技术等要素交流，城市节点间的经济社会联系进一步加强。

（3）第三阶段（2014 年以来）：苏锡常都市圈初步成型和快速发展阶段。

自 2014 年国家《新型城镇化规划》中，明确城市群为我国新型城镇化的主体形态以来，国内城市群进入快速发展通道。2016 年 5 月，国务院常务会议通过《长江三角洲城市群发展规划》，苏锡常都市圈成为长江三角洲城

---

① http：//wx. sina. com. cn/news/fm/2016 - 05 - 13/detail - ifxsenvn7119256. shtml.

市群网络化空间格局“五圈”中的一圈，标志着苏锡常都市圈进入国家战略层面，城市群等级和重要性较过去有了质的提升。《江苏省国民经济和社会发展第十三个五年规划纲要》中对苏锡常都市圈提出了更高的期盼，明确提出，要“以南京都市圈和苏锡常都市圈为重点，在更高层次和更深领域加强与长三角其他地区合作，共同建设具有重要国际影响力的世界级城市群”。

这个阶段，瞄准与南京都市群合力共建世界级城市群的宏伟目标，围绕区域发展共同问题和共同诉求，发挥市场和政府双重作用，在产业分工协作、基础设施、公共服务等领域协力推进一批重大项目，苏锡常都市圈初步成型。

一是借势上海核心城市，强化产业分工实现共同发展。发挥地理毗邻优势，强化与上海的功能对接与互动，持续推动形成以上海为研发设计服务中心、以苏锡常都市圈为生产制造重心的纵向产业链，在上海的引领带动下深度参与国际分工。在都市圈内部强化三市产业分工协作。2017 年，江苏省在《关于推进中国制造 2025 苏南城市群试点示范建设的实施意见》中，明晰了三市制造业发展的各自侧重点，推动产业错位竞争和有机互补。无锡市重点突破“两机”基础材料和零部件，常州市重点突破石墨烯等先进碳材料，苏州市重点突破高端装备核心基础零部件。

二是加快布局和建设都市圈内部及连接上海的互联互通性交通基础设施。对内，加密城市间的交通网络，以同城化为导向推进交通一体化。2017 年 6 月，苏锡常南部高速公路常州至无锡段开工建设。2019 年 1 月，国家发改委批复《关于江苏省沿江城市群城际铁路建设规划（2019—2025 年）》，同意江苏开建苏锡常快线。对外，积极融入上海都市圈发展战略，强化与上海的交通联系，共建以上海为核心的“90 分钟交通出行圈”。2013 年 10 月，国内首条跨省地铁——上海轨道交通 11 号线向西延伸至苏州市昆山市花桥区线段开通。2018 年 10 月，沪苏湖铁路获国家发改委批复。此外，苏州市还计划推动地铁 S1 线、4 号线分别与上海市轨道交通 11 号线①、17 号线②无

① 苏州市城市轨道交通第三期建设规划（2018—2023 年）。
② 苏州市吴江区“十三五”固定资产投资与重大项目建设规划。

缝对接，实现20分钟到上海，这将极大方便苏沪两地每天4万的钟摆族人群[①]，深化同城化发展。

三是加速推进公共服务共享。2015年底，江苏省推出“江苏交通一卡通”，在全国率先实现了全省13个省辖市城区公交一卡通“互通全覆盖”。2016年12月，苏锡常和宁镇扬、通泰盐、徐淮连宿四大片区城市间分别签署了互惠协议，公共服务领域的同城化取得明显进展。

四是着力推进生态共建。2015年4月，由常州市发起，苏锡常都市圈联合湖州市共同建立环太湖生态文明志愿服务圈，按照专业化分工，在湖面核心区、沿湖区域和城市区域，共同维护太湖水系生态文明。

（二）珠三角东岸都市圈

1. 现状概况

珠江三角洲是指广东省三水—石龙一线以南至滨海地区由珠江水系的西江、北江、东江及其支流潭江、绥江、增江带来的泥沙冲积而成的广阔平原地区。东岸都市圈位于珠江以东，毗邻香港，是珠江三角洲城市群内三大都市圈[②]的重点组成部分，由深圳、东莞、惠州三市组成，国土面积16060.82平方公里。2017年，东岸都市圈地区生产总值为33851.09亿元、常住人口达2564.78万人，占广东全省8.94%的国土面积上集聚了全省23%的人口，贡献了全省37.7%的GDP。经济密度和人口密度分别为2.11亿元/平方公里、1597人/平方公里，城市化率达91%，按照诺瑟姆曲线，已处于城市化发展成熟阶段。

2. 发展历程

东岸都市圈的核心发展战略是通过承接香港辐射实现自身发展，发展历程可以大致分为确立前和确立后两大阶段。

（1）第一阶段（1978—2003年）：东岸都市圈发展前期阶段。

这一阶段，主要是依托香港的市场、资本、人才等力量，壮大深圳城市

① 苏州每天4万人往返上海工作！未来，苏沪或可建快速通勤铁路！https：//new. qq. com/omn/20180814/20180814A1NUYX00。

② 珠江三角洲进一步细分为三大都市圈即中部都市圈（广州、佛山）、东岸都市圈（深圳、东莞、惠州）、西岸都市圈（中山、珠海、江门）。

节点，并在市场机制的作用下，初步形成深圳、东莞、惠州三市之间的产业分工协作体系。1978 年，党的十一届三中全会作出改革开放的重大决策，深圳被批准为全国首批经济特区。1979 年，深圳建市，从此便依托香港及国外资本和特区优化政策，快速集聚发展资源，发展成比肩省会广州的核心城市，对周边东莞、惠州等城市的辐射影响力不断提升。而东莞、惠州作为重要的工业腹地城市，对深圳发展起着不可或缺的互补和支撑作用，形成了事实上的深圳—东莞—惠州经济区。

（2）第二阶段（2004 年以来）：东岸都市圈确立发展阶段

2004 年 9 月，广东省建设厅公布《珠江三角洲城镇群协调发展规划（2004—2020 年）》中，提出中部都市圈、东岸都市圈、西岸都市圈三大都市圈协调发展的网络化城市群体系布局，标志着“东岸都市圈”在政策层面的正式确立，进入政府有意识、有步骤推进阶段。2008 年底，国务院批准实施《珠江三角洲地区改革发展规划纲要（2008—2020 年）》再次明确提出“推进深莞惠一体化”。这阶段，东岸都市圈的发展关注点，在强化产业协作基础上，逐步拓展到基础设施、公共服务、生态环保等更多领域，开始注重建立协调机制和联合编制规划。

一是共同搭建产业协作平台。随着三市产业合作的纵深拓展，产业跨区域布局更加完善，深圳企业在产能扩张时优先选择了东莞，深圳、东莞的优质产业优先向惠州转移，三地政府也在积极顺应产业合作转移的新趋势，积极共建产业协作平台。东岸都市圈中，深圳是金融、创新等资源的集聚地，东莞和惠州为工业集聚地，是深圳产业转移的重要基地，深圳与东莞—惠州建立了“总部—制造基地”的合作链条，通过这个链条带领周边城市产业的发展。深惠两市合建服装生产加工及物流仓储园区、大亚湾海滨城产业 U 谷、谟岭新型产业园等产业平台。

二是大力推进城市间交通和公共服务一体化。首先，大力推进城市间互联互通交通项目建设。圈内，2010 年和 2013 年，分别建成惠深沿海高速公路、惠州市博罗县至深圳的博深高速公路。2011 年，三市边界 21 个收费站同时取消收费。2009—2013 年，惠州累计完成 25 个与深圳、东莞的对接交通项目，打通与深莞交界的 11 条连接路。2014 年 6 月，深莞惠首条跨市公交线开通。穗莞深城际铁路计 2019 年 6 月通车。深圳地铁 14 号、16 号线拟延伸至惠州。圈外，强化与香港的交通互通，更紧密的对接香港。2018 年 9 月，广深港高速铁路通车运营，深莞惠与香港的同城效应显著增强。其次，三地还稳步推进民生服务方面的同城化、一体化建设。2010 年 5 月，深莞惠 18 家医院正式开通医保异地结算，三地市民可以互刷医保卡，享受三地市内同等医保待遇。办成了重大疾病联防联控，适龄儿童就近入学的惠民实事。

三是推动生态文明共建。深莞惠三市于 2009 年《深圳市东莞市惠州市界河及跨界河综合治理计划》，2010 年建立了三市环保合作机制，合力推动生态共保共建。截至 2017 年，三市已联合召开了 7 次环保合作会议，签署了系列环保相关协议，统一跨界河流域的环保标准，推动区域大气污染联防联控，定期开展环保联合交叉执法检查等行动，建立了良好的危废跨市转移处理联动机制。

四是三市自主建立政府间协调议事机制。2008 年全球金融危机对我国经济造成了严重冲击，经济外向度较高的深圳、东莞、惠州首当其冲。在这种背景下，2009 年 2 月 27 日、5 月 16 日、9 月 24 日三市最高党政领导三次聚首，商议深莞惠一体化发展，签订一系列的框架协议，携手应对全球金融危机，标志着深莞惠一体化发展在地市级层面开始进入实质性推动阶段。2014 年，广东省政府批准汕尾、河源按“3 + 2”模式参与深莞惠经济圈建设。截至 2018 年，深莞惠经济圈（3 + 2）党政主要领导联席会议已累计召开了 11 次会议，就产业协作、交通互通、机制共建、环境共保、民生共享等领域达成了数十个协议。

五是编制区域协调发展规划。2013 年 8 月，深莞惠三市党政主要领导第七次联席会议审议通过三地共同编制的《深莞惠区域协调发展总体规划（2012—2020）》，提出要以体制机制创新为动力，打破行政体制障碍，发挥三地比较优势，促进要素合理流动和资源有效配置，加快实现经济互融、生活同城。2015 年 11 月，广东省交通运输厅立项、三市共同编制的《深莞惠交通运输一体化规划》正式出台，提出“形成以深圳为核心的‘珠江东岸 1 小时通勤圈’”的发展目标。

（三）成绵乐城市带

1. 现状概况

成绵乐城市带位于四川省中部，由成都、绵阳、乐山、德阳、眉山5个城市组成，是国家级城市群——成渝城市群的重要组成部分，国土面积6.08万平方公里。2017年，成绵乐城市带地区生产总值为20615.88亿元、常住人口达3065.95万人，占四川全省12.5%的国土面积上集聚了全省36.9%的人口，贡献了全省55.7%的GDP。经济密度和人口密度分别为0.34亿元/平方公里、504人/平方公里，明显高于全省平均水平（0.08亿元/平方公里、170人/平方公里），城市化率达61.2%，按照诺瑟姆曲线，正处于城市化中期加速向后期迈进阶段，是拉动四川经济社会发展的火车头，也是成渝城市群中经济发展最为活跃的区域之一。

2. 发展历程

国家《国民经济和社会发展第十一个五年规划纲要》中提出“要把城市群作为推进城镇化的主体形态”后，围绕以中心城市带动周边区域共同发展的目标，四川省建设厅于2009年组织成都市规划设计院编制《成都平原城市群发展规划（2009—2020）》，优化城市群空间布局，明确提出打造“成绵乐发展轴”[①]。2011年，《成渝经济区区域规划》获国务院批准，“成绵乐发展带”的战略层级从省级城市群重点支撑带上升为国家级经济区重点支撑带，发展定位为“建成具有国际竞争力的产业和城市集聚带”。2016年获批的《成渝城市群规划》中，再次突出了“成绵乐城市带”的国际性发展定位。

自2009年以来，成绵乐城市带发展重点突出以下两大个方面。第一，抢抓国家级城市群发展综合机遇发展自身。自2011年以来，成绵乐城市带各城市积极对接利用成渝经济区（后来的成渝城市群）带来的各项国家级政策和资源红利（如，开发开放以及创新平台、产业和基础设施等领域重大项目和资金等），加速推进产业、城市、社会等全领域建设，在更高层次的国家级城市群发展中实现自身发展。如，乐山围绕规划提出的“成都平原区

① https：//max.book118.com/html/2017/0612/114431261.shtm。

域中心城市”的发展定位和战略安排，加速推进港口现代化建设，动工建设军民合用机场，利用乐山高新技术产业园集聚发展优势产业，稳步推进城区建设，城市对企业、人口、资金等要素资源的整体吸引力不断提升。第二，以交通一体化为重点推进同城化。同城化发展的硬件基础是交通路网的紧密对接和高效畅通。2012 年 5 月，成绵高速公路复线建成投运。2014 年 12 月，西南地区首条城际客运专线，历时 5 年建设的成都至绵阳至乐山城际列车建成投运，构建起城际往来“一小时高铁交通圈”，并依此形成了“一小时生活圈”“一小时经济圈”。成乐高速公路扩容工程计划于 2019 年开工，2021 年建成通车，同城化发展的交通一体化基础将更加坚实。

（四）小结

从城市群形成与发展的推动力量上看：苏锡常都市圈、东岸都市圈、成绵乐城市带都是在市场和政府双重作用下形成发展，但政府力量主导性相对更强。在城市群培育前期，主要依靠市场力量，壮大城市“节点”。在城市群培育期，侧重发挥政府力量，利用规划手段克服市场失灵（如，同位恶性竞争），布局交通干线形成城市间紧密联动发展轴。快速发展阶段，注重市场和政府双力并举，延伸和加密城市间的交通、信息等发展轴，强化产业分工协作，城市间联系网络持续扩张，最终形成共同发展的连绵带。

从城市群发展阶段上看：苏锡常都市圈、东岸都市圈都已经进入了相对成熟阶段，城市群发展的重心已经从产业协作拓展到社会民生、生态建设等多领域同城化发展。成绵乐城市带则还处在城市群发展初级阶段，以增强交通联系为重心，尚未形成明确的产业分工协作体系，公共服务一体化发展也较为落后。

从城市群内城际关系上看：苏锡常都市圈三个城市彼此体量相差不大，具有平等的城市发展权，呈现分工协作、平等竞争、互补互促的城际关系。东岸都市圈中深圳为中心城市，已经从以能量极化为主发展到能量扩散辐射阶段，对东莞、惠州具有明显的带动作用，呈现辐射互补的城际关系。成绵乐城市带中，中心城市——成都城市整体实力偏弱，还处在极核强化过程中，从绵阳、乐山等城市中吸收集聚各种资源，一核独大，经济协作关系不强，辐射带动能力偏弱。

三、案例启示

（一）通过区域规划引导城市群发展

纵观国内外城市群（都市圈、城镇群）的发展历程，不难发现，规划在城市群形成与发展过程中起到了重大指引和引领作用。科学、系统、统一的规划，确立了城市群发展的总体方向和战略，有利于资源在区域内的协调配置，合理引导产业、人口的空间集聚，强化土地的集约节约利用，保护生态空间和历史文化遗产，促进区域均衡发展。东京都市圈和巴黎都市圈分别颁布实施了 5 轮、7 轮规划版本，通过规划调整，推动解决城市群发展中的问题，促进空间结构不断优化改善。国内城市群发展中，规划的引导和宏观调控作用也较为明显。以苏锡常都市圈为例，在没有形成一体化发展共识、编制统一规划之前，苏州、无锡、常州三市产业无序同质化竞争现象明显，基础设施互通不足，资源配置受行政壁垒影响而效率低下。都市圈规划及配套专项规划相继出台后，三市发展开始重视分工协作，区域一体化进程不断加快。

（二）以核心城市和产业分工带动周边地区发展

核心城市人口规模和经济总量在城市群整个区域内占据着重要地位，控制着资本、信息等生产要素的流动，对整个城市（镇）群的经济社会发展起到明显的辐射带动作用。例如，纽约市凭借着强大的经济总量和服务能力，以现代化的交通网络、互联网等为载体向周边城市输出资本、信息、技术劳动力和游客等。苏锡常都市圈、珠三角东岸都市圈的发展中，上海和香港两大国际化大都市辐射引领十分重要。正是通过主动承接上海、香港的发展需求与资源，通过产业、城市职能等方面的分工协作，苏州、无锡、常州以及深圳、东光、惠州六个城市才得以迅速实现经济和城市的发展。

（三）建立高效运转的交通网络体系

互联互通、完善高效的交通网络是城市群形成和发展的必要硬件基础，对城市群空间格局形成和优化起着重要塑造作用。借助发达密集的交通网络，城市时空距离被有效缩短，强化了城市间的人流、物流、信息流等生产要素多向高效流动，将城市更紧密地勾连起来。各城市（镇）群都强化交通网络体系建设，通过交通网络强化城市（镇）群内部及对外的联系互通。东京都市圈凭借放射状、高密度的交通路网，促进了沿线城镇的深度互动和融合。珠三角东岸都市圈深圳、东莞、惠州最为关注内部交通互联互通，打通了很多断头路，建设了多条快速连接通道，初步构建了以机场、高铁、高速等多元交通网络体系，显著提高了相互之间的连接性和进入性，促进了人口、经济、社会、文化等各方面的频繁交流，推动同城化发展格局加速形成。

（四）关注公共服务与生态环境

在城市化进程中，城市公共服务问题和环境问题一直困扰着政府部门。因此，各城市群在规划发展过程中均强调改善居民生活质量，兼顾社会公平，提升公共服务一体化水平，让城市群内部居民享受均等化的优质公共服务。此外，自然环境是经济社会可持续发展的根底，国内外城市群发展中都重视自然环境保护，强调人与自然和谐共处。20 世纪 70 年代末，巴黎都市区就提出绿色空间计划，即建立地区开放式绿色空间系统，通过绿带系统及沟壑绿化将城市绿色空间与乡村边缘的农业和植被空间串联起来。随着我国政府和社会各界环境保护意识的强化，生态文明建设，环境共保共治已经成为国内城市（镇）群发展的基础性要求。苏锡常都市圈和珠三角东岸都市圈在发展中逐步建立生态共建、环境共治的协作机制，落实了系列行动。

（五）根据城市群发展阶段确定施力重点

城市群的发展是个历史演变的渐进过程，在城市群发展不同阶段，需要根据阶段性特征和发展重点，突出重点施力举措。在城市群早期培育和快速发展阶段，城市群以交通网络建设、产业协作发展为主。通过道路交通路网的完善加密，增进群内单元城市间的联系；通过产业协作持续做大单元城市经济规模以及城市群整体经济实力，为后面阶段更多领域、更为全面的同城一体化发展提供物质基础。当城市群发展进入相对成熟的阶段后，城市群发展对人们生活质量的关注度不断提升，在继续加强交通联络和产业协作的基础上，强调和突出公共服务均等共享、生态环境共建共保等更高层次的同城化需求。

专题二　渝东南武陵山区城镇群发展对策研究

项目负责人：易小光

项目组成员：丁瑶，邓兰燕，余贵玲，李权，苏凡，王利，陈殊，贾静涛，邱婧

从国际国内普遍发展规律来看，城镇化进程可以缩短，但发展历程是一个连续的过程。美国阿巴拉契亚山脉、日本本州飞驒山脉、瑞士和奥地利阿尔卑斯山脉等山地城镇发展经验显示，高度发达的城镇化有利于国土空间资源的集约和节约利用，促进城强民富。城镇群作为我国新型城镇化的空间主体，是城镇化发展到中高级阶段的产物，是城镇体系空间集聚度和紧密度最高的形态，也是未来经济发展格局中最具活力和潜力的核心区域。

渝东南片区地处武陵山区腹地，紧邻重庆都市圈和黔北、湘西、鄂西地区，兼具高山生态区、民族地区特征。重庆直辖尤其是党的十八大以来，渝东南片区无论是产业化还是城镇化进程都取得较大进展，但仍处于欠发达地区、欠发达阶段，生态环境脆弱、资源环境承载力有限、交通区位不优。目前，渝东南片区常住人口、户籍人口城镇化率仅40.2%、31.9%，尚处于新型城镇化中期的初始阶段，呈现单体城市点状发展状态，尚不具备构建城镇群的基础和条件。受自然地理、生态环境约束，渝东南片区城镇化进程不适宜按照传统城镇化的发展思路——大规模开发建设和扩张式工业化方式驱动，未来要在生态保护背景下，抓住重大交通嬗变和信息网络技术加速应用的历史机遇，推进新型城镇化，创造条件探索构建山地城镇群，推进深度城镇化，成为重庆都市圈、成渝城市群重要功能补充。

一、重大意义

（一）有利于融入国家区域发展战略和全国城市群体系，补齐重庆城乡区域协调发展短板

城市群发展在推进城乡区域协调发展中发挥着重要作用。党的十九大提出，深入实施区域协调发展战略，以城市群为主体构建大中小城市和小城镇协调发展的城镇格局，加快农业转移人口市民化。渝东南片区是全市城乡区域发展的短板所在，通过推进深度城镇化，做强中心城区，与渝东北片区一道成为重庆国家中心城市重要功能支撑和成渝城市群的外围辐射区，既能依托重庆都市圈，也能服务于都市圈，提升渝东南自身综合发展能力，进而有效承接成渝城市群功能向外辐射带动传递经济势能，推动武陵山经济协作区加快发展。

（二）有利于探索高山地区新型城镇化发展模式，探索区域城镇化与资源环境保护协同新路径

总结我国 40 余年改革开放经验，城镇化的直接动力一般来自产业化，依靠产业、城镇、人口的规模扩张。渝东南片区是国家重点生态功能区、重要生物多样性保护区和建设长江上游生态屏障核心载体之一，资源环境综合承载力有限，现状大多是城区人口 25 万人以下的小城市，在青壮年人口大量外流、人口规模总量不宜增长的背景下，依托中心城区、重点镇等“节点”实施紧凑开发，能有效发挥优化空间布局、集聚生产要素、集约利用资源的作用，为生态保护和生态修复腾留更大空间，探索该聚的地方聚、该空的地方空的新路径。

（三）有利于促进生态经济和服务经济发展，探索县域经济发展新模式

城镇化和城镇群发展的持续生命力均需要内生动力的有效激发。长期以来，渝东南片区集老、少、边、穷于一体，县域经济基础薄弱、财政自给能力低、资源配置能力弱，受交通物流制约，各区县之间相对隔离，一方面物产资源优势集于大山之间，但整体开发利用不足；另一方面生态系统较为脆

弱，对产业选择较为严苛。在我国进入服务经济时代和中高收入水平国家行列的背景下，通过推进生态产业化和产业生态化，能有效提高区域内生态产品、文化健康、服务消费供给能力和质量，促进形成更大国内市场，推动生态资源优势加快转变为经济优势，进而培育县域经济新的增长动力。

（四）有利于加速城市提质和乡村振兴，实现脱贫致富和高品质生活供给

乡村振兴和城镇化是相辅相成相互促进的，新型城镇化为乡村振兴提供了源源不断的动力。渝东南片区小城市带大农村的格局短期难以改变，以城带乡能力不足；农村人口、贫困人口、少数民族人口众多，城乡基础设施和公共服务供给均相对短缺、品质不高。推进新型城镇化，有利于缩短城乡、区域之间的时间与空间距离，推动城市提质和乡村振兴联动发展；有助于以人民需求为中心，促进脱贫致富和长足发展，增强区域性公共服务能力，提升人均供给水平和质量，促进基本公共服务均等化，推动渝东南片区与全市一道实现全面小康和现代化目标。

二、城镇群内涵特征和形成条件

（一）城镇群的内涵与特征

城镇群是一种城镇集群发展的城镇化模式，其形成与发育的演进过程中在城镇组成、产业发展、空间集聚、经济社会联系等方面具有一定的共性特征。

1. 城镇群内涵

城市（镇）是人口、建筑、资金、知识等要素和经济（工业、服务业生产活动）、社会、文化等活动的空间集聚体。城市（镇）群是在城市发展的基础上演变而来的，是城市化发展到较高阶段的产物。普遍认为城镇群是在一定地域范围内具有相当数量的不同性质、类型和等级规模的城镇，依托一定的自然环境条件，以中心城市作为地区发展的核心，借助于现代化的交通体系和高度发达的信息网络，强化城市（镇）群个体之间的内在联系，共同构成的一个相对完整的城镇集合体。

2. 城镇群共性特征

一是城镇群内部要有一个及以上的较大的城市作为要素核心。即拥有一个核心城市及多个次级中心城市（镇），聚集优质要素，形成辐射效应，发挥带动各城市分工合作协调发展的作用。

二是有相当数量的规模等级不同的小城镇。城镇数量不足，资源要素的基础含量低，集聚效应就发挥不出来，城市数量过多，则超出中心城市的辐射范围和能力，使得要素流动受阻，两者都不利于城镇群的形成和持续发展。

三是城镇群内第二、第三产业发达，实现人口的空间集聚。一般而言城镇群形成后，第一产业占比较低，产业发展和就业均以第二、第三产业为主。第二、第三产业实现集群式发展，带来人口的空间聚集，吸引外来人口与本地人口不断在核心城市及节点城市集聚。

四是城镇群内部城市（镇）存在密切的内在经济联系和规模梯度。一定的规模梯度才能实现网络层级化，避免同质化竞争和无序竞争，促进资源要素的充分流动，从而加强城市间的彼此依存和相互支撑，协同发展构成一个密不可分的完整网络。

五是基于交通为核心的基础设施建设的一体化。交通是城镇群形成的前提条件。一般来说城镇群内基础设施体系与城市（镇）群空间结构是相互融合的，公路、铁路、水运、空运的立体交通体系发达。城镇群内大型市政基础设施实现同城化建设，大型公共服务设施实现服务全域的功能。

（二）城镇群形成条件及阶段特征

市场和政府同时发挥作用推动城镇群演变，释放城镇群整体功能的发挥。城镇群形成与发展基于一定的自然区位条件、交通通信设施情况、产业分工与合作等。伴随着城镇群形成到成熟的各个阶段其城市形态、交通、产业、人口等方面也呈现明显的差异。

1. 城镇群形成的机制和条件

集聚与扩散、竞争与共生相互作用推动城镇群演进，市场是城镇群形成演变的源动力，政府是城镇群形成和演变的推动力。

一是优越的区位门户条件。城镇群形成需要拥有良好的区位门户条件，如倚靠重要港口、重要交通沿线、对外口岸等。区位门户条件优越的地区，较易出现人流、物流、资金流、技术流的集聚，使得城镇化进程加快，城镇不断向外扩张，促进城镇群的形成。

二是先进的交通通信条件。交通运输业和信息产业的快速发展是城镇群形成和发展的重要条件。交通通达性增强和信息网络的构建降低了产业集聚、扩散成本，促进区域内部的产业分工协作和物质流、能量流、人口流、信息流、资金流的顺畅通达。

三是自然地理资源承载能力较强。自然本底条件好、资源承载能力较强的区域往往城镇开发成本低，人口集聚带来的规模效益大而环境影响较小，能促进城市（镇）群的形成和壮大。

四是人口的集聚和流动。能形成人口集聚是城市（镇）群形成的首要条件，人口的集聚促使建设用地空间的集约发展和市政基础设施、公共服务设施的集中布局，助推城镇集群式发展。

五是产业的分工和高级化。能形成产业集聚是城市（镇）群形成发展的根本驱动力。在中心城市的带动下，各城市之间优势互补，形成紧密的分工协作关系，促进产业集聚规模的扩大和产业的高级化发展。

六是经济社会联系紧密。相似的自然条件、社会心理、文化历史等因素导致特定区域人群有类似的思维方式和行为规范，能加速统一市场体系的发育与专业市场发展，实现投资主体多元化，促成城镇群的形成与发展。

七是政策协调机制。政策机制在城镇群发育过程中具有巨大的推动作用。政府通过行政区划调整、宏观政策调控、投资机制调整、市场机制调整等方式引导城镇群范围和规模、空间组织形式、产业选择、人口规模等，促使城市（镇）群实现协同发展。

2. 城镇群演变规律及发展阶段

纵观纽约、东京、巴黎国际都市圈和国内苏锡常都市圈、珠江东岸都市圈、成绵乐城市带发展，城市（镇）群的形成总体经历了“单体城市点状发展”—“城市间沿交通轴线状发展”—“城市间网络化发展”三个阶段。在不同发展阶段，城市（镇）群的交通、产业、人口、市场、公共服务等基本构成要素的空间布局和空间联系也呈现明显的阶段性特征，如表 2－16 所示。

表2－16　城市（镇）群不同发展阶段特征

	单体城市形成阶段	单体城市壮大阶段	城市间沿交通轴线线状发展阶段	网络化城市群块状发展阶段
城市	城市和乡村开始出现分离，要素在局部聚集，城市雏形出现	中心城市不断向外扩展，极核不断增长	中心城市与节点城市之间开始通过交通轴线连接，“点轴”形态形成	城市等级体系出现，“点线面”城市形态形成并壮大
交通	人口、产业等发展产生交通需求，城市内部交通开始形成	以城市内部交通为主，城际间交通联系微弱	围绕中心城市，形成放射性的城际交通路网，中心城市与其他城市的交通联系加密	形成多节点、“放射＋环状”的城际网络化交通格局，任何两个城市节点间形成了高频高效的交通联系
产业	以农牧业为主，工业和服务业开始萌芽	工业和服务业不断发展，尚处在初级发展阶段，城市间产业竞争大于合作	工业、服务业快速发展，中心城市与周边小城市之间形成初步分工体系	现代制造业和服务业成为主体产业形态，城际间形成相对完整的产业分工体系
人口	人口在国土空间上散居，农村人口居多，布局开始出现非农业人口的小规模集聚	非农业人口增长并围绕中心城市不断集聚，在其他区域仍以农业人口散居为主	农村地区人口向交通轴线两侧的城市、城镇集聚	城市、城镇的人口集聚度越来越高
市场	交易的需要导致市场开始出现	城市市场保护现象严重，城际间市场分割，要素无法自由流通	中心城市与重要节点城市间市场合作和要素流通加强，但节点城市之间市场竞争较强，存在市场保护与市场分割	市场一体化，要素实现自由流通
公共服务	围绕基本生活需要的公共服务开始供给	城市独立发展公共服务，服务供给“小而全”，缺少城际间的服务联系	部分重点城市间实现公共服务的连接和共享	城市公共服务，城市间形成一体化和功能相互支撑的公共服务供给体系，实现公共服务共享

续表

	单体城市形成阶段	单体城市壮大阶段	城市间沿交通轴线线状发展阶段	网络化城市群块状发展阶段
生态和社会治理	生态和社会治理较少	单体城市治理	部分城市携手生态和社会治理	治理共同体

（三）城镇化和城镇群推进中政府的举措

实施城市（镇）群战略是新时期推动新型城镇化、提升区域协调发展水平和实现高质量转型的重大举措，各级政府从各方面引导和促进城镇化、城镇群健康发展。

1. 促进城镇化政策举措

我国各级政府在城镇化进程中，主要从交通互联互通、产业体系构建、城镇空间拓展等方面促进城镇化和谐健康发展。

专栏2－3　我国政府促进城镇化政策举措

（1）交通互联互通

投融资政策。一是加快要素市场建设，提升省、市级交通融资平台融资能力，鼓励民间资本参与基础设施、公用事业和社会事业等领域建设。二是落实国家有关专项建设资金在公路、铁路、民航、水利等项目时，提高投资补助标准或资本金注入比例政策。三是支持国家开发银行牵头商业银行扩大信贷规模，重点支持重大基础设施建设。积极引导保险资金投资基础设施和重点产业项目建设。

项目政策。在重大项目规划布局、审批核准、资金安排等方面给予倾斜，加快立项审批，并纳入重大项目绿色通道。

（2）产业体系构建

产业政策。一是支持城镇群特色产业列入产业结构调整指导目录（鼓励类），给予政策倾斜。二是对拟上市企业符合产业政策认定等相关手续简化程序、及时办理。三是制定相关产业发展及空间布局规划。

招商政策。一是鼓励根据实际情况对重大招商引资项目实行“一企一策”“一事一议”，允许从本级财政收入中对就业、经济发展、技术创新贡献大的重大招商引资项目给予奖励。二是鼓励建立中介招商服务激励机制，对于成功引进重大项目的社会组织、中介机构和个人给予奖励。三是鼓励充分发挥国家赋予的政策优势，在招商引资体制机制、优惠政策等方面开展先行先试。四是支持符合条件的外商投资企业和内资企业按国家和省有关规定享受相关税收减免和优惠政策。五是对先进制造业和战略性新兴产业，在确定土地出让底价时可按不低于所在地土地等别相对应全国工业用地出让最低价标准的70%执行。

创新政策。一是加大科技创新投入力度。支持独角兽培育企业开展颠覆式创新，推动新技术和新模式应用。对纳入独角兽培育库的企业，给予连续的资金补助。二是推动高水平研发机构建设。鼓励独角兽培育企业承担重点实验室、工程（技术）研究中心、公共技术服务平台、企业技术中心、工业设计中心等各类创新载体建设任务。对新建的各级企业研发机构，给予建设经费支持，对新认定各级工资金奖励。三是对于具备重大原始创新能力和成果转化能力，能够为战略性新兴产业提供持续的创新支撑，并引领和推动地方新兴产业发展的创新团队，优先纳入领军人才计划重大创新团队，给予项目资助。四是鼓励企业发行“双创债”“绿色债”等新型债券融资，对成功发行的企业给予一定补助。加大科技信贷支持，对独角兽培育企业科技贷款利息支出给予补贴，对合作银行给独角兽培育企业发放“科贷通”贷款给予风险补偿。

（3）城镇空间拓展

土地政策。一是维护进城落户农民土地承包权、宅基地使用权、集体收益分配权。二是鼓励创新供地模式，采取“长期租赁、先租后让、租让结合”等方式供应工业用地，降低企业用地成本。

户籍政策。一是保障农业转移人口在教育、医疗、社会保障、就业等方面享有平等权利。二是设立农业转移人口市民化奖励资金。三是分配财力性转移支付考虑持有居住证人口因素。四是加大对农业转移人口市民化的财政支持力度并建立动态调整机制。

人才政策。一是加大引进高端人才、围绕区域现代产业体系发展核心人才的奖励。二是探索实行人才“绿卡”制度。持卡人可享受社保、公积金、住房、教育、医疗等方面的优惠政策。三是鼓励创新龙头企业、科技小巨人企业等创新主体，通过市场化渠道引进急需紧缺人才。

2. 促进城镇群发展政策举措

我国各级政府主要从市场一体化、技术人才要素一体化、土地资源一体化、财税金融保障、公共服务共享、生态共建共保、社会协同治理、协调机制等方面促进城镇群协调发展。

专栏2-4　我国政府促进城镇群发展政策举措

（1）市场一体化政策

一是实行统一市场准入制度。包括推动市场主体登记注册一体化，实行统一的负面清单制度，开展行政许可、消防安全等领域的互通互认等方面。

二是强调区域间产业政策对接和产业协作。如，推进城市间共建产业园，成立园区合作联盟等。

三是推进区域通关一体化。推动通关协作，实现口岸管理相关部门信息互换、监管互认、执法互助。

四是实行统一的市场监管体系和联合执法。如，培育发展区域信用服务市场，统一失信惩戒制度，联合打击侵权假冒行为。

（2）技术、人才要素一体化政策

技术一体化主要从统一技术标准、建立知识产权共同市场两大方面推进。人才一体化主要从制度改革（包括城乡户籍制度改革、消除高校毕业生流动就业制度障碍），建立城市间以及政府、企业、个人多主体共同参与的人口市民化成本分担机制，人口开发和服务同城化（如，建立一体化人力资源市场、推进职业资格等标准互认，人口社保、身份证换领互补、户口迁移网上审批等同城化服务）三大方面推进。

（3）土地资源一体化保障

一是推进土地资源在区域内统一配置。建立城市（镇）群统一的建设用地市场，推进城市（镇）群内不动产统一登记。二是激活存量土地利用效率。包括完善城乡建设用地增减挂钩政策、建立健全城镇低效用地再开发激励约束机制，研究城市（镇）群内低效和闲置土地退出机制，实行长期租赁、先租后让、租让结合、弹性出让等多种方式相结合的工业用地供应制度等。三是用土地、国土等规划强化耕地保护。坚持最严格的耕地保护制度和最严格的节约用地制，各类用地必须符合国土规划、土地利用总体规划。

（4）财税金融保障政策

财税方面，一是实行统一财税政策，减少政策洼地。二是推进税收利益共享和征管协调，如建立省际互认的征收管理制度，实现税源、政策和稽查等信息共享；推动区域内财税利益共享。

金融方面，一是强化金融基础设施和金融服务一体化建设，建立一体化信息网络和服务平台，完善区域金融服务网络，实现存取款等金融服务同城化。二是推进多元化融资，重点是共同设立发展基金、鼓励金融机构加大信贷支持力度。

（5）公共服务共享政策

一是统筹公共服务设施均衡布局，鼓励城市（镇）群内城市联建或跨市共建学校、医院、博物馆等服务设施。

二是推进公共服务共享，推进异地就医即时结算和“医保直通车”制度，推动社会保障卡在城市（镇）群内通。粤港澳大湾区探索对广东工作、生活的港澳居民实行与内地居民同等教育、医疗、养老、住房、交通等民生待遇。

（6）生态共建共保政策

一是统一环保规划、标准、制度，如，编制实施城市（镇）群环境总体规划；统一城市（镇）群工业项目、建设项目环境准入、主要污染物排放标准、环保执法标准等。

二是共同推进环境共治行动。包括推进城市间、部门间环境信息互通共享和通报制度，推动重大项目环评会商、重大环境事故联合执法。

三是建立生态资源有偿开发和生态补偿机制。

四是生态资源的统一配置。探索跨区域水权转让，推进流域水资源统一配置调度。

（7）社会协同治理政策

推动社会治理由单体城市独自治理转向城市（镇）群协同治理。

一是推进城市（镇）群内社会管理和服务网络全覆盖。

二是加强城市（镇）群应急管理合作，共建食品安全、旅游安全、灾害防治和安全生产等保障体系。

三是协同加强流动人口管理和服务。

（8）协调机制政策

一是建立统一协调机构和协调机制，如，建立区域—省—市政府层面的“三级运作”机制、统一的政府绩效管理制度、省际工作协调机制、省际商会机制、一体化发展基金等。

二是强化成本分担承担和利益共享，如，建立跨市基础设施、公共服务和生态环境建设项目成本分担机制，科技创新协同机制，项目产值、税收和利润分配办法，生态补偿机制等。

三、渝东南城镇群发展现状及基础条件

（一）经济地理区位

1. 门户区位逐步形成

渝东南地区位于国家“两横三纵”城市化战略格局中沿长江通道和包昆通道的交汇区域，地处武陵山区腹地，紧邻黔北、湘西和鄂西，扼守重庆至东南沿海通道，承东启西地位突出。受制于地形复杂、交通基础设施落后，在重庆前几轮向东开发开放发展中，渝东南地区通道门户并未得到发挥。随着国家绿色发展战略的实施，市内东、南方向开放通道加快形成，渝东南通道门

户功能不断完善并逐步向绿色门户功能升级，推动建设区域性城镇群、影响和辐射四方的区位优势不断累计。渝东南地区地理区位如表 2 – 17 所示。

2. 交通区位不断改善

渝东南地区地处国家“八纵八横”厦渝通道，是成渝城市群、黔中城市群、环长株潭城市群和北部湾城市群联系通道上的节点地区。长期以来交通、信息建设滞后，通达性、快捷性、便捷性不足，交通区位优势体现不足。随着渝东南地区交通的不断完善，特别是渝怀铁路、渝利铁路、渝湘高速、沪渝高速、黔江机场的建成投用以及石柱西沱港、乌江航道水运功能不断完善，进一步促进厦渝通道、京昆通道、沿江通道融合，“东承南融西联北拓”战略要津地位更加突出，辐射武陵山连片扶贫区要地功能将逐步凸显。

3. 生态区位优势凸显

渝东南地区地处国家“两屏三带”生态安全战略格局中黄土高原—川滇生态屏障和南方丘陵土地带之间，是国家重点生态功能区和重要生物多样性保护区和建设长江上游生态屏障核心载体之一。国家重要生态屏障的建设为渝东南地区协作配合，高水平集约利用资源，进而对城镇群高质量发展提出了更高要求。同时，渝东南地区也是重庆践行“两山”理论，建设“美丽中国”的重要载体，重庆市委市政府加大推动渝东南城镇群建设的力度。

表 2 – 17　渝东南地区地理区位情况

区县	地理区位
黔江	位于重庆市的东南边缘，地处武陵山腹地，东临湖北省的咸丰县，西界彭水县，南连酉阳县，北接湖北利川市，是渝、鄂、湘、黔四省市的结合部，是重庆市主要的少数民族聚居地之一，全区辖区面积为 2398.7 平方公里，国道 319 线、黔咸公路、渝怀铁路、黔江机场等
彭水	处于武陵山区，居乌江下游，与湖北、贵州毗邻。辖区面积 3905.22 平方公里。北连石柱，东北接湖北省利川市，东连黔江区，东南接酉阳，南邻贵州省沿河、务川，西南连贵州省道真，西连武隆区，西北与丰都县接壤
酉阳	渝、鄂、湘、黔四省（市）在此接壤，面积 5173 平方公里，渝怀铁路、渝湘高速、国道 319 线、326 线，乌江是酉阳连接外地的水上走廊，30 万吨级的龚滩镇乌江码头，渝东南重要门户，重庆东南出渝至湖南的主要通道

续表

区县	地理区位
秀山	地处武陵山脉中段，四川盆地东南缘的外侧，与湖南、湖北、贵州毗邻，辖区面积2450.25平方公里，渝东南—武陵山区旅游中转地
石柱	位于长江南岸、三峡库区腹心，辖区面积3012平方公里，“四高（沪渝高速公路、沿江高速公路、丰石高速公路、梁黔高速公路）一铁（沪蓉高速铁路）一港（长江黄金水道西沱深水良港）”大交通体系逐步形成，渝东南交通枢纽
武隆	地处在武陵山与大娄山结合部，东连彭水，西接南川、涪陵，北抵丰都，南邻贵州道真，距重庆市区139公里，辖区面积2901.3平方公里。渝湘高速公路、319国道、渝怀铁路、仙女山机场、肖家湾铁路、土坎大坨湾散货码头等，是重庆主城片区辐射渝东南和黔东北的重要枢纽、渝东南和黔西北的物流集散中心、国际旅游目的地

（二）资源要素禀赋

渝东南地区自然生态、矿产能源、人文民俗资源丰富，山水相连、人文相亲，少数民族人口占全市80%以上，可开发水能占全市的40%，森林覆盖率达50%以上，具有纳凉避暑的天然优势。

1. 立体气候明显

渝东南地区属亚热带湿润季风气候，温和多雨、四季分明。气候兼有南北之长，人居环境优良。年日照时数1200小时左右，平均气温14～16℃，平均降雨量1100～1350毫米。随海拔升高气温降低明显，具有纳凉避暑的天然优势。

2. 森林资源丰富

渝东南地区植物资源丰富，品种多样，主要植被类型包括亚热带中、低山偏湿性常绿落叶阔叶混交林、亚热带低山常绿针叶林和亚热带丘岭低山竹林等。其中包括不少我国珍稀树种，如银杏、红豆杉、罗汉松、秃衫、珙桐等，森林覆盖率达50%以上，是重庆“三带四屏多板块”生态格局的重要组成部分。

3. 河流水系发达

渝东南区内酉水、乌江、磨刀溪、芙蓉江、阿蓬江等河流流量大、流域面积广，特别是乌江为长江南岸最大的一级支流，流域面积在3000平方公里以上，可开发水能蕴藏量达340万千瓦，占全市的40%。同时，由于喀斯特地貌发育，渝东南地区也拥有丰富的地下水资源，全面满足了渝东南城市建设淡水资源的需求。

4. 矿产资源富集

全市重点勘探的八条成矿带中有两条分布于此，秀山县平均品位高达25%的锰矿，与湖南花垣、贵州松桃被齐称为中国锰矿的“金三角”，酉阳的汞矿被喻为全国“五朵金花”之一。页岩气资源潜力巨大，预测可开采列储量达到2.15万亿立方米，被列入我国“建设页岩气资源战略调查先导试验区”。

5. 民族民俗文化尤为独特

渝东南地区是土家族、苗族等多民族聚居地，各民族在该地区创造了丰富多彩的民俗文化，被国家授予渝东南文化生态保护实验区。拥有南溪号子、石柱土家啰儿调、玩牛、秀山花灯、秀山民歌、酉阳民歌、土家族摆手舞、高台狮舞、苗族民歌等11个国家级非遗项目；西兰卡普、后坝山歌、马喇号子、帅氏莽号、濯水后河戏等80个市级非遗项目；南腰界红三军司令部旧址、赵世炎故居、重庆冶锌遗址群（石柱）等3处全国重点文物保护单位；石柱西沱、酉阳龙潭、黔江濯水、秀山洪安等6个历史文化名镇和银杏村、天池坝村、新建村、民族村、大河口村、镇佛山村等39个中国传统村落，中华传统文化得到很好继承发展。

（三）生态环境承载

渝东南片区具有显著的喀斯特地貌，山地多平地少，石漠化面积大，自然灾害频繁和人地矛盾突出，对城镇开发建设、人口和工业集聚形成较大制约。

1. 地形地貌复杂

渝东南地区地处武陵山区，山地多平地少，具有显著的喀斯特地貌，境内以低山、中高山面积占80%以上，人地矛盾突出，适宜开发土地面积较少。复杂的山地地形造成交通不便利，信息、物流、人流等沟通不畅。同时，特殊的地形地貌也提高了城镇开发建设成本，对城镇空间开发模式、投融资模式都提出了更高要求。

2. 生态环境脆弱

作为国家重点生态功能区与重要生物多样性保护区，渝东南既是生态敏感区又是生态脆弱区，开发用地“生态红线”边界控制较多，对城镇建设、产业落地形成一定制约。区域内石漠化面积达3725平方公里左右，占该地区国土面积的近20%，占重庆石漠化面积的41.6%区域内，各区县适宜开发土地面积如表2-18所示。辐射和光照不足，灾害气候较为频繁。此外水土流失和农业面源污染等问题依然极大。在生态环保要求和地质条件限制下，人口总量不宜规模性增加，人口结构和空间布局调整压力也很大，产业准入门槛更高，企业生态治理、节能降耗的要求也更高。

表2-18　渝东南各区县适宜开发土地面积

序号	地区名称	总面积/平方公里	适宜面积/平方公里	适宜（%）
1	武隆区	2885.64	598.49	21
2	彭水县	3898.51	1325.12	34
3	酉阳县	5157.17	2316.74	45
4	黔江区	2376.86	970.93	41
5	秀山县	2445.46	1378.31	56
6	石柱县	2997.67	1194.78	40%

（四）综合经济实力

渝东南地区与重庆其他地区相比有较大差距，总体上仍处于“双欠”发展阶段。随着近年来经济持续保持较快增长，经济综合实力不断增强，城乡居民生活质量显著改善，分工协作体系逐步建立。

1. 经济发展水平较低

渝东南地区坚持以经济建设为中心，加快产业结构调整升级，区域经济持续保持较快增长。2017年，渝东南累计实现地区生产总值（GDP）998.36亿元，2013—2017年平均增长率为8.9%，规模高于周边恩施、铜仁、湘西州等周边地区，对比情况如表2-19所示，但仅占全市总量的5.1%，低于市内大都市圈和渝东北地区。三次产业齐头并进，非农产业占比达到85.2%，低于全市平均水平7.9个百分点，高于铜仁、湘西州等周边地区。政府财政收入达到90.2亿元，服务能力进一步提升。

表2－19　渝东南经济发展水平与周边比较情况

区域	GDP	人均GDP/（万元/人）	固定资产投资/亿元	社会消费品零售总额/亿元	一般公共预算收入/亿元	非农产业占比	人均公共财政收入/（元/人）	人均可支配收入/（元/人）
全市	19500.27		17440.57	8067.66	1427.78	93.1%	7324.50	24153
渝东南地区	998.36	3.66	1036.09	433.82	90.02	86.2%	3303.60	
恩施州	831.16	2.38	556.4	556.41	74.93	86.4%	2229.40	15259
铜仁	582.64	3.07	466.7	210.85	65.64	77.3%	2079.26	
湘西州	969.86	2.21	1073.58	582.64	107.6	85.6	4078.54	13949

2. 区域各区县经济水平相差不大

黔江区在生产总值（GDP）、人均GDP、固定资产投资总额等主要经济指标都位居渝东南第一位，经济整体实力略强于渝东南其他区县，初具一定的辐射带动能力，但总体领先优势不大。其他地区发展较为均衡，其中，酉阳在对外开放方面处于领先地区，消费水平突出。武隆在政府财力、居民收入等方面较强。从总体上看，区域各区县经济水平相差不大（表2－20），市场相对孤立，还处于自我供需平衡的状态，“核”“极”效应并不明显。

表2－20　渝东南地区各区县经济发展水平比较情况（2017年）

区县	GDP/亿元	人均GDP/（元/人）	全社会固定资产投资/亿元	社会消费品零售总额/亿元	财政收入/亿元	居民人均可支配收入/（元/人）	进出口贸易/亿元	实际利用内资/亿元
黔江	231.87	49167	262.69	103.17	22.99	19825	3.66	122.15
武隆	160.49	46305	144.32	58.8	28.28	20278	0.47	40.71
石柱	162.28	42564	142.36	62.68	22.41	19251	3.44	125.31
秀山	162.58	33836	166.93	75.77	12.6	17827	0.41	129.43
酉阳	140.33	25499	140.04	118.7	21.34	13912	21.56	112.05
彭水	140.81	28475	178.74	67.53	14	15794	—	64.75

3. 区域创新开放平台较为缺乏

渝东南地区由于农业、文旅资源丰富，因此获得多个国家级平台支持，例如：渝东南地区被授予国家级渝东南文化生态保护实验区，石柱获批第二批国家全域旅游示范区、出口农产品质量安全示范区，黔江设立海关和检疫检验局，建立渝东南地区首个国家级黔江科技企业孵化基地等。除了国家级平台，各区县均有市级特色工业园和市级现代农业示范园，一批众创空间、科技企业孵化器和云众创客空间等平台加快建设，要素集聚功能不断增强。但渝东南地区缺乏国家级科技研发平台，高新技术产业开发区仍处于创建期，各区县高新技术产业发展平台短板明显。

（五）产业发展基础

由于长期受自然地理、交通短缺制约，渝东南时间成本、物流成本、要素成本偏高，龙头企业长期缺失，第一产业、第三产业具有资源基础优势，但整体开发利用不足，特别是产业链挖掘不足、市场品牌打造滞后，并未有效形成产业经济优势。第二产业大多两头在外，受制于物流成本以及落后的技术、人才、管理水平，大多以初级加工为主，不少企业因不能满足生态环保要求而停工停产。

1. 非农产业发展水平较低

近年来，在旅游经济等服务业快速发展以及生态工业加快集聚的带动下，渝东南地区的产业结构逐步优化，非农产业比重不断提高，但各产业规模不大，且受重点产业项目波动影响大，产业发展层次和水平总体较低，需要进一步提升。整体看，2018 年，渝东南地区三次产业结构为 13.4:41.1:45.5，其中第二、第三产业占比提高到 86.6%，但仍低于全市平均水平 6.6 个百分点。分区县看，除黔江区以外，其他区县第一产业占比均超过 10%，其中酉阳、彭水两个县第一产业占比超过 15%，非农产业仍需加快发展，以促进区域产业结构进一步优化升级，具体如表 2－21 所示。

表 2－21　2018 年渝东南各区县三次产业结构

区县	三次产业结构
黔江	9.5:44.0:46.5
武隆	12.5:37.4:50.1
石柱	13.9:42.6:43.6
秀山	12.4:46.1:41.5

续表

区县	三次产业结构
酉阳	18.7:35.2:46.1
彭水	15.9:39.3:44.7
合计	13.4:41.1:45.5

渝东南部分特色产业如表2－22所示。

表2－22　渝东南部分特色产业

区县	特色效益农业	特色生态工业	特色旅游业
黔江	烤烟、生猪、蚕桑、猕猴桃、绿茶	轻纺食品、电矿联产材料、高效节能电机、生物医药、汽摩机电	小南海生态观光、体验旅游业
武隆	以半夏为主的中药材、烤烟、板羊、蔬菜	特色食品加工业、装备制造业	"天坑地缝"喀斯特景观生态观光体验旅游、"印象·武隆"文化旅游
石柱	以黄连为主的中药材、烤烟、辣椒	绿特农产品深加工、清洁能源、新型材料、机械电子	黄水国际民俗生态旅游度假、土家文化旅游
秀山	以金银花为主的中药材产业、烤烟、生态土鸡、茶叶	以食品药品为主的绿色加工业	秀山花灯、边城古镇等民俗文化旅游
酉阳	以青蒿为主的中药材、烤烟、乌羊、青花椒、绿茶	农副产品精深加工、生物医药、纺织服装、绿色能源、新型材料、珠宝及贵重金属加工	依托土家摆手舞、酉阳民歌、酉阳古歌三大国家级非物质文化遗产，发展民俗文化旅游
彭水	半夏等中药材、烤烟、生猪、蔬菜（魔芋）	轻纺食品、矿产品精深加工、新能源	阿依河、摩围山生态观光、体验旅游

2. 旅游联动发展不足

立足仙女山、芙蓉洞、乌江画廊、桃花源、小南海等良好自然景观资源和土家摆手舞、秀山花灯等丰富民俗文化资源，渝东南各区县大力发展特色生态旅游、特色文化旅游和特色乡村旅游，不断创新旅游业态，旅游发展速度加快，但对门票经济依赖过重，各区县之间联动不足，综合经济效益不高。目前，渝东南地区旅游景区共有5A级景区2个，4A级景区18个，其他A级景区30余个。2018年，渝东南累计共接待游客1.13亿人次，实现旅游业综合收入547亿元。在各区县竞相发展旅游的带动下，渝东南地区的旅游业布局逐步由点状向线状乃至网状布局，但缺乏整体联动打造大武陵生态民俗精品旅游品牌机制，目前渝东南仅初步构建了大仙女山—乌江画廊—武陵仙乡—黄水林海、黄水林海—武陵仙乡—世外桃源—边城古镇、大仙女山—乌江画廊—武陵仙乡—世外桃源—边城古镇等线路。并且，尚未与主城都市旅游、南川金佛山、湖南张家界、凤凰古城、长江三峡、贵州梵净山、遵义红色旅游等周边景区（景点）实现联动发展。渝东南地区旅游景区分区及主要指标如表2－23和2－24所示。

表2－23　渝东南地区旅游景区分布

区县	主要景点
黔江	4A级：濯水古镇、蒲花暗河景区、小南海、芭拉胡景区、神龟峡、武陵仙山等7个
武隆	5A级：喀斯特旅游区（天生三桥·仙女山·芙蓉洞） 其他：白马山自然保护区、芙蓉江景区、龙水峡地缝、仙女峡漂流
石柱	4A级：大风堡景区、千野草场景区 3A级：毕兹卡绿宫景区、药用植物园 其他：黄水旅游区、七曜山自然保护区、西沱古镇
秀山	4A级：秀山西街、川河盖景区、凤凰山花灯民俗文化旅游区 3A级：洪安边城景区、大溪酉水景区 2A级：钟灵湖景区 其他：花灯寨、后溪古镇
酉阳	5A级：桃花源景区 4A级：龚滩古镇、龙潭古镇 3A级：阿蓬江大峡谷、酉水河 2A级：金家坝水库、毛坝群贤居、石泉苗寨、南腰界革命根据地 其他：乌江百里画廊风景名胜区、大板营自然保护区、酉水河景区
彭水	4A级：阿依河景区、蚩尤九黎城、摩围山、乌江画廊风景区 2A级：鞍子苗寨、平安花海、兴隆苗寨等 其他：庙池农庄、太原鲟鱼基地等

表2－24　2018年渝东南地区各区县旅游业主要指标

区县	接待游客人次/万人次	旅游综合收入/亿元
黔江	2046.2	107.4
武隆	3200.0	150.0
石柱	1062.5	64.5

续表

区县	接待游客人次/万人次	旅游综合收入/亿元
秀山	1002.3	47.4
酉阳	1460.0	66.0
彭水	2529.0	111.8
合计	11300.0	547.0

3. 农业产业化程度不高

目前，渝东南地区农业园区总体数量不多，农业品牌相对较少，缺乏高附加值农产品，单一品种产业规模不大，农业产业化程度相对较低。由于渝东南地区山地多、平坝少，农业主要选择在河坝、山谷等一些地势相对平坦的区域以及坡度相对较小的低矮山地布局。据不完全统计，目前，渝东南地区仅有各类农业园区（或基地）20 余个（表2－25），主导产业主要为高山蔬菜、茶叶、特色经果林、观光农业等，其中中药材、畜牧、蔬菜经果等特色效益农业具备一定竞争力。中药材方面，基本形成了秀山金银花、石柱黄连、酉阳青蒿三大市级药材种植加工基地，其他品种的药材尚未形成规模。畜牧业方面，武隆板角山羊、酉阳乌羊、麻旺鸭等畜牧品牌获得“国家地理标志证明商标”，但产业规模并不大。蔬菜经果方面，目前黔江优质猕猴桃、酉阳生态绿茶、石柱无公害辣椒、武隆高山反季节蔬菜等果蔬知名品牌远销重庆主城乃至海外市场，但其他品牌影响力仍不够。

表2－25　渝东南地区农业园区分布

区县	农业园区	主导产业
黔江	仰头山现代农业示范园、阿蓬江现代设施蔬菜示范园区、武陵山区山地特色现代农业示范区等	烤烟、优质蚕桑、猕猴桃等特色水果
武隆	市级示范园区（3 个）：双河现代农业综合示范工程区、火炉现代农业示范园区、白马现代农业示范园区 区级现代农业示范园区（4 个）：黄莺复兴出口蔬菜园区、鸭平片区低碳生态循环农业园区、桐梓片区山地农业园区、芙蓉湖库区生态观光农业园区	高山蔬菜、草食牲畜、特色林果、乡村旅游、有机茶叶等
石柱	重庆现代农业综合示范工程区、现代农业科技创新园、沿江生态循环农业园、花卉园艺标准园、高山观光农业园、畜牧示范养殖园等	花卉苗木、草食牲畜、黄连、休闲观光等

续表

区县	农业园区	主导产业
秀山	兴隆坳市级现代农业示范园区、龙凤花海市级优质粮油农业示范园区等	优质粮油等
酉阳	渝东南现代农业科技园等	青花椒、花卉苗木、优质粮油、特色蔬菜、观光农业等
彭水	市级现代农业园区（3个）：摩围山、新田、岩东现代农业示范园区	烤烟、草食牲畜等

4. 工业园区能力发挥不足

在国家生态环保要求和交通物流条件限制下，适合渝东南地区发展的工业门类较其他地区少，产业发展吸引力不强，加上地区间招商引资竞争激烈，造成渝东南地区工业园区的产业集聚能力不够。目前，渝东南各区县各拥有一个工业园区（表2－26），均围绕交通相对便利的城区、重点镇等区域按照“一园多区”模式进行布局，园区主导产业主要包括农副产品加工、生物医药、材料、纺织服装、机械制造等。据估算，园区建成区面积超过30平方公里，集聚各类企业数百家，产业集中度70%左右。在工业园区发展的带动下，2018年，渝东南地区实现工业增加值288亿元，占GDP比重仅为25.8%。

表2－26　渝东南地区工业园区分布

园区	建成区面积	分布格局	主导产业
黔江正阳工业园区	14平方公里	青杠、正阳、冯家三大片区和正阳现代物流基地 四大产业园：材料、纺织、环保、食品	卷烟及配套、农产品加工、新材料、生物医药、轻纺服装、节能环保
武隆工业园区	3.5平方公里	一园四组团：一园——武隆工业园，四组团——白马组团、长坝组团、平桥组团、鸭江组团。	新能源汽车和豪华大巴、新型材料、装备制造业
石柱工业园区	规划 15平方公里	二园二区：南宾工业园、生态工业园、龙潭有色金属矿业集中区、万朝非金属矿业集中区	医药及农产品加工、机械电子、能源、材料
秀山工业园区	2.2平方公里	综合园和电矿产业园	电矿产业、现代特色中医药产业集群、新兴产业集群、食品加工产业

续表

园区	建成区面积	分布格局	主导产业
酉阳工业园区	8.6平方公里	一区四园：小坝全民创业园、板溪轻工业园、龙江重工业园、麻旺渝东南现代物流园	材料、纺织服装、医药食品、纺织服装等
彭水工业园区	1.6平方公里	保家	健康食品、特色轻工等生态产业以及战略性新兴产业

5. 服务业新兴业态发展弱

近年来，渝东南地区围绕城镇建设，商贸物流等服务业加快发展，一些服务业态实现了从无到有，但服务业总体规模不大，新兴业态发展才刚起步。各区县依托城区，强化城市综合体建设，加快完善社区商业，建设了一批特色美食文化街区，基本实现了每个区县城区至少一个核心商圈。2018年，渝东南地区实现社会消费品零售总额414亿元。围绕工业园区和城市发展，渝东南各区县均布局了物流园区（基地）和各类专业市场，其中秀山物流园区成功创建国家级示范物流园区、石柱黄水黄连市场成为中国唯一的黄连专业市场。同时，围绕文化创意、电子商务、商务服务等新兴服务业，各区县开始谋划产业布局和培育，如武隆正在建设中国（武隆）文化创意产业园区和电商产业园，以此带动相关产业发展。但总体来看，电子商务、文化创意、体验式消费等新兴服务业发展仍然很不充分，尚未成为渝东南特色经济发展的支撑。渝东南地区服务业主要平台分布如表2－27所示。

表2－27　渝东南地区服务业主要平台分布

区县	主要服务业平台	备注
黔江	大十字商圈、正阳新城核心商圈； 正阳现代物流基地、渝东南冷链物流中心	
武隆	中心城区商贸中心：城东商贸城、生态购物体验文化街、芙蓉西路美食街、特色夜市街区、生态购物体验文化街，中国（武隆）文化创意产业园区； 五洲国际商贸物流园、仙女山旅游商品物流园、白马综合工业物流园、土坎牲畜加工冷链物流中心等； 电商产业园	

续表

区县	主要服务业平台	备注
石柱	时代广场、康德中央大街、新天地等城市商业综合体，五方国际商贸城； 石柱黄水黄连市场； 西沱临港综合物流园区和石柱东商贸物流中心、南宾工业物流中心；	
秀山	花灯广场商圈、城东商圈； 秀山物流园区	
酉阳	桃花源商圈； 麻旺渝东南现代物流园	
彭水	老城核心商圈：美食街 2 条，特色型夜市街 1 条，农家乐集聚区 2 个等	

（六）政策及协同机制

依据国内发展经验，政策支持对城镇群建设具有重要作用，在这方面渝东南地区具有较大的优势。

1. 政策优势突出

渝东南地区集中拥有西部开发政策、民族政策、扶贫政策以及市里给予的专项支持等多种政策优势，集中了国家有关部委、有关省市、市内现代都市圈有关区县等多方位的对口支援和对口扶持优势，对经济社会发展具有强大的外推动力。例如，《武陵山片区区域发展与扶贫攻坚规划（2011—2020年）》提出鼓励社会投资，对区外企业投资特色优势产业项目，在项目核准等方面优先考虑，并给予土地方面的优惠以及实施差别化产业扶持政策，重点支持旅游业、特色农业、民族文化产业和生态环保型产业发展，在投资管理上予以优先考虑，在用地、信贷等方面优先给予政策倾斜，政策优势明显。重庆市财政每年安排 2000 万元少数民族发展资金，重点支持渝东南民族地区特色产业和经济社会发展 。每年安排 1.5 亿元的远郊社会事业发展资金，支持民族地区加强基础设施建设，改善投资环境，以促进渝东南生态环境与经济社会的协调发展。渝东南相关政策优势如表 2 – 28 所示。

表2-28 渝东南相关政策优势

政策类型	内容
财政政策	1. 中央财税体制调整下放的相关税收，市级不参与分成。 2. 加大转移支付补助力度，由区县（自治县）自主选择项目、统筹安排使用的补助资金，占转移支付总量的比重不低于80%。教育、医疗、社会保障、农田水利、基础建设等社会事业发展方面的财政支出，60%以上由市级财政予以保障
税收政策	1. 民族地区地方级税收全留的财税体制全覆盖。 2. 企业入驻渝东南工业园区，可以享受税收洼地最大的扶持力度，增值税以地方留存的30%~50%对企业进行扶持，企业所得税以地方留存的30%对企业进行扶持。个人独资企业小规模可申请核定征收，核定征收后享个税税率0.5%~3.1%
土地供给	1. 优先安排新增耕地指标收购。 2. 优先保障重点产业园区和重点旅游景区建设，并允许其优先利用城乡建设用地增减挂钩保障用地。 3. 保障重点工业项目用地，并在不改变工业用途的前提下，对提高土地利用效率和增加容积率的，不再增收土地价款。 4. 对重点旅游项目公用性基础设施建设用地计划指标予以支持并优先纳入年度用地计划
社会融资	1. 实施农村金融机构定向费用补贴、县域金融机构涉农贷款增量奖励政策。对符合条件的鼓励类行业中小微企业贷款、科技创新文化创意型中小微企业贷款、生态环保项目贷款、劳动密集型行业贷款增量按规定给予奖励。 2. 执行民贸民品贷款贴息政策，鼓励金融机构加大对民贸民品定点企业的信贷支持。积极开展农村小型水利设施、农机等涉农动产、地票、保单、存货、应收账款、农业科技专利等抵（质）押贷款。 3. 支持有条件的企业通过发行企业债券、公司债券、中期票据等方式开展直接融资。 4. 市三峡产业投资基金、基础设施PPP投资基金、市产业引导股权投资基金等优先支持该区域生态经济发展
联动发展机制	1. 黔江与广州市番禺区、浙江省桐乡市、重庆市两江新区建立友好合作关系，不断深化与重庆市永川区"圈翼对口"帮扶合作，同时与山东省日照市建立了扶贫协作机制。 2. 石柱深化与中核集团、云南省、山东淄博市、重庆市委办公厅扶贫集团、江津区等对口帮扶地区的合作。 3. 秀山承接大足区、璧山区等区县对口帮扶

2. 对外协同发展机制逐步构建

基于自身发展水平有限以及扶贫的需要，渝东南地区各区县更倾向与市内大都市圈、市外发达地区建立合作，例如：黔江与广州市番禺区、浙江省桐乡市、重庆市两江新区建立友好合作关系，不断深化与重庆市永川区“圈翼对口”帮扶合作，同时与山东省日照市建立了扶贫协作机制。石柱深化与中核集团、云南省、山东淄博市、重庆市委办公厅扶贫集团、江津区等对口帮扶地区的合作。秀山承接大足区、璧山区等区县对口帮扶。同时，在《武陵山片区区域发展与扶贫攻坚规划（2011—2020年）》和《关于推进武陵山片区旅游减贫致富与协同发展的意见》等政策的支持下，武陵山片区已签署武陵山片区警务合作协议书，鄂、湘、黔四省市武陵山片区市（州、区、县）人民政府联合成立武陵山旅游发展联盟，但总体来看，渝东南区域内在城镇市场体系、信用体系、资源共享、成本共担、利益共享等方面的合作机制尚未建立。

四、渝东南人口分布及城镇空间格局现状

从历史上看，受地形地貌制约，渝东南片区对外交通长期依赖水运运输，公路运输多年依靠一条319国道，城镇基本沿山谷、河谷点式发展，人口总体呈现小聚居、大散居格局。直到2006年、2009年渝怀铁路、渝湘高速相继通车后这一状况才得以改变，渝东南片区各区县中心城区加快成长，城镇聚点沿交通干线、乌江沿线（岸）不断发育，表现出明显的“亲水、亲路”特征，以中心城区为核心、小城镇为支撑的“点—轴”式带状城镇空间体系正在逐步形成。

（一）人口空间布局现状

渝东南片区作为山地少数民族聚居区，人口结构和空间分布较为复杂，外流特征明显。2017年，渝东南片区户籍人口373.35万人、常住人口272.43万人，分别占全市的11.01%和8.86%。

1. 人口结构特征

（1）少数民族人口为主

渝东南片区是重庆市唯一集中连片，也是全国为数不多的以土家族和苗族为主的少数民族聚居区，少数民族人口占全市少数民族总人口80%以上，占渝东南片区总人口的比重达到62.8%，其中土家族、苗族分别占总人口的

46.5%、16.1%。

（2）年龄结构偏向老龄化

2017年，黔江、武隆、石柱、酉阳60岁及以上老龄人口分别占区县户籍人口的16.2%、20.6%、18.0%、16.3%，18～59岁劳动年龄人口分别占61.5%、60.1%、61.1%、58.4%。由于18～59岁劳动年龄人口多数常年外出，导致农村常住人口中老幼比重大，也是区域城镇化和经济社会发展的短板。

（3）贫困和生态移民人口众多

通过近两年脱贫攻坚战，到2018年底，渝东南片区未脱贫人口减少至3万多人，全市4个未整体脱贫摘帽区县中有酉阳、彭水，深度贫困乡镇还有黔江区金溪镇、秀山县隘口镇、酉阳县车田乡和浪坪乡、彭水县大垭乡和三义乡、武隆区后坪乡、石柱县中益乡等8个乡镇，涉及人口1203户、4902人；同时到2020年渝东南高山生态移民搬迁累计将达20万人，脱贫人口和高山生态移民的就业、持续致富压力仍然较大。

2. 人口分布特征

人口的集聚有利于建设用地空间的集约和基础设施、公共服务设施的集中布局。由于渝东南片区地形地貌复杂，除部分平坝及河谷地带较为平坦外，境内多是丘陵山地喀斯特地区，决定了该区域人口分布的“星点”特征和重点集聚特征。

（1）人口稀疏且呈“星点”状分布

渝东南片区辖区面积1.98万平方公里，占重庆全市域的21%。2017年渝东南片区常住人口占全市常住人口的8.86%，人口密度137.6人/平方公里，远低于373.2人/平方公里的全市平均水平，也低于渝东北片区240人/平方公里的水平。人口分布呈现出“星点”状，除部分分布在中心城区与河谷地带以外，大量人口仍分布在广大农村，人口集聚不足制约了城镇空间的拓展和集约利用。

（2）城镇人口六成分布中心城区

由于渝东南片区属于国家生态敏感脆弱区，工业发展受限，经济实力较弱，财力主要依靠转移支付，各区县把重点放在中心城区建设上，公共资源、基础设施等重点配置中心城区，因而带动了区域人口向中心城区集聚。

2017 年，渝东南片区城镇人口合计 109. 5 万人，其中六个中心城区人口占比超过 60%。城镇常住人口分布如表 2 –29 所示。全域除中心城区外共有小城镇 177 个，平均规模在 2000 人左右，其中 1 万人口以上的中心镇和重点镇有黔江濯水古镇，武隆仙女山镇、白马镇和江口镇，石柱黄水镇和西沱镇，酉阳麻旺镇和龙潭镇，秀山清溪场镇、溶溪镇和梅江镇，彭水保家镇等少数小城镇。

表 2 –29　2017 年渝东南片区城镇常住人口分布

区县名称	城镇常住人口/万人	中心城区人口		小城镇人口	
		数量/万人	占比/%	数量/万人	占比/%
黔江	23. 45	18. 01 （2015）	76. 8	5. 44	23. 2
武隆	14. 82	9. 12	61. 5	5. 7	38. 5
石柱	16. 10	8. 65	53. 7	7. 45	46. 3
秀山	19. 34	12. 93	66. 9	6. 41	33. 1
酉阳	18. 46	7. 13	38. 6	11. 33	61. 4
彭水	17. 33	10. 68	61. 6	6. 65	38. 4
合计	109. 5	66. 52	60. 7	42. 98	39. 3

3. 人口流向特征

目前渝东南六区县产业发展总体滞后，整体承载能力较弱，导致人口大量外流，对人才吸引力不强。

（1）区域人口流出比例较大

产业与人口的协调程度较差，2017 年，渝东南片区六区县地区生产总值共计 1004. 55 亿元，仅占全市的 5. 15%，远低于常住人口占全市 8. 86% 的比重，人口的外流趋势将持续。2017 年，渝东南六区县人口合计净流出 100. 93 万人，占户籍人口的 27%，流出比例高于渝东北片区（25. 9%），大部分属于外出务工人员，主要去向沿海发达地区和重庆主城区。酉阳、石柱、彭水、秀山人口流出比例明显大于黔江和武隆，与各区县经济发展水平（人均地区生产总值）密切有关。具体情况见如表 2 –30 所示。

（2）区域对外人口吸引力弱

渝东南经济高质量发展、城镇管理高水平需要各类专业人才，但目前除了旅游人口，渝东南片区对外来人口缺乏吸引力，更难吸引区域发展亟须的人才，导致高层次管理、技术人才严重缺乏。2008 年全球金融危机以来，渝东南在沿海务工人员回流趋势明显，但主要选择回重庆主城区，返回渝东南区县的主要是大龄农民工群体。根据联通智慧足迹大数据分析，黔江在武陵山区的人口吸引力也不强，而秀山对铜仁和湘西有一定的吸引力，其他几个区县对人口的吸引力都不强。武隆仙女山、石柱黄水等旅游度假地主要吸引度假、避暑人口。此外，渝东南片区季节性人口变动较大、过境人口偏多，由于公共服务配套不足，制约旅游度假人口的常年性集聚能力，同时伴随因城择业新趋势，渝东南城市品质不高也制约了就业通勤人口的集聚。

表 2－30　2017 年渝东南片区人口净流出情况

区县名称	户籍人口/万人	常住人口/万人	人口净流出/万人	人口净流出占比/%	人均地区生产总值/元
黔江	55.45	47.76	7.69	13.9	48549
武隆	41.27	34.72	6.55	15.9	46224
石柱	54.77	37.91	16.87	30.8	42807
秀山	66.58	48.05	18.53	27.8	34755
彭水	70.02	49.08	20.94	29.9	28690
酉阳	85.26	54.91	30.35	35.6	25879
合计	373.35	272.43	100.93	27.0	48549

（3）城镇化的动力来自外部

渝东南整体仍处于工业化初期，但区域城镇化发展较快。从非农就业结构来看，2017 年渝东南片区制造业就业比例仅在 10% 左右，表明工业化对本地城镇化的直接带动作用并不明显。同时，非农就业中消费服务、建筑业、公共服务占比较大，与重庆全市、沿海地区存在明显差异。渝东南城镇化快速发展主要源自外部输血：一是中央及重庆市对老少边穷地区的转移支付，支持了区县公共服务与基础设施投资，带动建筑业、公共服务就业增长；二是外出务工人员寄带回的收入，拉动本地消费，带动服务业就业增长。

（二）城镇体系空间布局现状

长期以来，受自然环境、户籍制度等因素影响，渝东南城镇化发展十分缓慢。直到 2007 年重庆设立全国统筹城乡综合配套改革试验区后，渝东南城镇化迎来了加速发展期，但城镇化发展质量仍然不高，远低于全市平均水平。由于山水阻隔，渝东南城镇分布较为分散，城镇间联系不密切。随着交通改善，这一状况正在逐步改善，城镇空间结构正由单体城市发育向“点—轴”式结构转变。

1. 城镇化水平与质量特征

（1）城镇化正处于中期的起始阶段

近10年来，在户籍制度改革、生态区人口转移、劳务输出等政策推动下，渝东南城镇化经历了一个起点低、速度快的发展过程。2007—2017年，常住城镇人口由64.6万人增加到109.5万人，常住人口城镇化率由23%提升到40.2%（图2-7），年均提高1.7个百分点，分别高于全国、全市平均水平0.4个、0.7个百分点。户籍城镇人口由46.3万人增加到118.93万人，户籍人口城镇化率由13%增加到31.9%（图2-7），年均提高1.9个百分点。

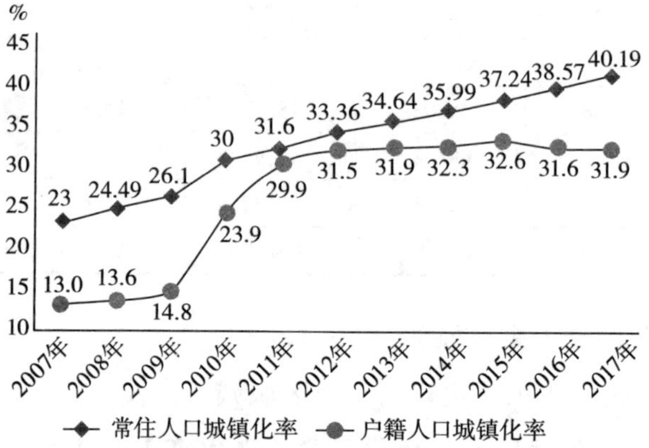

图2-7　2007—2017年渝东南常住人口和户籍人口城镇化率

（2）城镇化整体发展质量不高

目前，渝东南城镇化整体发展水平较低。2017年，渝东南常住人口城镇化率40.2%，远低于全市（64.08%）、全国（58.52%）平均水平，也低于周边的渝东北、恩施、湘西、铜仁、遵义等区域（图2-8）。近几年，随着机会成本增大，农民进城落户意愿明显下降，导致户籍人口城镇化步伐放缓，与常住人口城镇化发展差距逐步拉大，由2011年1.7个百分点扩大至2017年的8.3个百分点。同时，部分区县也存在土地城镇化发展超前，人口城镇化发展滞后，城镇人口规模与城市发展空间不相匹配等问题。

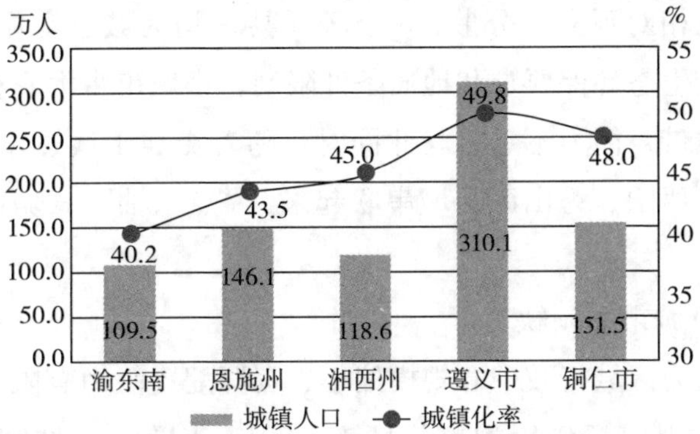

图 2－8　2017 年渝东南及周边地区常住城镇人口和城镇化率

(3) 区域内城镇化发展水平存在一定梯度

从发展阶段来看，黔江、武隆、石柱、秀山城镇化率都超过40%，处于城镇化快速发展阶段。彭水、酉阳城镇化率不足40%，仍处于城镇化发展中期的起步阶段。其中，黔江城镇化发展水平最高，城镇化率达到49.1%，而酉阳常住人口最多，城镇化发展水平最低，城镇化率仅33.6%，与黔江相差15.5 个百分点，梯级跨度较大。具体如图 2－9 所示。

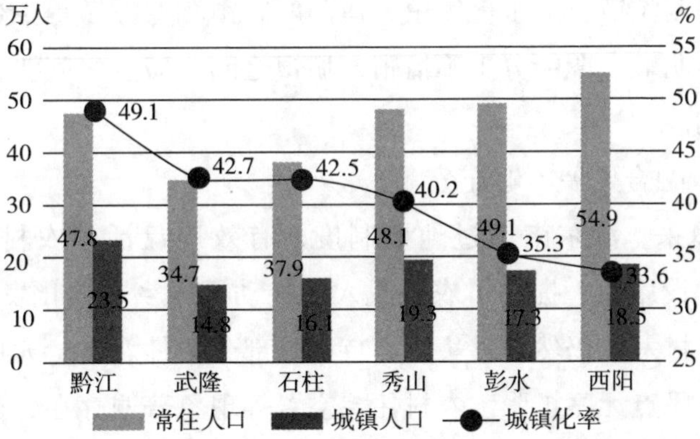

图 2－9　2017 年渝东南常住人口、城镇人口和城镇化率

2. 城镇空间分布与结构特征

(1) 以单体城市形成和壮大为主

根据城市群理论，目前渝东南正处于城市群发育的前期阶段，以单体城市发育为主。呈现围绕行政中心所在地的区（县）中心城区点状发展的特征，城市发展相对孤立、分散，6个区（县）均为城区常住人口25万以下的小城市。受生态环保要求和地质条件限制，小城市带大农村的格局短期难以改变，以城带乡能力不足。与此同时，随着交通干线逐步将武隆、彭水、黔江、石柱、酉阳、秀山区县城串联起来，“点—轴”式城镇空间结构也正在形成。

（2）首位城市引领缺乏

区县城作为区域行政中心规模偏小、资源配置能力有限，渝东南片区缺乏发挥核心城市引领作用的首位城市。2017年黔江区城镇人口23.45万，GDP 231.87亿元，城市首位度[①] 1.21，经济首位度1.43，都属于低首位分布，在经济层面辐射带动力不强，影响腹地范围较小，难以发挥辐射县域、振兴乡村的作用。

（3）小城镇较多但重点镇和中心镇偏少

渝东南城镇分布相对分散，城镇密度1.2个/百平方公里，低于全市1.24个/百平方公里的整体水平。渝东南195个建制镇中重点镇和中心镇仅19个，其中，1万人口以上的仅有武隆仙女山镇和白马镇、黔江濯水古镇、石柱黄水镇和西沱镇、彭水保家镇、酉阳麻旺镇和龙潭镇等少数镇，由于规模等级梯度不明显、职能分工不清晰，城镇之间、城乡之间要素集聚和流动受到一定制约。

（4）城乡融合发展不够充分

2008年以来，渝东南通过地票制度，有效地盘活了农村闲置、废弃、低效利用的建设用地，提高了农民收入，推动了城乡一体化发展[②]。但由于缺乏规划，乡村发展仍然不够集约，特别是部分条件恶劣、人口流失严重的村庄，农村居民点无序扩张、农村住宅空置等现象普遍存在，造成真正能用于发展的土地不足，限制了发展空间。与此同时，农村集体经济体量小，发展后劲不足，制约了城镇化与乡村振兴联动发展。

---

① 城市首位度在一定程度上反映了城镇体系中的城市发展要素在最大城市的集中程度。按照位序规模法则，一般认为城市首位度合理数值为2（来源于百度百科）。

② 重庆已交易地票70%以上来源于渝东北、渝东南地区。

3. 主要城镇之间联系特征

（1）城镇间联系相对松散

总体来看，渝东南除秀山接受的最大辐射来自铜仁外，其他区县接受的最大辐射均来自重庆主城区，表明主城对渝东南片区具有较强的辐射带动作用。从渝东南内部来看，受历史上地缘相近、人文经济相通影响，黔江、彭水、酉阳经济联系、要素流动、商品交易较多，尤其是黔江的教育、医疗对周边地区产生较大影响，区外学生占黔江在校生的15.3%，但总体上渝东南统一市场体系发育仍较慢。

（2）城镇间分工协作格局尚未形成

根据城镇群演变理论，渝东南城镇发展正处于中心城市竞争大于合作的阶段。受区位、经济实力及产业发展现状影响，渝东南缺少具有辐射带动作用的大中城市，各区县都迫切希望发展壮大各自中心城区，城镇发展各自为政，导致城镇发展缺乏特色、生产布局重复、产业趋同、职能同化现象较为突出。特别是在生态旅游发展方面，渝东南片区均属于武陵山区，自然风光具有很大的相似性，由于缺乏资源整合、统一打造的意识，各区县的旅游产品开发同质化趋势严重，特色化、差异化发展不够。渝东南各区县主导产业现状如表2－31所示。

表2－31　渝东南各区县主导产业现状

区县	特色效益农业	特色生态工业	特色旅游业
黔江	烤烟、生猪、蚕桑、猕猴桃、绿茶	轻纺食品、电矿联产材料、高效节能电机、生物医药、汽摩机电	生态观光、体验旅游业
武隆	以半夏为主的中药材、烤烟、板羊、蔬菜	特色食品加工业、装备制造业	“天坑地缝”喀斯特景观生态观光体验旅游、“印象·武隆”文化旅游
石柱	以黄连为主的中药材、烤烟、辣椒	绿特农产品深加工、清洁能源、新型材料、机械电子	黄水国际民俗生态旅游度假、土家文化旅游
秀山	以金银花为主的中药材产业、烤烟、生态土鸡、茶叶	以食品药品为主的绿色加工业	秀山花灯、边城古镇等民俗文化旅游

续表

区县	特色效益农业	特色生态工业	特色旅游业
酉阳	以青蒿为主的中药材、烤烟、乌羊、青花椒、绿茶	农副产品精深加工、生物医药、纺织服装、绿色能源、新型材料、珠宝及贵重金属加工	依托土家摆手舞、酉阳民歌、酉阳古歌三大国家级非物质文化遗产，发展民俗文化旅游
彭水	半夏等中药材、烤烟、生猪、蔬菜（魔芋）	轻纺食品、矿产品精深加工、新能源	阿依河、摩围山生态观光、体验旅游

（三）交通格局及对城镇化的影响

受山形地貌制约，渝东南片区交通长期依靠一般公路和水运运输，直到2006年、2009年渝怀、渝利铁路，渝湘、沪渝高速相继通车后这一状况才得以改变，规划的渝湘高铁2024年才建成，且与主要对外通道走向一致，缺少北向快速干道规划和联络线规划，加之设计时速低于周边地区，渝东南区（县）两两之间、与重庆主城及周边的时间距离、心理距离、社会距离和经济距离仍很大。

1. 综合交通网络发育特征

（1）综合交通网络基本形成，但水平较低

直辖以来，渝东南片区交通基础设施获得发展，2006年以后渝怀、渝利铁路，渝湘、沪渝高速与黔江机场陆续建成投用，原有以国道、省道以及县乡道路为主的低密度、低等级公路网络开始向高承载、高效率的综合交通网络演变。但目前渝东南片区渝湘高速、渝怀铁路为主的交通干线走向单一，交通方式单调，综合运输通道线状结构明显，国道、省道等支线路网畅通水平不高，多通道、多线路、开放式的综合交通网络尚未形成，综合交通发展相对落后，支撑区域对外联系和内部资源要素聚集流动能力较弱。

（2）对外运输通道方向单一，结构不优

目前，渝东南片区已经具备以渝湘、沪渝高速，渝怀、渝利铁路为主的综合运输通道，但方向不全，仅有向西、向东和向南三个方向，向北联动渝东北片区通道至今未形成。且对外通道结构简单，基本以高速公路和铁路为主，高铁、航空等快速便捷通道缺乏。渝湘高铁建设周期较长，投用高铁仍是空白，黔江武陵山支线机场仅有12条航线，尚无国际直航点，对外空中通道数量较少、容量较低。水运通道能力不足，乌江与长江主干航道联动发展态势较弱，缺乏直接接入长江黄金水道的公路、铁路通道。

2. 内部交通路网形成特征

（1）交通路网密度等级较低

直辖以后，渝东南区域内路网建设持续加密，如表2－32所示，当前公路总里程已经达到2.6万公里，路网密度达到141.7公里/百平方公里，其中高速、铁路密度分别为2.67公里/百平方公里、2.02公里/百平方公里，均低于全市平均水平。区域内部路网等级较低，三四级公路与等级外公路占比较大，一级公路占比仅为0.1%，二级公路占比仅为2%，三级公路占比为5%。黔江作为区域中心城市，路网等级外公路占比超过50%，严重影响城市内部互联互通和枢纽功能建设，武隆、秀山等区域重要交通节点，二级以上中高等级公路占比仅为7%和5%，极大地制约区域内畅外联能力提高。

（2）内部交通网络空间结构性矛盾突出

渝东南区县间交通干线单维度连接显著，缺少直连捷径，仍未形成网状结构。区县两两间互通借由其他区县概率较大，干线路网停留时间延长，交通干线负荷增加，交通运输效率降低。内部交通网络覆盖不全，黔石高速尚未建成，石柱与渝东南片区内其他区县缺少直连干线，制约了区域经济联系和协作程度提高。高铁发展力度不够，至今缺乏与渝东北片区高铁联络线规划。乌江流域河流通航条件不优、通航里程较短，客货航运萎缩现象突出。

表2－32　渝东南片区公路、高速公路密度

区县	公路总里程/公里	高速公路/公里	路网密度/（公里/平方公里）	高速公路占比/%
全市	147881.46	3022.61	1.78	2.04
黔江区	3941.99	86.99	1.64	2.21
武隆区	4600.76	87.76	1.59	1.91
石柱县	4814.80	107.80	1.60	2.24
秀山县	3430.84	78.84	1.39	2.30
酉阳县	4071.99	99.99	0.79	2.46
彭水县	5810.56	66.56	1.49	1.15

专栏2－5　渝东南片区目前重大交通基础设施

高速公路：G65 渝湘高速、G5515 黔恩高速、G69 南涪高速、G50 沪渝高速。

铁路：渝怀铁路、渝利铁路、南涪铁路。

航空：黔江武陵山机场。

水运：乌江武隆白马港、彭水港、酉阳港，长江石柱西沱港。

3. 交通枢纽节点发展特征

枢纽节点体系不全，能力不足。由于受到综合交通网络相对滞后的影响，渝东南区域交通枢纽节点体系不够健全，缺少在国家级公、铁、水、空枢纽体系中的定位和布局，枢纽节点培育严重落后。各区县网络节点联系松散、层次模糊、功能不全。客运节点服务能力较弱，站点规划建设等级较低、容量较小，货运节点中转集散能力不强。高速道口、道路互通等转换节点布局不密，无法完全满足渝东南城镇间客运货运并重的连续交通流需求。黔江作为区域中心城市，对外联系通道较少、运输方式衔接不畅、客货集散能力不足，距离形成能够有效辐射带动渝东南全域的综合交通枢纽差距较大。

五、发展环境和未来趋势

渝东南片区总体仍处于“双欠”发展阶段，具有典型的“小城市带大农村”特征，但仍处于新型城镇化深入推进的战略机遇期。要结合自身山地地形地貌特殊性、多民族复杂性、生态脆弱性等特征，抢抓机遇，正面挑战和问题，以培育形成城市群为重要战略路径促进区域高质量发展。

（一）机遇及优势

1. 国家开放开发战略带来发展机遇

国家推动“一带一路”建设走深走实，推进西部大开发、长江经济带建设，成渝城市群等发展，为培育渝东南城镇群带来机遇。

一是“一带一路”提升渝东南开放发展区位优势。“一带一路”建设推动了中国开放空间从沿海、沿江向内陆、沿边延伸，形成陆海内外联动、东西双向互济的开放新格局。重庆以及渝东南片区由改革开放的末梢走向内陆开放的前沿，为充分融入并利用两个市场、两种资源创造了有利条件。

二是国家区域发展及城市群战略部署营造优良环境。西部开发开放、长江经济带发展等战略将加快实施，民族地区、贫困地区等发展短板将得以加快补齐。成渝城市群、黔中城市群、长株潭城市群等重点城市群奠定了一定的发展基础，联动发展逐渐成为共识。渝东南地区特殊地理区位、民族地区、贫困地区等客观现状正契合国家诸多发展战略重点和政策取向，迎来诸多发展机遇。

2. 交通格局、通信技术等重大变革带来发展新机遇

以交通、通信为代表的重大基础设施布局建设将形成培育渝东南城镇群的重要支撑。

一是重大交通等项目实施落地，将极大改善渝东南地理区位条件，提升区域竞争力。规划、建设的渝湘高铁、黔张常快铁、沿江高铁、渝武高铁、渝怀铁路、黔忠广铁路、恩黔铁路、黔遵昭铁路等铁路骨干线路，渝湘高速扩能工程，垫丰武、武道、彭务、秀印等高速公路建设，黔江机场扩能、武隆支线机场及区县通航机场项目等规划建设，将逐步提升渝东南对外联结水平，提升区位优势和竞争力。

二是信息技术变革及广泛深入应用，将极大改善渝东南片区地理上的劣势。全球正处于以信息技术为代表的新一轮科技变革和产业革命战略期，高速信息网络广泛覆盖，使渝东南地区内部节点之间以及渝东南地区与外部城镇群之间的经济联系方式发生革新，促进要素更加高效流动，提升经济联系紧密度，为城镇群建设带来新的动力。

3. 国家深入推进生态文明建设和绿色发展带来机遇

国家高度重视生态文明建设，给具有生态优势的渝东南发展带来创新发展机遇。

一是绿色发展理念有利于渝东南片区发挥已具备的基础优势。良好的生态是渝东南地区最具代表性的金字招牌，生态资源转化为经济资源，实现生

态产业化也将是渝东南城镇群建设中新的增长动力，在践行绿色发展理念中拥有更多改革、创新、发展新机遇。

二是围绕绿色发展的各类创新为渝东南城镇群培育提供政策等保障。国家大力推动绿色发展新理念，将致力改革完善相关制度，如设立绿色发展基金、探索碳汇交易创新、促进区域生态环保联动等，均将对渝东南城镇群培育提供政策创新、外部支持和协同等诸多有利条件。

4. 重庆加快推动区域协调发展并为城镇化进程注入动力

全市对接国家区域发展战略导向，在全市范围内推进因地制宜的发展策略，为各区域提供更好发挥优势、克服劣势的空间。

一是区域协同发展思路有利于渝东南借力发展。针对都市圈、渝东北地区、渝东南地区区域间的自然条件、资源禀赋、发展水平和潜力不同，市委市政府提出注重分类指导、抓好区域协同发展的思路，加快探索培育城镇群带动渝东南、渝东北欠发达地区发展，有利于促进都市圈与两大生态区的优势互补、共促发展。

二是全市统筹发展有利于提升渝东南片区公共服务及各类设施建设水平。在全市协同发展导向下，渝东南片区在提高基本公共服务保障能力，支持贫困区县统筹资金，提升生态功能、推进乡村振兴、发展特色产业等方面将获得更多上级支持，加快经济社会发展和城镇化进程获得更多外部动力。

5. 拥有较多特色资源开发和改革创新潜力

渝东南地区独特资源文化，大农村蕴含改革创新空间。

一是生态矿产资源优势转化为经济优势的潜力将逐步发掘。渝东南地处大娄山和武陵山两大山系交汇地，是重庆唯一集中连片、也是全国为数不多的以土家族和苗族为主的少数民族聚居区。拥有独特的民族、民俗文化资源和自然生态资源，探索“生态产业化”发展路径具有较好基础。

二是乡村振兴战略实施拓展改革创新空间。渝东南“大农村”特征突出，国家推进以“三变改革”为代表的系列改革，将进一步释放农村各类要素潜力，同时提升广大农民素质，加快农村现代化进程。

6. 政策叠加优势较突出

诸多政策落地实施有利于破解渝东南城镇群培育中各类问题。

一是国家重大政策实施力度大。西部开发开放、民族政策、扶贫攻坚政策等诸多国家政策聚集，同时获得国家相关部委、相关省市、重庆都市圈相关区县等多方位的对口支援和对口扶持。上述各个层面政策的落地，为渝东南城镇群建设创造一定程度的竞争优势。

二是渝东南也拥有良好的政治生态环境。渝东南片区广大干群积极响应培育城镇群思路，面对各类困难，具有努力求发展的创新精神，为加快培育城镇群营造了良好的内生动力。

（二）挑战及劣势

1. 自然地理及生态条件约束较大

地理区位、自然条件等形成客观发展约束。

一是渝东南地处内陆，对外联通水平较低，对外开放条件虽有所改善但相较沿海沿边等区域仍具有天生的劣势，导致物流成本高，市场空间有限，区域竞争力相对较弱。

二是生态环保约束较大。渝东南片区生态环境脆弱，石漠化现象、水土流失、自然灾害等问题较突出。严守生态红线，对产业发展提出更为严格的要求。同时，由于地形地貌因素，用地条件差。城镇发展、产业发展均面临较大的生态约束和土地等要素支撑。

2. 经济整体发展水平及联系较弱

“双欠”发展特征突出，经济联系弱等均为城镇群培育提出挑战。

一是经济社会发展水平整体较低。渝东南片区在 GDP 总量、投资、消费、财政收入等方面均处于全市靠后水平，小城市带大农村发展的能力不足。

二是区县联系度低。目前 6 个区县经济发展水平差异不大，区域内产业、教育、科技、劳务等领域合作较少，区域市场体系也远未形成，甚至在一定程度上存在较明显的同质化竞争。

三是缺乏具有带动辐射性的区域性产业平台、公共服务平台，城镇群建设的基础较弱。

3. 城镇发展基础弱、体系不优

城镇化水平较低，缺乏区域引领性城市，城镇体系不优问题突出。

一是城镇化水平低，功能不足。渝东南地区集少数民族地区、贫困地区、山区等诸多特征于一体，区域城镇规模、人口、产业、公共服务等基础较弱，城镇功能不完善。

二是缺乏首位度高的城市引领发展。区域内6个区县城区规模相差不大，缺乏核心城市引领作用的首位城市，各区县中心城区对乡镇带动能力不足，各城镇之间未能形成城镇职能有序分工、有机联系的格局。

4. 基础设施建设水平相对滞后

交通等基础设施建设滞后直接影响城镇群的形成。

一是重大交通设施水平不足。由于地形地貌等地理限制因素，对外联系大通道不足，同时区域内部通达性较差，交通设施布局密度不足，人流、物流较少。

二是能源、水利、信息等设施整体水平较差。重大体育、文化、科技教育等公共服务设施及公共安全等设施缺乏，构建一体化城镇群的硬件支撑亟待改善。

5. 协同发展机制不健全

协同机制是促进城镇群建设和发展的关键因素。

一是渝东南地区与重庆都市圈、渝东北地区协同发展机制远未形成。造成不同发展水平在某些领域的同质化竞争。

二是渝东南区域内部的协同机制构建难度大。由于各区县发展水平差异不大，未形成合理分工，六个区县在城镇市场体系、信用体系、资源共享、成本共担、利益共享等方面的机制创新难度也较大。

总体来看，培育渝东南城镇群机遇大于挑战，但短期看优势小于劣势，推动城镇群的形成需要经历一个历史进程，可借国家诸多战略和有利条件，克服挑战和困难，近期以推进本区县城镇化为重点，做大做强区县中心城区，逐步带动重点镇、中心镇等发展，加强各中心城区的交通网络体系建设，推动区域合作机制的建立，朝着构建山地城镇群方向努力。渝东南武陵山区城镇群SWOT分析如图2－10所示。

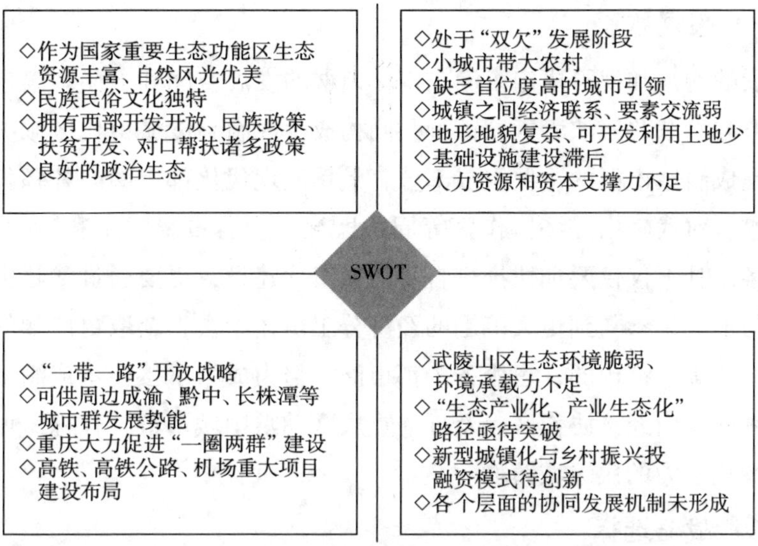

图 2－10 培育渝东南武陵山区城镇群 SWOT 分析

六、思路设计

城镇群的形成大多要具备优越的区位门户条件、先进的交通通信条件、较强的自然地理资源承载能力、人口和产业的集聚和流动、经济社会较强的联系和分工等条件。渝东南片区目前尚处于单体城市发育和壮大阶段，城市发展相对孤立、分散，市场还处于自我供需平衡的状态，深度城镇化任务重、难度大，城镇群建设基础仍较为薄弱。

从国际国内普遍发展规律来看，城镇化进程可以缩短，但发展历程是一个连续的过程，城镇群是城镇化朝深度发展的产物。一方面，尽管目前渝东南片区还不完全具备构建城镇群的基础和条件，但其推进深度城镇化的方向与城镇群的构建基础是基本一致的；另一方面，在资源环境硬约束下，其城镇化和城镇群的构建又要体现生态文明主题和山地中小城镇的特征。在发展路径上，建议近期以推进本区县城镇化为重点，做大做强区县中心城区，逐步带动重点镇、中心镇等发展，同时通过加强各中心城区之间的交通信息网络体系建设和区域合作机制建设构建城镇群基础框架，中长期形成山地中小城镇群，成为重庆市现代城镇群体系的有机组成部分。

（一）发展视野

发展的胸怀和视野决定了渝东南城镇群的发展空间和方向。渝东南武陵山城镇群与渝东北三峡库区城镇群共同构成了成渝高度城市化区域的外围辐射区，是成渝城市群的重要组成部分，是重庆现代化都市圈向外辐射拓展的重要支撑，对武陵山经济协作区等周边区域产生着重要联系和影响。未来，渝东南各区县不仅仅要加快推进自身的城镇化建设，更要通过武陵山城镇群的构建与形成，参与到更大范围的经济分工协作中去，获取更广阔的发展空间，既依托重庆都市圈，也服务于都市圈，努力成为承接传承成渝城市群功能、引领武陵山经济协作区以及推动重庆联动黔中城市群、长株潭城市群的具有区域竞争力的次级城镇群。

（二）战略选择

渝东南片区集生态地区、高山地区、民族地区于一体，自然人文资源丰富但生态环境综合承载力有限，生态保护、脱贫攻坚和实现全面小康、现代化目标任务艰巨，不适宜大规模的开发建设和传统的招商引资、人口扩张发展路径，必须探索走一条以山地新型城镇化为主题的集约节约开发利用资源要素的发展路径，在推进新型城镇化进程中，促进逐步形成渝东南武陵山城镇群，进而提升城镇发展品质、转变城市发展方式和促进经济增长。

渝东南武陵山城镇群在发展导向上，突出以人为本的高质量发展，城镇的发展要兼顾脱贫致富和乡村振兴。摒弃唯经济要素论，重点鼓励第一、第三产业发展，强化第二产业选择，着力促进第一、第二、第三产业融合发展，控制人口规模和优化人口结构并重，更加重视生态和社会要素。在发展方式上，要兼顾城镇和新农村现代化进程，摒弃粗放的要素和规模驱动，重点以新型城市—特色小城镇—田园综合体建设促进存量空间优化美化和质量提升，促进城镇品质提升和结构优化。在城市形态上，要重点实施中心城区成长计划，通过有机更新重构若干中小城市、微城市，摒弃机械式的功能分区，重视空间之间的关联和协调，构建以中心城区为主体、特色镇为支撑的城镇体系，逐步形成“多中心”“组团式”城市发展形态。在城市支撑上，要强化区域内各中心城区在交通、公共服务、重大基础设施、组织管理、要素资源等方面互联互通，强化关键性新型城镇化制度、协同机制创新供给，在发展条件和发展机制上形成“共生互动”体系，发挥政策机制作用，增强各区县之间的经济社会联系。在城市功能上，要突出山地地域特色、多民族特色、生态特色，承担旅游度假、城市配套、商贸物流、生态屏障等功能，参与更大范围的城镇群经济社会分工协作。

（三）战略路径

将生态文明建设作为发展主题，统筹推进城镇化、乡村振兴和生态环境保护。保护和建设好国家生态屏障是渝东南城镇群构建的前提，要把生态建设和环境保护放在首位，形成城镇群绿色底本。产业、人口、就业重点向承载力高的中心城区集聚，适度发展重点镇、中心镇满足就地城镇化需求，对生态环境脆弱、人口流失严重的区域逐步搬迁撤并村庄、推进撤乡并镇，在经历一个代际过程中形成大面积的生态功能区和国家生态公园；对旅游、文化、农业较发达的村庄，通过培育度假区、田园综合体、民族村寨、农业庄园等新形态培育新型农民，突出第一、第三产业发展，以文化旅游发展和农业现代化促进乡村振兴。

将精致城市建设作为发展路径，统筹推进增量控制和存量优化。城市的发展和壮大、城镇空间体系梯级形成是渝东南城镇群构建的基础条件，立足自然地理生态本底，渝东南中心城市很难集中连片开发，也不能无限制扩大，而应以中小城市、微城市等精致城市和新型城市建设作为发展路径，适度拓展形成“多中心”“组团式”城市形态，通过提升城市形象和功能增强城市吸引力。在中心城区以外，按产城景融合理念发展特色小镇，控制增量，强化存量空间优化美化和质量提升。与此同时，渝东南青壮年劳动力外流的趋势还将继续，片区人口规模很难增长，关键还在于与产业结构调整相匹配的人口年龄、素质、布局结构的优化。

将以人为本作为发展目标导向，统筹推进高质量发展和高品质生活。城镇群建设的最终目标是提高居民获得感和幸福感，推动渝东南片区居民和重庆一道实现全面小康和现代化目标。渝东南这种山地城镇群不同于一般城镇群，其形成特征不在于城镇数量多、规模大、经济总量高，而在于城镇人均密度高、强度大、收入多。要立足高山、生态特征，突出国土资源集约节约利用，积极推进产业生态化和生态产业化，促进第一、第二、第三产业融合发展，延伸绿色生态产业链和价值链，加快高质量发展转型；同时，对标都市圈发展水平和标准，促进基本公共服务均等化，扩大高品质生活供给，满足人民日益增长的物质文化需求。

（四）思路原则

全面贯彻落实党的十九大精神，坚持以习近平新时代中国特色社会主义思想为指导，牢固树立和贯彻落实新发展理念，紧扣全国新型城镇化深入推进机遇期，立足航空高铁时代和信息网络时代对新型城镇化的重大影响，以提高居民获得感和幸福感为导向，以构建高质量城镇群为主题，以资源集约节约高效利用绿色发展为主线，以优化城镇空间体系、生产力空间布局、交通空间布局为重点，推动新型城镇化与乡村振兴联动发展，做强中心城区，培育发展中小城市和特色小城镇，增强人口、经济集聚能力，促进基础设施、资源要素、政策机制互联互通，形成空间相对集约、经济联系紧密、资源优势互补、功能合理分工、生态共建共享的经济发展、人民富裕、山清水秀渝东南城镇群。

生态优先、绿色发展。践行生态文明理念，把生态建设和环境保护放在首位，保护和建设好国家生态屏障，形成城镇群绿色底本。积极探索产业生态化和生态产业化的绿色发展新模式，努力将生态资源优势转化为经济优势。围绕“旅游+”和“+旅游”，把发展“服务经济”作为重中之重，加快促进第三产业融合发展，延伸绿色生态产业链和价值链。

集约节约、高质高效。以城镇群的构建和发展促进渝东南片区的高质量发展转型，立足高山、生态特征，突出国土资源集约节约利用，产业、人口、就业重点向承载力高的区域集聚。强化全域旅游为导向的精明增长，强化产城景融合发展为导向城镇质量提升，促进因城择业，实现人口结构、就业结构、旅游度假结构优化和产业结构高级化。

优势互补、互利共赢。立足渝东南各区县资源、要素、产业发展特点、共性和特性，发挥地缘优势、资源优势和市场优势，坚持合作开发、突出特色，积极探索共建共享共赢机制，统筹推进基础设施共建合作，产业互补合作，资源要素共享合作，城镇群共建合作，促进形成区域中心城市、新兴节点城市、新兴门户城市等多点发展支撑格局。

政府引导、市场主导。更好地发挥政府在规划、政策、机制等顶层设计方面的宏观引导作用，强化市场、企业在城镇群构建中的主体地位，以中心城区、特色城镇、基础设施、产业发展等重点领域和关键环节为突破口，增强区县城区资源配置能力，强化关键性新型城镇化制度创新供给，同步加快新农村现代化进程，构建新型城乡关系，释放城镇化发展潜力。

（五）功能定位

山地绿色智慧城镇群。鼓励发展绿色、智慧、海绵等新型城市，通过促进中心城区成长、特色小城镇发育加快渝东南新型城镇化进程。依托高铁、机场条件，运用智能技术，优先支持黔江、武隆中心城区发展，通过构建“一环三族群”城镇空间结构，强化区域内各中心城区之间的经济社会联系，构建多节点新型城镇群，实现与都市圈融合发展、与渝东北联动发展、与武陵山引领发展，参与更大范围经济协作，成为我国山地城镇群发展典范。

全国生态文明示范区。落实主体功能区定位，严守生态红线，构建武陵山脉生态屏障和乌江水系生态带。坚持在发展中保护、在保护中发展，重点发展旅游、康养、消费、绿色加工等资源利用率高、生态效益好的新兴产业，鼓励运用互联网、大数据、人工智能等新技术改造传统工业。同时，探索生态产品价值实现机制，有序促进生态要素向生产要素、生态财富向物质财富转变，成为将生态资源优势转化为经济优势的全国示范区。

武陵风情国际旅游目的地。以全域旅游为统领，充分挖掘整合渝东南旅游资源，突出世界自然遗产、武陵人文风情、高山纳凉度假特色，优化整体布局，突出个性差异，构建武陵山大旅游区。推动5A景区创建，实现跨区域红色教育、人文体验、自然观光、休闲度假、康养健身、乡村扶贫联动发展。推动“旅游+”“+旅游”产业融合发展，实现“门票经济”向“产业经济”价值链有效延伸，打造世界知名旅游目的地。

产城景融合发展示范区。通盘考虑景区开发、城市提升、产业发展和乡村振兴，创新度假区、田园综合体等高山生态地区城镇形态。把旅游元素充分融入产业、城镇、基础设施、环境保护等发展和建设中，加速城区景区化。通过提升渝东南城镇群国际化、绿色化、智能化、人文化水平，促进旅游度假人口和高素质人口集聚，助推新兴产业进入，走出一条以城聚人、以人兴产的新道路，培育新的经济增长动力，实现高质量发展转型。

（六）发展目标

到2025年，渝东南中心城区建设和本地城镇化进程取得显著进展。以航空、高铁、高速公路为依托的对外交通大动脉和内部交通骨架网络基本成型，以中心城区为主体的城镇体系建设取得积极进展，度假区、高铁商务区、临空经济区、道口经济区等新的城市和产业形态健康发育，常住人口、就业人口、旅游人口、度假人口梯次集聚，国土资源利用效率和区县本地城镇化率显著提高。产城景融合发展试点取得积极成效，绿色产业加快发展，生态保护和建设增强，乡村振兴同步推进，农业农村发展水平显著提高，为渝东南武陵山城镇群构建创造基础和条件。

到2030年，渝东南多点支撑的城镇群雏形基本形成。交通、通信等重大基础设施互联互通水平进一步提高，中心城区和特色小城镇发展质量显著提升，绿色产业和人口进一步优化集聚。产城景融合发展示范效应不断彰显，新农村现代化进程加快，生态文明建设取得成效，新型城乡关系进一步优化。区域内各中心城区之间的经济联系、互联互通水平显著提高，全域旅游引领的产业融合发展取得新突破，国土空间和资源配置趋于优化，基础设施和公共服务综合承载力明显增强，渝东南武陵山城镇群雏形基本形成。

到2035年，渝东南武陵山城镇群发展质量和地位作用显著提高，基本实现现代化。重大交通等基础设施和公共服务设施实现一体化、同城化、全域化布局，统一市场体系基本形成，生态文明建设示范效应显现，城乡融合、区域协调发展新格局基本形成。区域内人流和物流迅速增加，通勤、生产和运输成本降低，节点自身规模增强，节点数量增多，区域联系程度不断加深，形成了节点之间的等级规模和分工协作。渝东南城镇群与周边城市群的联系不断加强，区域竞争力明显提高，成为成渝城市群、武陵山经济协作区重要支撑。

七、重点任务和实施路径

（一）保护和恢复并重，创建成为全国生态文明建设示范区

渝东南地区是国家重点生态功能区和重要生物多样性保护区，是建设长江上游生态屏障的核心载体之一。区域内风光优美、空气清新、物种丰富，喀斯特地貌分布较广，生态承载能力较弱。渝东南的发展应突出生态功能特色，成为重庆都市圈、成渝城市群重要生态功能、度假功能补充。

1. 筑牢区域绿色生态本底

贯彻“山水林田湖是一个生命共同体”理念，坚持保护优先、自然恢复为主的原则，筑牢渝东南绿色生态本底。筑牢武陵山脉生态屏障，以仙女山、摩围山、万寿山、仰头山、金银山、太阳山、圆梁山等山体为重点，全面实施新一轮退耕还林、天然林保护、低效林改造、封山育林等森林工程，有效改善生态环境，维护生物多样性，增强森林生态系统稳定性和生态服务功能。构建乌江水系生态保护带，以乌江、郁江、梅江河、普子河、阿蓬江、酉水河、沿河等河流为重点，共同构筑形成乌江流域水系生态带，加强流域生态环境综合治理，完善综合治理体制机制，加快形成流域综合治理经验。严守生态保护红线，严格按照规定保护森林、河流、湖泊、草地等重要生态系统、生态敏感脆弱区域以及自然保护区、森林公园等划入生态保护红线的区域，一切规划和使用应严格遵守生态保护红线空间管控要求，大力实施生态修复工程，大力实施地质灾害防治、石漠化综合治理、水土保持等修复治理工程，增强生态系统水源涵养和水土保持功能。

2. 推进产业生态化和生态产业化

充分发挥政府引导和市场调节作用，构建和完善有利于产业生态化、生态产业化发展的长效机制。加快建立有利于产业生态化的体制机制创新，完善财政、税收、金融、投资等促进产业生态化发展的政策体系，建立产业生态化发展激励机制，加大对渝东南烟草产业的支持，支持调增生产计划和调优产品结构。完善科技对产业生态化长效支持，着力提升集成创新和引进消化吸收再创新能力，鼓励运用互联网、大数据、人工智能等新技术改造传统

工业，建立健全以高新技术为基础的绿色技术体系，在渝东南布局中医药大学、国家级高新区，支撑生态资源转换。促进有利于生态产业化的体制机制创新，建立以市场化为导向的，能够反映市场供求关系、资源稀缺程度、环境损害成本的资源价格形成机制，创新区域生态产业化协同发展体制机制，共同建设具有全国影响力的生态产业协同发展示范区。整合涉农资金和专项资金，对资源循环利用、农产品深加工、民族文化挖掘、旅游康养、消费等优势资源利用类产业发展给予低税率、税收返还、贷款贴息等政策支持。

3. 推进区域污染统防统治

深化跨区域水污染联防联治。实施流域分区管治战略，严禁发展高风险、高污染产业，严格控制高能耗、高排放行业低水平扩张和重复建设。坚决打击违法排污行为，重点解决河段污染排放问题；加强沿线城市及小城镇污水管网建设，做好生活污水收集处理，推进污水处理设施提标改造；加强纺织服装、农副产品加工等重点行业清洁化改造；联手打好大气污染防治攻坚战。强化城镇群大气污染联防联控，加大工业源、移动源、生活源、农业源综合治理力度；严格执行统一的大气污染物特别排放限值，推行绿色交通，加大黄标车和老旧车辆淘汰力度，推进港口船舶、非道路移动机械大气污染防治。推进重点行业清洁生产技术改造，强化农业源控制。加强固废危废污染联防联治；加快建设一批固废资源回收基地和危废处置节点，构建区域性资源回收、加工和利用网络；强化城市间固体废弃物联合处理处置，优化生活垃圾填埋场、焚烧发电厂、污水处理厂等环境基础设施布局。开展全域农村面源污染防治。开展农村环境综合整治，促进农田面源污染综合防控、畜禽养殖污染治理、水产养殖污染防治、促进农业废弃物循环利用。

4. 建立生态补偿机制

探索生态产品价值实现机制。加快健全自然资源资产产权制度，按照“谁受益、谁补偿”的原则探索建立森林、流域水资源、重要生态功能区等类型的生态补偿机制，适当提高重点生态功能区转移支付比例。探索政府主导、企业和社会各界参与、市场化运作的景区生态产品价值实现路径，积极申报国家生态产品价值实现机制试点。强化生态优先绿色发展的环境管理措施，开展资源环境承载能力监测预警评估，落实规划环评刚性约束，实行负面清单管理。创新武陵山区跨区域生态保护与环境治理联动机制，加快形成区域生态环境协同治理经验，加大生态环境保护宣传教育力度，营造全社会共同参与环保的良好氛围。

（二）优化交通格局，加强基础设施互联互通

以交通为主体的基础设施互联互通是城镇群形成的基础支撑，围绕渝东南城镇群产业和人口集聚，强化支线机场、高铁、高速公路等重大交通基础设施以及信息基础设施互联互通对于渝东南城镇群建设引领作用，统筹推进市政、能源、水利设施建设，全面提高渝东南城镇群保障和承载能力。

1. 畅通拓展对外连接通道

加快推进渝东南城镇群铁路、公路干线建设，规划新增道路联络线和连接线，加密支线航空网络，畅通长江乌江航道，发展高效综合交通枢纽，构建渝东南城镇群一体便捷、连通湘鄂及达川黔的对外综合交通通道。

（1）加强铁路大通道建设

一是积极扩展对外通道。推动渝湘高铁建设提速，尽快建成黔张常铁路，积极推进沿江高铁、渝武高铁，提高客运能力。同步推进渝怀铁路、黔忠广铁路、恩黔铁路、黔遵昭铁路建设，力争万黔铁路入规，增加区域普速铁路对外通道。

二是加大当前短板弥补力度。提高区域高铁网络密度，研究建设黔江—石柱—万州（忠县）以及武隆（彭水）—涪陵（丰都）高铁联络线，有效连通渝西、渝湘高铁，构建包海快捷客运通道，缩短渝东北、渝东南时空距离。谋划形成直连粤港澳大湾区最短通道，加大广清永高铁前期工作力度，力争列入国家规划，激活渝东南区位优势。

三是高标准建设客运枢纽节点。重点打造黔江高铁枢纽站，发展渝湘高铁、黔张常铁路枢纽联络线。近期加快建设武隆、彭水高铁站，设计规划秀山、酉阳高铁站。发展黔江、武隆“城站间”有轨电车，打造高铁“零换乘”枢纽，支持黔江、武隆建设高铁新城。

四是加快发展铁路货运枢纽。新增优化普速铁路沿线车站，提升黔江、武隆、石柱铁路货运物流站点，增加站点台线设置，完善集疏运系统，拓展周边物流用地，新建扩建铁路货运堆场、站场站房。

（2）完善公路对外通道

一是加快高速干线建设。尽快建成渝湘高速扩能工程，启动建设垫丰武、武道、彭务、秀印高速等对外交通干线，增强与重庆现代化都市圈、渝东北城镇群互动联络，建立鄂西、湘西与黔北地区直连通道，密切渝黔湘鄂四省市毗邻区联系。

二是健全公路网络节点。围绕引导分流城区过境车辆，在黔江、石柱、武隆、秀山城区附近规划新建高速下道口、道路互通等交通转换节点。完善停车场、加油站等公路服务节点和餐饮住宿、娱乐休闲等公路服务设施。支持打造武隆土坎、彭水高谷等一批具有区域特色的商贸物流、特色产业“道口强镇”。

（3）加密航空对外连接通道

一是完善航空基础设施。积极打造区域功能性航空枢纽，按照4D等级标准继续推动黔江武陵山机场改扩建工程，建成投用武隆仙女山机场，提前启动武隆机场二期规划。选择酉阳和秀山之间的生态城镇新增布局一个支线机场，支持秀山通用机场建设，探索将通用机场改建、扩建成支线机场。建设石柱黄水通用机场，提升黄水旅游快速进出水平。

二是增加空中连接通道。新增干线、支线机场直航点，开辟国内客货直航航线，近期力争开通国际航线。积极发展航空中转业务，开展“高铁+航空”联程中转探索。推动武陵山区域航空合作，开通张家界、恩施、吉首等短途航线，打造航旅融合项目。

三是培育壮大航空节点。加快市域机场一体化管理运营，加大支线机场航线、航司、时刻支持。完善黔江、武隆支线机场综合服务设施，提升飞行地面服务质量。鼓励黔江、武隆建设临空经济区，着力发展航空服务、航空货运等核心产业。支持两地发挥高山生态、民族民俗资源优势，积极发展蚕桑、野生菌加工以及临空会展等航空偏好型产业。

（4）积极稳妥发展长江乌江航运

一是着力畅通干支航道。重点发展长江航运，实施三峡库区长江干线库尾航道整治，推进三峡水运新通道前期工作。适度发展乌江航运，高标准开展乌江及其支流航道治理工程，加大航道渠化力度，畅通乌江航道。

二是科学推动港口建设。加大石柱西沱港口生态修复力度，高标准规划建设港口集疏运设施，加强铁路、公路衔接力度，建设长江邮轮港口。加强乌江流域武隆、彭水、酉阳客货运港口和码头建设。支持武隆、彭水、酉阳建设临港新城。

专栏2－6　渝东南城镇群各方向通道

向东构建连通长江中游城市群综合大通道。重点建设渝湘高铁、渝武高铁、黔张常铁路干道，提升扩容渝湘高速公路干道，对接长江航运通道，畅通直连武汉城市圈、长株潭城市群，远眺长三角城市群交通大通道。

向西强化对接成渝城市群综合大通道。推进渝湘高铁建设，新建扩建渝湘高速，加强与成渝城市群轴线通道连接。建设黔忠广铁路，构建进入南遂广城镇密集区直连通道。发展长江航运，改善乌江航道，进一步密切与成渝城市群综合交通联系，连通长江黄金水道，直接融入长江经济带。

向北联动渝东北城镇群，打通连接关中、中原城市群交通大通道。抓紧建成黔石高速，启动建设垫丰武高速，规划建设黔江—石柱—忠县高铁联络线或者城际客运专线，依托渝西、郑万高铁，联动渝东北城镇群，建立直连关中、中原城市群，远望京津冀城市群陆上交通大通道。

向南建立进入黔中、滇中城市群交通大通道。建设渝湘高铁（黔江—秀山）对接沪昆、广清永高铁，推进黔遵昭铁路建设，发展武道、彭务、秀印高速，构建联动黔北进入黔中、滇中城市群，远望粤港澳大湾区陆上交通通道。全面对接国际陆海贸易新通道，衔接丝绸之路经济带和21世纪海上丝绸之路。

建设覆盖区域、远及全国、触达国际的空中大通道。扩建黔江机场，新建武隆机场，加快发展通用航空机场，加密武陵山区重要城市以及中西部主要城市航线，开通增加北京、上海、广州等国家中心城市航线，发展新加坡、泰国等东南亚国家客货航线，培育打造“空中丝绸之路”。

2. 提速加密内部交通连接

加密加强渝东南城镇群内部以公路为主的交通承载网络，创新铁路、水运、航空通勤方式，提升中心城区及其内部组团间，中心城区与周边适宜开发地区间互联互通能力，新建优化次级路网和农村路网，改善支线道路通行条件，提高城镇公交覆盖率，紧密内部节点联系。

（1）提升城市互联互通

一是完善城镇群内道路干网。提速建设黔石高速、彭酉高速，健全高速干线网络，形成黔江—酉阳—彭水交通环，全面提升城镇群内部互达能力。建设黔江东南环线高速以及彭水、武隆绕城高速，提高城市过境通行能力。以黔江为中心，重点依托渝湘高铁，实施轨道交通“四网融合”，研究开行黔江—石柱、黔江—酉阳、黔江—彭水—武隆城际列车，加快城镇群内同城化步伐。

二是增加提升航空水运通道。加密内部通航网络，突出旅游、通勤、应急功能，在城区、景区、度假区增设直升机起降点，实施“支通融合”，构建渝东南城镇群空中通道。突出乌江干流及其阿依河、阿蓬江旅游、航运优势，建设武隆肖家坝、彭水龚滩等旅游客运码头，开展通勤、旅游融合服务，加强流域城区航运连接。

（2）强化乡镇相互连接

一是新增畅通交通支线。新建拓展 G319、G242 等国道省道，健全完善县乡次级路网。打通区县边界断头路，畅通县乡“毛细血管”，建设“四好农村路”，发展各类农村居民点道路、机耕道和田间道。

二是着力提升次级路网质量。加快推进区域内三、四级公路以及等外公路改建扩建进程，按照旅游公路等级全面开展道路黑化、硬化工程，提升道路等级和通行能力，推动次级路网提档升级。

三是健全公共交通体系。结合渝东南城镇群全域旅游发展和人员运输要求，统筹推动覆盖城乡、“行旅结合”的一体化公交系统，增加跨区县公交线路，加密区县内公交开行频次，推动旅游公交常态化。

3. 建设旅游客运网络

突出产城景融合发展理念，高标准打造区域旅游交通网络，提高旅游等级公路占比，增加新奇特、体验式交通方式。积极发展“旅游 + 交通”和“交通 + 旅游”，加强交通通行、游览和客流组织功能，建设游客集散枢纽，不断丰富渝东南全域旅游供给。

（1）完善旅游交通动线组织

一是重点建立区域旅游环线。借助内外大通道，联动武陵山区其他省市，重点打造环武陵山旅游环线。加大次级路网建设完善力度，提升旅游公路档次，打造渝东南城镇群旅游大环线，重点串联武隆仙女山、酉阳桃花源等5A级景区。

二是积极发展次级旅游环线。沿乌江打造串联彭水阿依河、摩围山以及武隆“两山”的“峡江风光”环线，发展连接黔江土家十三寨、彭水蚩尤九黎城、黔江芭拉胡的“民族风情”环线以及联动黔江濯水古镇、酉阳龚滩古镇以及桃花源的“人文民俗”环线。

三是着力策划主题旅游环线。面对航空、高铁时代来临后，渝东南城镇群轻度旅游、休闲旅游发展需求，规划设计一批周末游、短途游、研学游、亲子游等主题旅游环线，不断丰富渝东南城镇群旅游产品供给。

（2）强化旅游交通网络体系

一是发展“景景”连接交通干线。充分对接渝东南城镇群全域旅游需求，加快重点景区之间、城区与景区间旅游公路和慢行系统建设。深度打造一步一景和移步换景，实现景区间连接道路从单一交通功能向交通、生态、游憩、观光等复合功能转变。重点打造乌江画廊最美自驾游线路，开通武隆—彭水水上旅游航线，建设乌江画廊民俗生态休闲度假旅游长廊。支持黔江、武隆支线机场发展渝东南空中观光航线。

二是增加新奇特体验式交通方式。按照“产城景”融合发展理念，加快建设集旅游、观光、通勤、体验为一体的新奇特体验式交通设施。重点打造以高山缆车、过江索道、热气球、直升机为代表的“旅游＋交通”项目。推动石柱、彭水旅游通航产业发展，加快建设武隆、黔江山地轨道交通，支持武隆、彭水联合打造乌江水上降落伞、摩托艇、皮划艇、帆船等水上运动基地。

三是高标准建设旅游交通枢纽节点。围绕重要交通枢纽节点，构建和提升渝东南城镇群一体化游客接待集散体系。发展黔江、武隆渝东南游客接待中心，推动各区县“快进漫游”旅游交通无缝衔接节点建设，按照TOD理念探索打造一批集交通、旅游、商业、居住为一体的枢纽综合体，提升旅游接待服务品质和集散效率。

4. 构建完善现代物流支撑体系

依托渝东南城镇群交通设施、区位条件改善，瞄准区域枢纽经济、通道经济发展需求，加快物流枢纽节点培育，打造专业化物流服务网络，完善多式联运体系，提高区域现代物流业基础设施支撑能力。

（1）建设区域综合物流枢纽

一是健全区域物流枢纽体系。重点发展黔江陆港型、石柱港口型、武隆空港型、秀山商贸服务型物流枢纽。全面推进区域综合物流枢纽建设，高标准完善区域物流设施，加大先进运输、仓储、装卸、包装等机械设备应用力度，发展标准化托盘、甩挂等专业运输设施。

二是大力发展区域物流平台。支持黔江、石柱、武隆、秀山区域性物流园区、物流基地发展，重点建设黔江南宾公铁联运物流园区、石柱西沱临港物流园区、武隆双河航空物流园区以及秀山物流园区。

（2）打造物流服务网络

一是着力发展冷链物流网络。围绕区域生态产业化需求，加大农产品冷链整合力度，推进全域冷链物流网络建设。着力下沉冷链物流渠道，贴近武隆高山蔬菜、黔江中药材等特色农产品基地，扩大农产品上行渠道，打通生态产品“最先一公里”。

二是加快发展电商快递网络。建设一批仓储配送中心以及电商云仓，推动商品下行通道畅通，积极构建社会化、专业化的电商物流服务体系，在重点乡镇设立物流商品分拨集散点，加大村级配送点覆盖力度，畅通物流快递“最后一公里”。

三是健全区域商贸物流体系。扩大创新发展航空货运网络，加强铁路航运大宗商品物流网络建设，将黔江、秀山打造成为武陵山重要的商贸交易中心，建设发展建材、蚕桑、农产品、化工等区域专业交易市场，加快粮油、猪肉、食糖等重要商品储备设施建设，打造高效专业的商贸物流网络。

（3）完善多式联运体系

一是开展“水水”联运。合理发展乌江航运，支持武隆、彭水使用适合乌江航运标准类型集装箱，健全长江—乌江航运体系，联动主城果园、涪陵新田等长江航运港口开展水水中转联运。

二是发展“空公”“空铁”联运。支持黔江、武隆等区县依托支线机场积极开展班机货运和腹仓货运，开行加密货运直达航线或者中转集散航线。完善机场公路货运设施，开行“卡车航班”，发展空公联运。支持黔江、武隆推广高铁快运业务，拓展空铁快递“当日达”“次日达”范围，创新空铁联运模式。

三是实施“公铁”联运。增加铁路货运站点堆存仓储和装卸设施，支持黔江、酉阳、秀山等区县开展公路集装箱运输，积极开展甩挂运输和公共挂车池试点，促进铁路运输和公路运输有效衔接。

四是促进“铁水”“公水”联运。依托垫丰武高速、白马至白涛高速以及黔忠广铁路建设，推动铁路、公路向涪陵港、丰都港合理延伸，合理增加石柱西沱港交通连接，加大交通路网和水港接驳力度，推动发展“铁水”“公水”联运。

5. 统筹建设重大基础设施

积极围绕做强中心城区，适度集聚人口的原则，统筹推进渝东南城镇群市政、水利、能源、通信基础设施建设，切实提高城镇群内部城市以及重要节点城镇的综合承载能力和保障能力。

（1）大力提升区域市政基础设施

一是推动城市道路设施建设。针对渝东南城市用地普遍受限的现状，加大老城区道路升级改造力度，优化车辆交通动线，切实提高道路承载通行能力。提高新城区、新组团道路规划前瞻性和科学性，加强与老城、旧城间互联互通。推动人行道、过街天桥等行人交通设施提档升级。支持黔江、武隆城市有轨电车建设。完善区域内路灯、标识标牌、人行护栏等市政设施。

二是加快推进城市垃圾清运和污水处理设施建设。在各区县城区、重点镇以及景区、度假区增加生活垃圾转运站及环卫基地，实施生活垃圾分类处理，加大集中开展生活垃圾处理场封场处置力度。优化发展黔江、酉阳垃圾焚烧发电项目，提高运营效率。

三是发展绿色智慧城市。健全地下管网和综合管廊，完善城市给排水和能源供应设施。建设海绵城市，实施城市排水管网雨污分流改造。健全智慧城市基础设施，推动智慧市政以及智慧民生。优化提升城市园林绿地和边角地建设，加大城市生态修复，开展“第五立面”生态绿化。

（2）积极推进水利基础建设

一是实施重点水源地工程。加快发展区域中型以上水库，建成彭水三江口水利枢纽，推进武陵山区骨干水源工程，加快建设黔江太极水库、老窖溪水库、罗家堡水库、茶园水库，石柱回龙场水库、小河口水库，酉阳九龙眼水库、大泉水库等一批中型水库工程。

二是加强灾害防治和水生态环境综合治理。持续开展黔江、阿蓬江流域城乡防洪、中小河流域重点河段治理和山洪灾害防治工程。全面开展乌江、阿蓬江、阿依河流域水土流失综合治理，实施国家级水土保持项目、石漠化综合治理项目等，支持黔江、武隆等区县创建水生态文明示范强区。

（3）统筹推进能源设施建设

一是重点做好电力供应保障。积极发展乌江流域水电，重点建设黔江大河口扩容、武隆乌江航电工程。合理发展火电，推动黔江乌江实业 PVC 一体化热电联产项目建成投产。支持石柱枫木、万宝、七曜山玉龙等 20 万千瓦风力发电项目建设，打造渝东南新能源供应基地。规划建设渝东南城镇群特高压输变电，建成黔江、石柱、酉阳 500 千伏输变电、220 千伏输电工程。

二是加大天然气供应保障力度。发展黔江页岩气转化基地、彭水页岩气基地，建设渝东南天然气储配中心，加快建设渝东南武隆—彭水—黔江、黔江—酉阳—秀山等天然气管道，确保生产生活用气供应。

（4）完善通信基础设施

一是重点建设有线通信网络。加快推进全光宽带网络建设，加速老旧小区宽带接入网络的改造工作。开展“光纤到户”建设，大力发展农村光纤宽带用户，新建区域直接部署光纤宽带网络，大幅提升宽带用户速率，降低宽带费用。完善互联网设施建设，加强渝东南城市间直连线路建设，提升骨干网络的传输性能和传输质量。

二是推进区域无线通信网络建设。推进 4G 网络在城镇区域的深度覆盖和在农村区域的广度覆盖，加强农村地区互联网接入能力。支持黔江、彭水等有条件的区县开展 5G 网络建设试点。推进公共区域免费 Wi-Fi 网络建设，实现区域内3A级以上旅游景区和重点公共服务场所全覆盖。

（三）优化城镇空间布局，构建城镇群体系和功能

渝东南位于渝鄂湘黔四省市结合部，是以土家族和苗族为主的少数民族聚居区。区内生态环境优美，旅游资源丰富，名胜古迹众多，民族风情浓郁，拥有众多国家地质公园、湿地公园、国家级自然保护区，森林覆盖率超过50%。同时，渝东南地处大娄山和武陵山两大山系交汇的盆缘山地，地质灾害频发，资源环境承载能力不强。因此，应按照“效率导向的精明增长和规模控制的精明收缩”发展思路，优化完善城镇等级体系，提升城镇功能品质，实现生产集约高效、生活宜居适度、生态山清水秀。

1. 优化城镇群空间结构

目前，渝东南城镇体系以小城镇为主，作为区域中心的区县城规模小，辐射带动作用较弱；重点镇和中心镇体量小、数量少，支撑作用发挥不足。同时，受地形地貌影响，城镇主要沿河谷、峡谷分布，城镇拓展空间有限，不可能像平原城市那样自由蔓延、“摊大饼”式的集中连片布局。因此，应采取有机分散与紧凑集中的布局结构模式。

方案一：构建“一带一轴一核多极”空间格局

坚持“依托轴带、强化中心、点轴发展”的总体思路，以综合交通为轴带，以黔江为核心，其他区县城为支撑，着力构建“一带一轴一核多极”的城镇群空间格局。

“一带”：即渝东南城镇群综合发展主带，是渝东南城镇群发展的主要载体。依托渝怀铁路，乌江、渝湘高速公路，武陵山机场、仙女山机场以及规划的渝湘高铁等综合交通，串联武隆、彭水、黔江、酉阳、秀山以及沿线重要节点城镇，传递都市圈向外辐射功能，积极承载产业转移，培育发展绿色工业、特色农业和休闲观光旅游业，重点打造一批高铁商务区、临空经济区、临港经济区、旅游度假区等城市发展新形态，形成对接重庆现代化都市圈和成渝城市群、沟通长株潭城市群和港珠澳大湾区的城镇发展带。

“一轴”：即渝东南城镇群黔石发展次轴。依托石黔高速、广忠黔，强化黔江和石柱联动发展，提升人口综合承载能力，培育发展口岸经济、保税经济、旅游经济等绿色产业，带动沿线城镇协同发展，形成对接渝东北、融

入长江经济带的新发展轴。

“一核”：即以黔江为核心打造区域性中心城市，突出武陵山区综合交通枢纽和商贸物流中心地位，重点强化金融、教育、医疗、旅游、商业等城市服务功能，推进产城融合发展，提升区域中心城市品质，增强对渝东南及武陵山片区的辐射带动能力，建设成为引领渝东南片快速发展的核心增长极。

“多极”：武隆、石柱、秀山、酉阳、彭水作为渝东南城市群的重要节点城市，提高城市综合承载能力和服务能力，有序推动产业和人口聚集，逐步扩大城市规模，增强对小城镇和乡村的辐射带动作用，着力打造成为渝东南城镇群发展的重要增长极。

方案二：构建“一带一轴两极多点”空间格局

坚持“依托轴带、强化中心、点轴发展”的总体思路，以综合交通为轴带，以黔江和武隆为引擎，其他区县城为节点，着力构建“一带一轴双极多点”的城镇群空间格局。

“一带”：即渝东南城镇群综合发展主带，是渝东南城镇群发展的主要载体。依托渝怀铁路、乌江、渝湘高速公路、武陵山机场、仙女山机场以及规划的渝湘高铁等综合交通，串联武隆、彭水、黔江、酉阳、秀山以及沿线重要节点城镇，传递都市圈向外辐射功能，积极承载产业转移，培育发展绿色工业、特色农业和休闲观光旅游业，重点打造一批高铁商务区、临空经济区、临港经济区、旅游度假区等城市发展新形态，形成对接重庆现代化都市圈和成渝城市群、沟通长株潭城市群和港珠澳大湾区的城镇发展带。

“一轴”：即渝东南城镇群黔石发展次轴。依托石黔高速、广忠黔，强化黔江和石柱联动发展，提升人口综合承载能力，培育发展口岸经济、保税经济、旅游经济等绿色产业，带动沿线城镇协同发展，形成对接渝东北、融入长江经济带的新发展轴。

“两极”：围绕高铁、高速公路、机场布局，以黔江、武隆为引擎，强化物流及商贸中心、综合交通枢纽、现代服务业中心、对外开放门户功能，适度扩大城市人口规模，提升综合服务功能，壮大特色优势产业，增强引领区域发展的辐射带动能力，打造成为渝东南核心增长极。

“多点”：以石柱、秀山、酉阳、彭水等区县城为重点，加强产业和公共服务资源布局引导，提升基础设施和公共服务供给能力，强化专业化服务功能，培育壮大特色优势产业吸引农业转移人口加快集聚，打造成为渝东南城镇群发展的重要支撑点。

方案三：构建“一环三群簇”空间格局

坚持**核心带动、节点提升、群簇发展**思路，以综合交通为轴线，将沿河谷、峡谷密集分布的城镇串联起来，构建“一环三群簇”的城镇空间结构，推动城镇形态由河谷交通走廊串珠型向星型圈层型跳跃式发展转变、由传统中心极化向城镇群簇转变。

“一环”即构建以黔江、彭水、酉阳区县城为核心的环状城镇紧密体。依托渝湘高速、渝湘高铁、渝怀铁路、彭酉高速、乌江等交通干线，串联黔江、彭水、酉阳区县城及沿线小城镇，增强文化旅游、现代商贸、会展经济、国际交往、金融服务、专业服务等核心功能，完善环内小城镇功能，推动黔江—彭水—酉阳一体化发展，打造带动渝东南、辐射武陵山经济协作区、具有武陵风情的现代化城镇紧密体。

“三群簇”即构建武隆—彭水、黔江—石柱、酉阳—秀山三大城镇群簇。

武隆—彭水城镇群簇依托渝湘高铁、渝湘高速、渝怀铁路等交通干线，积极对接重庆现代化都市圈，提升武隆中心城区、彭水县城、仙女山镇、白马镇、高谷镇等沿线重要节点的人口和产业集聚能力，发展道口经济、休闲养老经济、周末经济、生态经济、郊区经济等观光体验式、交通枢纽式和城市配套型业态，打造重庆都市居民休闲度假近郊公园和都市生活配套基地。

黔江－石柱城镇群簇加快推进黔石高速建设，强化黔江中心城区、石柱县城、濯水镇、西沱镇等沿线中小城（镇）支撑作用，培育发展口岸经济、保税经济、旅游经济等绿色产业，打造渝东北与渝东南的联结点，形成对接渝东北城镇群、联动陵山经济协作区的城镇群簇。

酉阳—秀山城（镇）群簇依托综合交通网，强化酉阳和秀山县城城市公共服务能力，引导人口向其转移集聚，加快推动生态旅游、特色农产品加工、商贸物流业发展，培育一批承接产业转移示范基地，促进与黔中城市群、长株潭城市群、粤港澳大湾区的合作发展，打造渝鄂湘黔物流集散地、重庆对接粤港澳大湾区的前沿阵地。

2. 重构城镇群等级体系

根据渝东南城镇群多中心平级组合发展的现实基础，采用“有序集聚、适度均衡”的布局方式，优化城镇等级结构，实施区（县）城区成长计划，通过做强中心城区、培育首位城市、做精重点镇和中心镇，努力构建渝东南城镇群体系，促进中小城市与小城镇协调发展。

黔江地处武陵山腹地，素有“渝鄂咽喉”之称，拥有铁公空立体交通网络，突出城市品质提升和城市功能完善，增强城市产业和人口集聚能力，提升对外开放水平，着力打造引领渝东南、辐射武陵山区的经济中心城市、综合交通枢纽和商贸物流中心。到 2025 年，中心城区人口达到 30 万人，建成区面积达到 30 平方公里。第一，发展临铁经济和临空经济。加快推进正阳高铁商务区、舟白临空经济区建设，培育发展临铁经济、临空经济等新业态。依托居然之家、红星美凯龙，做大做强新城中央商务区、商贸批发城、国际建材城等商圈和专业市场集群。鼓励设立企业总部、研发中心、销售总部，培育商务会展、商贸物流、金融服务、总部经济等。积极谋划城市轨道交通建设，推动正阳高铁新城和舟白临空经济区联动发展，力争建成全市空铁经济示范区。第二，培育口岸经济和保税经济。积极争取开放航空口岸和铁路口岸，申报设立保税商品展示交易中心延展平台和保税物流中心，大力发展跨境电商、外向型农业、跨境旅游会展、出口加工贸易等口岸经济、保税经济，打造覆盖渝东南、辐射武陵山区的商贸物流集散中心。

武隆毗邻重庆现代化都市圈，拥有铁公水空综合交通体系，突出开放引领和产城景融合，强化承接和传递现代化都市圈辐射带动的战略支撑功能，建设成为承接主城产业转移的先行区、重庆都市圈的“后花园”、联结都市圈和渝东南的重要节点。到 2025 年，中心城区人口达到 20 万人，建成区面积达到 20 平方公里。第一，加快完善现代城市功能体系。依托高铁、机场、港口等交通枢纽建设，着力打造高铁商务区、临空经济区、临港新城等新兴城市中心，积极承接重庆现代化都市圈产业转移，重点布局城市商业综合体、购物中心、星级酒店、专业市场、航空小镇、总部经济园、国际会议中心等城市功能平台，发展商业商贸、商务会议、现代物流、居住休闲、教育培训等产业，增强区域性服务中心功能。第二，着力提升开放发展水平。积极申报保税商品展销中心、保税物流中心（B型），争取布局一批中新示范项目，引进一批国内外500强企业地区性总部、功能性总部入驻，提升武隆在重庆对外开放格局中的影响力。第三，推动产城景融合发展。强化城市风貌形象塑造，完善度假区、景区、工业园区等公共设施，加快推进中心城区、度假区、景区、产业园区和旅游辐射区“五区”融合发展，打造产城景融合发展示范区。

石柱地处渝东南、渝东北结合部，是成渝城市群通往长江中游及长三角地区的重要门户，强化联结渝东北和渝东南的枢纽功能，建设成为土家风情休闲旅游城市、渝东鄂西省际区域性商品集散中心。到2025年，中心城区人口达到15万人，建成区面积达到15平方公里。第一，重点打造核心商圈和专业市场集群。依托南宾商圈、滨河商圈建设，引进大型百货店、大型综合超市、星级影院、儿童游乐中心等，加快渝东商贸城、大宗家居建材市场、电子商务交易平台、黄莲交易市场、冷链物流中心等大型专业市场和商贸物流中心布局，着力构建渝东鄂西省际区域性商品集散中心。第二，加强区域交流合作。充分发挥区位优势，主动融入“一带一路”、长江经济带以及全市开放大格局，深化与渝东北、渝鄂交界地区合作与交流，抓好产业吸纳、要素汇聚、市场拓展，大力推进中心城区、旅游景区、工业园区、物流园区等重点平台开发建设，打造渝东开放门户。第三，统筹推进城市风貌改造。深挖文化旅游资源，规划建设具有土家风情的民俗文化街区、主题公园、风情广场等，提升城市品质和形象。

秀山位于渝湘黔鄂四省市边区结合部，是渝东南对外开放门户，武陵山区重要的旅游集散地和物资集散地，成渝城市群对接长株潭城市群、粤港澳大湾区的桥头堡。到2025年，中心城区人口达到25万人，建成区面积达到25平方公里。第一，提升渝东南门户枢纽功能。积极谋划保税物流园、电商产业园、出口加工基地，努力打造渝东南出口加工贸易示范基地。加强与重庆现代化都市圈、粤港澳大湾区、北部湾等区域联系，引进一批技术含量高、品牌影响大、引领作用强的项目，开展配套承接、协作联动、市场共享等合作。积极参与湘鄂渝黔桂经济技术协作区建设，重点加强产业、资源、劳动力等要素方面的对接，形成优势互补、互利共赢的开放开发格局。第二，突出城市品质提升和功能完善。围绕凤凰、乌杨、官湖、平凯等新城建设，加快推进商街、商场建设，完善城市功能配套，注重民族特色风貌打造，建成功能完善、配套齐全、民族特色鲜明的现代新城。优化改造老城区，扩容提升花灯广场商圈、城东商圈，集中打造一批现代服务业集聚区。

酉阳是重庆市辖区面积最大的区县，境内生态文化旅游资源丰富，重点完善城市功能，提升形象品质，强化区域合作，建设成为成渝城市群连接长株潭城市群通道上的重要节点、联结湘西和黔东的桥梁与纽带。到 2025 年，中心城区人口规模达到 20 万人、城市建设用地达到 20 平方公里。第一，提档升级老城区。强化高端服务、现代商贸、信息中介、创意创新等功能，竭力打造碧津商贸广场、万僖中央广场、华章财富国际为代表的城市新地标，提升高端要素集聚能力。第二，拓展提升城北新区。围绕桃花源国家 5A 级旅游景区打造，优化酉州古城业态布局，完善桃花源广场等配套服务功能，建成产城景融合发展的城市新区。第三，加快推进渤海新城建设。完善城市公共服务配套，积极承接老城区人口疏解，推动单一生产功能向城市综合功能转型，为促进人口集聚、发展服务经济拓展空间。第四，推动区域经济合作共赢。依托湘鄂桂黔渝毗邻地区合作交流平台，强化区域基础设施互联互通和特色优势产业合作，共同打造武陵山国际文化生态旅游目的地。

彭水是重庆唯一以苗族为主的县，也是全国苗族人口聚居最多的县，境内自然生态优美、峡谷奇险纵横、溶洞千姿百态、山川秀美怡人。充分挖掘苗族苗寨民族文化和生态资源，大力发展生态文化旅游，建设成为渝东南具有苗家风情的休闲旅游城市。到 2025 年，中心城区人口达到 20 万人，建成区面积达到 20 平方公里。第一，优化完善城市空间结构。完善老城基础设施和公共服务配套功能，推动过密人口向靛水新城疏解，改善老城区人居环境，提升老城形象和品质。加快推进靛水新城建设，提质扩容中心城区，完善金融商贸、现代物流、城市旅游等服务功能，促进人口和产业进一步集聚。第二，塑造苗家风情旅游城市形象。重点打造蚩尤九黎城、摩围山旅游度假区、阿依河等精品旅游景区，规划建设苗族风情广场、民俗旅游商品和生态农产品展销特色街、特色餐饮街、娱乐休闲街等，彰显苗族特色民俗风情。

加快发展特色小（城）镇。特色小（城）镇是连接城市与广大农村的纽带，是推动新型城镇化与乡村振兴战略融合发展的重要结合点，在促进城乡融合、振兴乡村经济、推动农村人口就地就近城镇化等方面发挥着不可替代的作用。目前，渝东南特色小（城）镇发展存在定位不准、缺乏特色、低水平重复建设、同质化竞争、配套功能不完善等问题。因此，需要通盘考虑景区开发、城镇建设、产业发展和乡村振兴，强化旅游带动、产城互动、城景联动，适时推进撤乡并镇、村庄撤并，增加重点镇和中心镇布局，突出业态、景观、功能特色，因地制宜培育发展一批文化旅游、商贸物流、资源加工、交通枢纽等不同功能小城镇，实现与其他小城镇、田园综合体、新型村庄联动发展格局。依托乌江、阿蓬江、郁江、酉水河以及古镇、传统村寨、森林公园、地质公园、红色景区等重要资源优势，重点建设一批旅游重镇；发挥地处渝湘黔鄂四省市边区结合部的区位优势和区域集镇配套、传统商贸优势，发展壮大一批边贸强镇；依托高速公路建设，着力打造一批道口强镇；依托特色产业发展基础，培育发展一批特色产业强镇，规划建设一批文化古镇、电商小镇、航空小镇、避暑小镇、养生小镇、茶业小镇、药业小镇、果蔬小镇，使特色小镇成为新的经济业态。各区县特色小（城）镇功能定位和发展方向如表2－33所示。

表2－33　特色小（城）镇功能定位和发展方向

区县	特色小(城)镇	职能类型	发展方向
黔江	石会镇	特色加工	发展旅游服务、农产品加工业
	濯水镇	旅游服务型	发展生态文化旅游、旅游产品加工
	阿蓬江镇	旅游服务型	发展峡谷游览、地质科普、生态观光
	马喇镇	商贸型	发展商业商贸业，是黔江东南部商贸重镇
武隆	仙女山镇	旅游服务型	发展休闲度假、健康养老
	白马镇	旅游服务型	发展森林康养、科普
	鸭江镇	工贸型	发展商贸、生态工业
	江口镇	旅游服务型	发展水上休闲运动、生态文化旅游

续表

区县	特色小(城)镇	职能类型	发展方向
石柱	黄水镇	旅游服务型	发展避暑纳凉、休闲度假、健康养老
	西沱镇	综合型	发展文化旅游、生态工业
	沙子镇	工贸型	发展绿色食品、农产品加工、商贸
秀山	龙池镇	综合型	发展果蔬、花卉、电商物流、旅游
	梅江镇	综合型	发展民俗文化旅游、休闲观光农业、商贸
	洪安镇	旅游服务型	发展民俗文化、生态休闲、红色旅游
	雅江镇	综合型	发展商贸业、旅游业、畜禽肉加工
	清溪镇	商贸物流型	发展物资集散和商品流通
酉阳	酉酬镇	商贸型	发展边贸经济
	丁市镇	交通枢纽型	发展物流中转、商贸集散
	李溪镇	商贸型	发展边贸经济
	龙潭镇	旅游服务型	发展生态旅游、红色旅游
	麻旺镇	综合型	发展商贸物流、现代农业、旅游
彭水	桑柘镇	综合型	发展特色效益农业、旅游、商贸
	高谷镇	商贸型	发展商业商贸
	郁山镇	旅游服务型	发展生态文化旅游
	鹿角镇	旅游服务型	发展峡谷观光、休闲度假

3. 推动产城景融合发展

渝东南旅游资源丰富，以秀丽的自然山水、独特的历史文化、浓郁的民族风情，逐渐发展成为全国知名的旅游热点地区。因此应按照“产在城中、城在景中、景在产中”发展理念，创新高山生态地区城市形态，统筹推进城区、度假区、景区、园区联动发展，着力打造产城景融合发展示范城镇群。

（1）推动产城景规划融合发展

全面贯彻空间融合功能协同规划理念，坚持城镇规划多留白，生态规划多增绿，产业规划多布景，加快推进城镇、产业、景观规划有机融合。城镇规划要突出旅游产业发展的主导性，提升城镇旅游服务功能，强化中心城区景观打造，促进城市景区化发展。产业规划要同步推进产业升级、人口集聚与城市建设，拓展城市发展空间，全面提升产城融合水平。景区规划要强化城市基础设施配套，提升系统性服务功能，主要交通道路沿线要注重风貌形象统筹打造，强化城市功能延伸。

（2）推动度假区和园区城市化

一是完善度假区和园区城市功能。按照城市标准布局度假区、园区公共交通、公共服务和市政设施配套，推动城区服务功能向度假区、景区、园区有序延伸，重点提升商贸、教育、医疗、金融、文体、娱乐等服务功能，推动度假区和园区向城市转型。

二是培育城市新形态。依托渝湘高铁、仙女山机场、武陵山机场等重大基础设施建设，以旅游度假区、工业园区、中心城区为核心，打造一批高铁新城、临空经济区、临港新城等城市新形态，聚焦商业商贸、商务会议、休闲度假、文化创意、教育培训等产业，吸引常住人口、旅游人口、度假人口集聚，加速推进度假区、园区城市化发展。

（3）推动城市和园区景区化

按照城市和园区景区化发展理念，以5A、4A级标准提升城市、园区宜居品质、生态景观、特色风貌、旅游服务功能，着力打造现代化、景观化、宜居化的城市和园区。

一是推进城市全域景区化。依托独具民族特色的山水人文本底资源，系统开展城市设计，着力塑造城市特色风貌，重点打造核心商圈、机场、高铁站、城市干道沿线等重要窗口地区，形成一批彰显民族风情的亮点区域。围绕增强优质旅游服务体验，提升城市视觉识别系统，规范城市标识、交通标识、旅游标识设置，完善城市公共服务、信息咨询、智慧旅游等功能配套。

二是推进园区景区化。加快园区道路景观化升级，科学规划园区功能布局，完善生活、休闲、商务等配套功能，打造一批科普教育基地、社会实践基地、旅游体验中心、职业技能展示中心、旅游参观专用廊道，推动园区由工业孤岛向产城景融合转型。

4. 全面提升城镇群品质

渝东南城市依山傍水，自然风光十分旖旎。但城市景观只可“粗看”、难以“细品”，如城市天际线、山脊线、水岸线不够突出，山城江城特色和民族地域特色彰显不足，展示国际化旅游城市形象的元素较少，城市智能化服务管理水平较低等。因此应按照“国际化、绿色化、智能化、人文化”发展思路，加强城市风貌统筹规划与设计，突出高山峡谷、民族文化、生态宜居等城市特质，加强城镇规划、建设和管理，全面提升渝东南城镇群品质。

（1）打造国际化旅游目的地

聚焦国际旅游、国际会展、国际交往等城市功能，提升城市国际化水平。

一是建设国际化精品旅游景区。依托仙女山、蚩尤九黎城、巴拉胡、太阳湖、桃花源等5A级景区，邀请国际知名影视制作公司，打造一批大型实景演艺，展现武陵山区壮美的自然景观、苗家土家独特的民族风情。

二是积极举办国际性展会。依托旅游度假区，策划一批旅游、时装、汽车等国际性专题展会，积极申请举办“生态旅游，绿色崛起”论坛、特色文化小镇论坛、草莓音乐会、国际微电影节、世界数字娱乐大会、国际友好城市商品展览等活动。

三是打造一批国际交流展示平台。依托各县区新城区建设，布局一批国际街区、音乐厅、剧院、艺术中心等国际交流展示平台。

四是提升国际化服务水平。在城区、景区、高铁站、机场等公共场所，增添国际化标识和元素，完善多语种服务、信息咨询等国际化服务功能。探索布局一批免税商店，进一步提升区域内国际签证、通关、金融支付等国际服务便利化水平。

（2）塑造武陵山水城市形象

统筹规划城市天际线、山脊线、水岸线，一体化推进“山水环境营造、城市个性塑造、街景立面规划”等提档工程，彰显“武陵山水”城市旅游形象。

一是实施一批城市品质提档升级工程。在区县城、旅游度假区等重点区域，实施控规与城市设计双控，加强生态民俗风貌景观建设、城中绿化“秃斑”治理、增园添绿工程建设、城市亮化工程建设，提升城市品质。

二是强化城市公共空间景观塑造。沿乌江、郁江、阿蓬江、酉水河等区域，高标准、高品质规划建设一批城市滨江公园、山地生态公园、湿地公园、山城步道等，统筹布局自行车道、人行休闲步道等慢行系统，适度发展休闲游憩功能和运动健身功能，形成点线面结合、个性美与整体美有机统一的城市景观风貌展示格局。

（3）彰显武陵风情人文魅力

立足武陵山少数民族特色风情，深入挖掘苗族土家族等传统民俗文化，做好古镇、古村寨、古民居等文化遗风保护。

一是大力发展民俗文化。重点发展禅宗文化、书院文化、农耕文化，打造宗教文化圣地、“非遗”生态文化产业园、农耕文化园等特色景点。

二是开展传统文化村寨整体保护利用。重点推进乌江、阿蓬江、酉水河、郁江、黔江小南海等流域文化生态保护实验区建设，示范性打造一批苗家山寨、土家聚落与民族文化主题公园。注重传统元素与现代元素融合发展，依托古镇、古村寨，打造一批特色文化街区、文创公园、艺术街区、非遗传承坊，彰显人文之美。

三是加快文化遗产传承和利用。加强南溪号子、酉阳民歌、土家族摆手舞、高台狮舞、苗族民歌等11个国家级非物质文化遗产项目和后坝山歌、濯水后河戏等80个市级非物质文化遗产项目的发掘、整理和合理利用，积极开展民间、民俗、民族文化表演活动，举办全国性文化遗产艺术节，展示民俗风情。

（4）提升城镇智能化管理水平

加快推进智慧城市建设，建立健全集约化指挥平台和公共服务平台，实现渝东南各区县平台共享、信息互通、执法联动。

一是推进民生服务智能化。开发智慧消防、智慧公园、智慧停车、智慧如厕等便民功能，构建“一站式”和“互联网+”便民系统，为人民群众提供更多人性化服务。加快“IA+旅游”体系建设，实现“一部手机全域游”。

二是推进社会治理智能化。围绕社会治安、市场监管、执法监督、安全生产、地灾防控、气象安全、食药品安全等重点，综合运用GIS、大数据可视化分析与深度挖掘技术，实现区域内人、地、物、事、情、组织等信息可视化管理，绘制综治一张图，构建智能防控、协同联动的立体化综合防控治理体系。

5. 完善城镇群公共设施

渝东南片区由于发展底子薄、经济总量小、投入不足等因素制约，科教、文体、医疗、养老等基本公共服务均等化水平低于全国、全市平均水平。同时，公共服务提供主体相对单一化，仍以政府配置为主，来自市场和第三方的社会力量参与较少，无法满足人民群众对公共服务多样化需求。因此，应加快完善科教、医疗卫生、健康养老、文体等公共服务设施，推动城镇功能、交通、产业、人口、公共服务协调匹配，让老百姓在城镇中生活得更方便、更舒心、更美好。

（1）推动教育开放创新发展

一是提升高等教育办学质量。发挥黔江教育优势资源，与周边区县及市内外高校、研究机构，开展多种形式的联合办学，合作共建渝东南中医药大学、应用技术型大学、高等职业院校，协商共建共用高等院校科研实验室、职业技能鉴定中心等，打造一批市级重点实验室、工程技术研究中心等科教创新平台。加强与市农科院、西南大学合作，探索组建教育科研协作联盟，开展科研课题合作和跨区域联合攻关，提升高校科技创新和服务能力，实现教育科研成果共享。

二是强化优质基础教育建设。加快示范中等职业学校建设，加强产教融合、校企合作，建设一批职业教育实训基地。实施基础教育名校长、名教师引进和教师能力提升计划，建立优秀校长和教师定期交流机制，推进教师跨地区流动和优质教育资源共建共享。积极发展国际化特色教育，引进国外知名教育集团在渝东南建设特色化国际学校，与区域内学校开展校际交流、合作办学、结为友好学校。

（2）健全公共医疗服务体系

一是加快中高端医疗机构布局。加快实施医疗卫生机构改扩建工程，大力引进中高端医务人才，力争每个区县建设1所三级甲等综合医院，将黔江中心医院建成市级区域医疗中心。通过联合办院、医联体等多种方式，引进国内外知名医院，建设一批高端专科和国际化医院，提升医疗服务水平。

二是加强区域内医疗机构合作。积极探索重大疫情联防联控机制，加强重大传染病检测信息与技术交流，提高突发公共卫生事件应急联动处置能力。探索建立门诊通用病历、双向转诊、临床用血应急调配等合作机制，鼓励开展疑难疾病联合攻关和重大疾病联合会诊。建设区域性卫生信息平台，实现卫生数据及时交换，信息系统互联互通。探索医疗市场管理信息互通机制，建立重大医疗卫生案件查办协作和联席会议制度。

（3）提升健康养老服务水平

一是加快推进健康养老设施建设。以各区县中心城区、旅游度假区为核心，布局一批老年大学、老年文体活动中心、敬老院、老年康复中心、社区居家养老服务站等服务设施，提供高标准、高品质的上门巡诊、健康检查、保健咨询等综合性养老服务和健康服务。

二是鼓励社会资本投资健康养老服务工程。鼓励民营企业发展老年康复医院、老年护理院，为老年人提供医疗护理、康复、安宁疗护等服务。

三是推动区域共建健康养老重大设施。共同推进渝东南智慧养老服务信息平台建设，重点提供老年人健康管理、紧急救援、精神慰藉、服务预约、物品代购等服务，开发更加多元、精准的私人订制服务，打造高效、便捷、安全的“虚拟养老院”。

（4）推动文化体育事业快速发展

一是共建一批公共文体设施。深入挖掘渝东南生态文化资源，研究建设武陵山博物馆。依托高等院校建设，探索校地共建图书馆，建立跨区域公共图书馆文献、地方文献共享网络平台，实施文献资源共享。加快布局一批大型体育馆、文化馆，深入推进公共文化设施免费开放。

二是加强跨地区文体交流合作。联合举办区域性竞技体育和群众性体育活动，共同承办全国性少数民族重大体育赛事、重大文化活动和联合组织对外商演展览。探索建立跨地区文化联盟，鼓励文化单位联合举办公益性文化活动，联手开展文化遗产保护、民俗文化传承。加强文化市场管理相关机构执法合作，建立信息互通、联合执法机制。

（四）促进产业分工与协作，加快产业提档升级

产业分工重组以及产业结构高级化是城镇群构建和发展的重要条件。渝东南地区自然生态条件较好，生态资源相对丰富，但生态承载能力有限，应按照产业生态化、生态产业化的思路推进六个区县加快产业转型升级。要限

制发展环境污染重、人口聚集大的产业，重点应围绕旅游度假经济、消费经济、资源经济、生态工业等特色经济，加快发展生态利用型、高效服务型、资源转化型、低碳循环型等“四型”产业，优化各节点城镇的产业分工，推动产业向城镇集聚，促进城镇群产业功能互补，加快实现产业高质量发展转型。

1. 加快发展以旅游度假经济为主的生态利用型产业

生态资源是渝东南地区不可多得的禀赋资源条件。渝东南城镇群的产业发展必须要首先考虑在保护好生态的前提下科学合理开发利用生态资源，要创新产业发展模式，实现生态产业化，切实将生态资源优势转化为经济优势，为城镇群发展提供经济支撑。综合比较渝东南地区的生态资源禀赋条件，应重点发展生态旅游、休闲康养、文化创意等生态利用型产业，建设生态产业基地。

（1）着力发展生态旅游经济

渝东南地区自然风光秀美，多奇山异水，又是全市少数民族聚集地，旅游可开发资源多。目前旅游发展基础较好，拥有武隆仙女山、酉阳桃花源等5A级景区，应继续做大做强。围绕满足居民消费升级需求，依托生态旅游资源禀赋，突出渝东南少数民族民俗特色，挖掘少数民族民俗风情文化资源、世界自然遗产资源、美丽山水风光资源等生态旅游资源，提档升级一批旅游景区，做好旅游集散，配齐旅游发展要素，形成“空间全覆盖、产业大融合、四季皆可游”的全域旅游发展新格局，打造国际生态旅游目的地。积极推动白马山、濯水古镇、阿依河、川河盖、大风堡—太阳湖、龚滩古镇等重点景区加快创建国家5A级景区，力争到2025年渝东南地区5A级景区达到5个以上。强化渝东南各区县旅游景区互动，积极与周边地区开展旅游合作，串联区内及周边4A级以上景区，加快构建生态旅游环线。推进景景通、景城通，促进旅游景区与交通枢纽、星级酒店、精品民宿等旅游服务设施无缝衔接，实现游客旅游便利化。

专栏2－7　渝东南地区旅游线路

渝东南民俗风情游。重庆主城——武隆（天坑地缝/仙女山）——彭水（阿依河）——黔江（芭拉胡/小南海/濯水古镇/蒲花暗河/阿蓬江神龟峡）——酉阳（桃花源/龚滩古镇）——秀山（洪安边城）。

武陵山区域旅游环线。黔江小南海——咸丰坪坝营——永顺猛洞河——张家界——凤凰古城——秀山边城——酉阳桃花源——阿蓬江神龟峡——濯水景区——黔江芭拉胡。

渝鄂金三角旅游环线。黔江芭拉胡——唐崖土司城——恩施大峡谷——利川腾龙洞——石柱黄水——黔江武陵仙山。

（2）积极发展休闲康养经济

渝东南地区气候条件宜人，适合发展康养产业。依托丰富的森林资源、山地资源、清新空气等自然条件，推动医疗、文化、旅游、体育等多业态融合发展，发展高山消暑、健康养老、户外拓展、康体运动等产业，构建渝东南休闲康养产业生态圈。结合渝东南地区中药材种植产业基础，积极向中药材加工及制剂、保健品等延伸，形成医药健康产业基地。利用山地等自然条件，建设户外拓展基地，举办国际山地运动赛事，发展康体运动。挖掘高山避暑的发展潜力，实施医疗健康养老发展工程，打造健康养老产业基地。重点推动武隆仙女山森林康养基地，石柱黄水森林康养基地、冷水康养特色小镇，秀山川河盖康养特色小镇、大溪酉水康养基地，酉阳毛坝木叶、金银山康养基地，彭水乌江画廊、阿依河、摩围山森林康养基地，黔江三塘盖康养基地等建设，加快建设黔江、石柱等区县的医药健康产业园区，形成一批特色鲜明的休闲康养产业集聚区。

（3）加快发展文创经济

渝东南地区拥有土家族、苗族等少数民族民俗文化，也拥有众多历史遗迹，具有开发价值。目前，国家也正在加大对文化创意产业发展的支持力度，应将文化创意产业作为渝东南地区产业发展的重点。挖掘少数民族文化内涵，保护和利用好风情古镇、民族手工等历史遗产，推进历史文化遗迹恢复，保护和传承好非物质文化遗产，开发一批新时代时尚文化，促进人文资源优势向产业优势转化。做好濯水、龚滩、龙潭、西沱、洪安、郁山、羊角、后溪、石堤等一批古镇的保护性开发，推动渝东南风情古镇提档升级。挖掘土家文化、苗族文化、纤夫文化、边城文化等文化内涵，做好摆手舞、川江号子、土家啰儿调、苗绣、龙凤花烛、西南卡普、土家绣花鞋等非物质文化遗产的保护。加快建设中国（武隆）文化创意产业园区，推动黔江、酉阳、秀山、石柱、彭水等区县打造一批文化创意产业园区或基地，将文化创意与旅游、康养、商贸等业态融合，展现渝东南少数民族特色文化，形成产业新增长点。

（4）探索发展“生态 +”新业态

实施“生态 +”融合发展理念，围绕生态资源资本化、产业化，探索发展碳汇交易、生态权益交易、生态展示等新业态新模式，探索生态价值市场化道路。争取在渝东南地区设立重庆碳汇交易分中心，开展碳交易试点，探索农民和集体经济组织的森林生态效益补偿机制。探索生态权益认定和交易试点，鼓励生态资源股份化，参与到生态旅游开发中获取收益。实施一批生态产业化示范项目，通过参与体验观光、会议论坛等方式展示生态产业化成果，衍生生态附加值。

2. *着力发展以消费经济为主的高效服务型产业*

城镇群的发展，需要高效的服务业支撑。渝东南地区目前服务业发展还不够，特别是对生产生活服务的支撑能力还有待提升。应依托区域内外通道，重点围绕城镇群发展需要的商贸、物流、金融以及生态总部经济等新型服务业，进一步完善渝东南城镇群的服务功能。

（1）做优现代商贸服务业

完善的商贸服务功能是城镇群实现高质量发展的必备要件。目前，渝东南片区商贸服务能力和水平还有待提升。要围绕人民对美好生活的向往，把握居民消费升级新特点和市场新需求，突出完善渝东南各区县城区、重点镇的商业配套，特别是要加快完善商贸服务薄弱地区的城乡商业网点布局，构建现代商贸服务体系。推动黔江大十字商圈、石柱中央大街商圈、武隆城东商贸城、酉阳桃花源商圈、秀山花灯广场商圈等城市核心商圈提档升级，加快建设新兴城市商圈，注重配套完善社区商业综合体、社区便民商业网点等社区商业设施，积极发展体验购物、购物公园等新兴商业业态，提升城区商贸服务水平。推动农村电子商务加快发展，完善城市工业品下乡、农村农产品进城的农村商贸流通服务体系。注重与湖南、湖北、贵州等周边省份交界地区的边贸经济发展，促进与周边地区的商贸流通。

（2）加快发展现代物流业

高效便捷的物流服务是城镇群发展的重要依托。渝东南地区由于地形限制，难以发展大进大出的物流，应围绕生产生活需要，打通“最后一公里”，促进物流服务能力尽快提升。依托渝东南的机场、高铁、铁路、高速公路等基础设施网络，以区县城区、产业园区为重点，加快完善物流枢纽和重要节点，建设智慧物流园区和专业市场，构建运转顺畅、快捷便捷、智慧高效的现代物流业发展体系。推动秀山综合物流园、黔江正阳物流基地、酉阳麻旺现代物流园等一批物流园区和基地加快发展。大力发展电商物流、冷链物流、保税物流等新型物流模式，满足渝东南居民消费升级、旅游发展和外部市场需求。

（3）积极发展现代金融业

高水平的金融服务能够促进一个地区的城镇化进程，进而加速城镇群发展。目前，渝东南地区多以传统金融服务为主，新兴金融服务发展尚不充分，金融业发展水平还需尽快提高。依托渝东南地区生产生活对金融服务的需求，在巩固发展传统金融的同时积极发展新型金融机构，积极培育惠民金融、金融担保、融资租赁、保理等新型金融业态，提升金融服务水平。完善金融网点布局，引导各类商业银行网点布局向乡镇下沉，实现金融机构服务“村村通”。推动设立武陵山银行，争取建立农村综合产权交易平台。创新发展保险业和风险投资基金，争取利用保险资金和风险投资资金。

（4）培育生态总部经济

渝东南地区气候条件和自然环境好，适合总部经济等高端产业发展。要充分发挥渝东南地区的生态优势，在黔江、武隆等区县，选择气候条件适宜、生态资源良好的区域，规划建设生态总部小镇。按照国际标准配齐配好生态总部小镇服务功能，增强对国内外总部机构和企业的吸引力，集聚一批科研院所总部和企业总部，持续增强渝东南地区发展新动能。

3. 提升发展以资源经济为主的资源转化型产业

渝东南地区物产丰富，各种矿产、农产品、中药材、可再生能源等资源相对丰富，应按照高质量发展要求，做好资源转化，发展资源经济。要充分利用好现有资源，变资源优势为经济优势，形成渝东南城镇群发展的经济支撑。重点要对环境有污染的锰矿开发等产业进行关停并转或转型升级，突出发展农副产品加工、中药材加工、清洁能源等产业，打造资源型产业转型升级示范区。

（1）提升发展农副产品加工业

渝东南地区地处山地，各种山地特色种养殖业发展具有较好基础。应充分发挥山地特色，念好“山”字经，做好山地经济林、果蔬、畜禽养殖等方面的文章，通过产业链延伸、品牌延展，做出特色。依托高山气候条件，按照塑造精品的思路，积极发展特色农产品粗加工和深加工，实现种养—加工—营销一体化发展，把高山蔬菜、菌类、有机茶叶、干鲜果、山地畜禽肉制品等打造成为国内有影响力的品牌，建设绿色食品加工基地。

（2）加快发展中医药产业

近年来，渝东南地区各区县在大力发展中药材方面取得一定成效，应继续做出特色，构建从中药材种植到加工、交易的完整产业链。依托丰富的中药材种植基础，积极发展青蒿素、黄连、银杉等中药材制剂、片剂等深加工，争取引入紫杉醇、银杏、大豆异黄酮、穿心莲内酯等药品有效成分提取深加工项目，加快发展植物提取物、中成药、中药饮片、合成制药、保健品、药用胶囊、药用食用明胶等产品，做大做强中药材交易中心，构建中药材种植—中医药生产—中药材和中药品交易完整的产业链条，打造全市重要的中医药产业基地。

（3）积极发展清洁能源

渝东南地区风力、太阳能、水能等可再生能源资源相对丰富，页岩气储量也较为富集，有条件壮大清洁能源规模。依托水力资源、风力资源以及页岩气资源，加快水电开发、风力发电等项目建设，建成一批页岩气勘探开发区，推进渝东南页岩气产业转化步伐，打造清洁能源产业基地。

4. 适度发展以生态工业为主的低碳循环型产业

渝东南地区在纺织服装、材料、机械制造等产业具有一定的产业基础，应围绕产业生态化，突出绿色智能制造，提档升级现有产业，着重发展低碳循环型产业，重点发展智能配套产业、纺织服装、新材料、装备制造配套，积极培育节能环保、新能源汽车等其他新兴产业，建设全市绿色制造基地。

（1）积极发展智能配套产业

当前及未来一段时期，全市将把智能产业发展作为重中之重，而智能产业本身具有低污染、高附加值等特性，符合渝东南地区生态发展要求。应围绕全市智能产业构建“芯屏器核网”全产业链，加快引进轻便小巧的智能硬件零配件生产加工企业，为全市智能产业发展配套。

（2）提升发展纺织服装产业

渝东南地区纺织服装产业具有较好的基础，不少产品还出口到国外，应继续提升发展。依托现有生产基础，重点发展高档服装、混纺法织布、产业用纺织品生产、家用纺织品生产，培育高档缫丝、纺织面料、服装及家用纺织品产业链，打造特色知名品牌，建设出口丝绸服装加工基地。

（3）加快发展新材料产业

立足于本地及周边需求，渝东南地区已经发展了金属材料、建材等材料产业，未来应加快转型升级，向绿色化、环保化、循环化方向发展。围绕复合材料、铝、硅、新型建材等重点领域，加快发展科技型、节能环保型现代新型材料产业，打造新材料产业基地。

专栏 2-8　新材料产业发展重点及方向

复合材料。以玻纤纱、玻纤薄布、玻纤复合绝缘材料、玻纤增强塑料等复合材料为重点，加快向玻璃纤维下游产品深加工延伸，实现集群化发展。

铝加工。重点构建铝加工一体化产业链，研发生产铸轧卷、铝板带箔、幕墙板、汽摩配套等新产品。

镁合金。引进国内镁合金冶炼生产、镁合金深加工、镁合金制品规模应用和镁合金深加工装备等集研发、生产一体化的龙头企业，重点发展汽车用镁合金材料产品，延伸镁合金产业链，建设镁合金产业集群。

硅产业。重点利用硅微粉生产有机硅单体，开发多晶硅、白炭黑等下游产品，推广工业硅应用，发展硬质合金高档数控刀片，形成完善的硅烙合金研发生产产业链。

新型建材。重点开发新型墙体材料、防水密封材料、保温隔热材料等产品。

（4）优化发展装备制造配套产业

渝东南地区已发展了汽车零配件、农业机械和通用机械、运输设备、专用设备等，装备制造具备了较好的基础。围绕为全市汽车、装备制造等产业服务，重点发展汽车摩托车、轨道交通装备、数控机床等基础零部件加工制造，积极向整车、整机制造延伸。

5. 优化完善产业平台布局

依托交通要道、城市节点、主要道口，结合资源要素流动条件，优化调整现有产业园区布局，形成分工有序、合作紧密的产业空间布局。

（1）农业发展平台布局

各区县结合用地条件，突出山地特色，加快建设现代农业产业园、农业科技示范园、农村创业园、农村产业融合发展示范园等各类农业示范园区，打造一批田园综合体，支撑乡村振兴战略行动计划实施。力争到 2025 年，渝东南地区共建成各类农业产业园区 50 个以上。

（2）服务业发展平台布局

各区县城重点围绕完善城市服务功能，建设城市综合体、创意产业园等一批服务业发展平台，加快提升打造城市核心商圈，提升完善物流园区、基地功能，规划建设文创产业园和康养产业基地，配齐服务要素，打造品质城市。

专栏2-9　重点服务业发展平台

商圈。黔江大十字商圈、正阳新城核心商圈；武隆中心城区核心商圈、仙女山度假区核心商圈、工业新城核心商圈；石柱康德中央大街商圈、黄水商圈；秀山花灯广场商圈、城东商圈；酉阳桃花源商圈、渤海新城商圈；彭水老城核心商圈、新城核心商圈等。

物流园区。黔江正阳物流基地、冷链物流中心、空港物流园区、青杠物流园区、冯家物流园区；武隆城东综合商贸物流园、仙女山旅游商品物流园、白马综合物流园、土坎农特产物流园；石柱西沱临港综合物流园区、石柱东商贸物流中心、南宾工业物流中心、渝鄂农产品电商冷链批发物流园等；秀山物流园区；酉阳麻旺渝东南现代物流园、酉阳综合物流基地；彭水下塘乌江港口物流集散中心，长滩铁路物流集散中心、保家工业园物流仓储中心、新城现代物流园区等。

文创产业园。黔江武陵山文创产业园、中国（武隆）文化创意产业园区、石柱渝东文创产业园、秀山边城文创产业园、酉阳酉州文创产业园、彭水文创产业园等。

康养产业基地。黔江三塘盖康养基地，武隆仙女山森林康养基地，石柱黄水森林康养基地、冷水康养特色小镇，秀山川河盖康养特色小镇、大溪酉水康养基地，酉阳毛坝木叶、金银山康养基地，彭水乌江画廊、阿依河、摩围山森林康养基地等。

（3）工业发展平台布局

各区县原则上不扩大工业园区规划面积，重点促进现有园区规划用地提质增效，提高园区土地投入产出水平。提升工业园区清洁环保生产水平，加快发展纺织服装等消费品产业、绿色食品等农副产品加工产业、装备制造产业、智能配套产业、新材料产业等，打造低碳循环、节能环保型产业园区。推动黔江正阳工业园区加快建设国家级高新区，鼓励有条件的工业园区创建国家级经开区。平台产业布局及方向如表2-34所示。

表2-34 工业发展平台产业布局方向

园区名称	现有主导产业	未来重点发展方向
正阳园区	医药食品，材料，纺织服装，装备制造	金属材料、复合材料、建筑材料，生物医药，节能环保，农副产品加工、丝绸纺织
武隆园区	材料，农副食品，特色轻工	新能源汽车，新材料，户外运动装备，绿色食品
石柱园区	医药食品，装备制造，电子制造	中药材加工，绿色食品，手机，建筑材料
秀山园区	医药食品，材料，特色轻工	中药材加工，休闲食品，新型门业，农业机械
酉阳园区	医药食品，材料，特色轻工	珠宝及贵金属加工，服装，中药材加工，绿色食品
彭水园区	农副食品，特色轻工，材料	绿色食品，服装制鞋，小家电

（五）推进人口城镇化，加快城乡融合发展

城镇和人口的空间集聚性是城镇群的重要空间结构特征。按照常住人口城镇化率65%的目标，渝东南片区需要转移进城（镇）的常住农业人口约67万。考虑渝东南总体属于生态脆弱地区，坚持人口总量不增加、人口结构优化、空间相对集中的原则，推动新型城镇化与乡村振兴有机结合，优化人口空间布局，通过实施人口梯度转移、生态移民、易地扶贫等政策，打造特色小镇、田园综合体、民族特色村寨等新型城乡形态，重点引导人口向中心城区集聚，加快推进人口本地城镇化。

1. 重点引导人口向中心城区集聚

渝东南中心城区已有基础、功能更为完善、承载能力比小城镇更强，考虑小城镇布局太多会导致资源分散，治理成本较高，城镇布局要使国土空间资源集约节约利用，减少区域内环境破坏范围，方便集中治理和防治。要以外出人口回流、本地兼业人口释放、外来通勤就业人口为重点，鼓励通过老城区更新改造、新城区优化拓展、城市功能完善等方式提高城区人口集聚能力。因此，渝东南片区要把中心城区及生态产业园区建设作为重点，同时针对渝东南经济社会发展急需的绿色工业发展、中医药研发、高职教育、城市管理等中高端技能人才和创新创业人才，从个税、住房、创新资金支持等方面出台专门政策，积极吸引有技能、高素质的返乡人口和外来人口落户六大中心城区。特别针对离开户籍地到沿海发达地区制造业、现

代服务业就业的农民工，通过积极打造生态工业园、商贸物流中心等载体，突出强化招商引资，壮大区县城第二、第三产业，吸引部分农民工返乡并举家进入渝东南中心城区，实现就近城市化，真正解决“人户分离”“三留守”问题。

2. 吸引部分人口进入特色小镇

各区县选择平坝面积较大、建设条件较好区域，如重点景区、高速出口、高铁站、省道通道等附近乡镇场，集中打造2～5个资源特色突出、产业发展潜力大的特色小镇，吸纳部分农业转移人口，创造服务吸引旅游人口。

一是差异化打造旅游特色小镇。坚持小而精的原则，常住人口规模与素质、公共资源配置、城镇基础设施布局等要重点考虑服务旅游人口，旅游特色小镇常住人口不宜太多，注重提升常住人口的旅游服务专业化水平。

二是培育一批通道沿线经济强镇。扶持返乡创业人群，把乡镇经济作为未来重要增长点。依托农业特色资源丰富、交通便捷、基础设施良好的重点城镇，积极推进返乡创业园建设，落实相关的财政、金融、土地方面的支持，发挥对乡镇的带动作用。

三是因地制宜开展撤乡并镇。在交通和信息化条件大幅改善、政府服务效能提升背景下，对于人口较少、发展条件较差的相邻乡镇，可实施撤乡并镇，撤并场镇的建设指标合并到特色小镇使用，引导撤并人口向特色小镇集聚，整合集中资源，提高公共资源利用效率。

3. 引导乡村人口由分散向适度聚居转变

针对人口老龄化、新生代不愿意回农村带来的农村空心化问题，根据渝东南片区乡村不同状况，顺应村庄发展规律和演变趋势，根据村庄的区位特征、发展现状、资源禀赋等，分类推进乡村振兴，促进乡村品质全面提升，引导乡村人口由分散向适度聚居转变，促进乡村就地城镇化。

一是集聚提升类村庄。对于现有规模较大的中心村和其他仍将存续的一般村庄，实施改造提升，发展“一村一品”，建设山地特色精品农业园区，组建农民专业合作社，吸引承载新型农民和返乡创业人员，共同建设村庄。

二是特色保护类村庄。对历史文化名村、传统村落、少数民族特色村寨、特色景观旅游名村等特色资源丰富的村庄，突出保护与发展，打造一批有特色、有影响的田园综合体和民族村寨，以特色旅游业带动一二产业发展，政府整合涉农资金给予大力扶持，吸引大中专毕业生、素质较高有创业精神的农民工返乡共同参与建设。

三是搬迁撤并类村庄。对位于生存条件恶劣、生态环境脆弱、自然灾害频发、人口流失严重等区域的村庄，完善生态移民搬迁安置、易地扶贫搬迁安置等机制，在尊重农民意愿的基础上，实施村庄搬迁撤并，引导搬迁撤并人口向特色小镇、其他两类村庄以及中心城区转移，被撤村庄整体变为生态区，政府在住房、就业、社保等方面给予大力扶持，生态补偿方面给予倾斜，促进生态移民安稳致富。

专栏2－10　渝东南城镇化人口引导

黔江区

强化渝东南区域中心城市定位，除吸引本行政区农业转移人口城镇化之外，要成为吸引渝东南市外返乡人口就近城镇化的主力（争取10万人）。原规划城镇人口48万人，中心城区45万人（根据发展进度调整为35万～40万人）。重点打造城区和5个中心镇（濯水镇、石会镇、马喇镇、阿蓬江镇、石家镇）。突出弥补产业短板，壮大产业集群，力争城区人口承载40万人（老城和新城）、重点场镇承载7万人（其中，濯水镇场镇承载2万人，石会镇场镇承载1.5万人，阿蓬江镇场镇承载1.5万人，马喇镇场镇承载1万人、石家镇场镇承载1万人）。

武隆区

积极对接重庆主城区辐射，主要引导本区农业人口城镇化，适当吸引彭水相邻乡镇的市外返乡人口就近城镇化。重点打造武隆中心城区、仙女山旅游度假区组团、白马组团，力争中心城区常住人口承载10万人（旅游人口接待能力5万人），仙女山镇常住人口承载5万人，旺季旅游人口日接待能力15万人；白马组团（工业园区）常住人口承载5万人，中心镇、重点镇（平桥镇、江口镇、土坎镇）等场镇人口承载5万人。

石柱自治县

引导本区域农村常住人口的城镇化，吸引人口向城区和重点场镇集聚，规划城镇人口21万人左右。重点打造石柱城区，争取承载18万人；中心镇（西沱镇、黄水镇、三河镇）承载3万人，其中西沱镇承载人口2万人，黄水镇承载常住人口1万人，承载度假人口5万人。

酉阳自治县

引导本区域农村常住人口的城镇化，吸引人口向中心城区和重点场镇集聚。未来城镇人口40万人，重点打造酉阳城区（小坝新城等组团），争取承载人口21万人；龙潭、麻旺两个市级中心镇和李溪、丁市、酉酬三个全国重点镇以及龚滩镇国家级历史文化名镇，因地制宜打造旅游集镇、边贸重镇、民族乡镇、文化名镇，争取承载人口19万人。

秀山自治县

引导农村常住人口向中心城区集聚。到2030年，秀山全县常住人口将达52万人，城镇人口33.3万人，城镇化率将达64%。重点打造秀山城区，争取城区人口承载28万人，中心镇、重点镇（清溪场镇、洪安镇、龙池镇、梅江镇）承载5.3万人，开展旅游接待服务。

彭水自治县

引导本区域农村常住人口向城市组团集聚。彭水规划城镇人口目标45万人，但根据其城镇用地条件承载38万人。重点打造城区（彭水老城8万人、长滩2.5万人、彭水新城及蚩尤九黎城13万人、保家镇4万人），城区四个组团争取承载人口28万人，中心镇、重点镇（郁山镇、高谷镇、鹿角镇、桑柘镇等），争取承载人口6.5万人。

4. 促进城乡融合发展

将乡村、城镇、城镇群看作一个有机整体，推动新型工业化、信息化、城镇化、农业现代化同步发展，引导要素城乡双向流动，城乡互动互惠、共融共生，促进渝东南片区城镇化过程。

（1）促进第一、第二、第三产业融合

依托渝东南民族民俗文化资源和自然生态资源优势，因地制宜、因业制宜探索创新融合方式，不断延长产业链、提升价值链、完善利益链。以旅游为引领，大力发展“旅游+”“+旅游”，促进农业与旅游度假、健康养老等产业深度融合，培育农村电商、农产品定制等“互联网+”新业态，构建山地特色高效农业、民俗文化生态旅游、农副产品加工、仓储物流、农村电商等全产业链，培育一批武陵山农产品特色品牌，打造特色小镇、田园综合体、民族特色村寨等新型城乡形态，争取每个区县有一个项目纳入国家农村产业融合发展示范园。着力完善农村电商“五大体系”，加快电商产业园建设，创新构建三级物流网络，打造武陵山快递分拨中心。

（2）引导城乡资源要素双向流动

一是支持人才双向流动。支持农业转移人口在城市落户安居，同时鼓励企业家、技能人才、农民工、退役军人、大中专毕业生返乡投资兴业，加快培育农业龙头企业、家庭农场、乡村创客等城乡融合发展新主体，实现城市人才、资本、技术、信息等要素与农村闲置、低效利用资源的有效对接。

二是鼓励以工补农。实施“万企帮万村”行动，引导社会资本投向乡村振兴。

三是推进农民美好生活提升行动，加快培养新乡医，实施城乡学校携手共进计划。

四是加强就业创业培训。充分发挥重庆旅游职业学院、重庆经贸职业学院、重庆市黔江区民族职业教育中心等作用，突出抓好新型职业农民、专业技能人才和创业带头人的培育工作。

（3）积极稳妥推进农村改革

一是推进“三权分置”改革。优化渝东南各区县农村土地、林地、宅基地等资源配置，鼓励发展适度规模经营，培育多元新型经营主体和乡村产业新业态。

二是推进“三变”试点。积极推进农村集体产权制度改革，扩大“三变”试点，发展壮大农村集体经济。加大农业项目财政补助资金股权化改革力度。

三是实施“三社”融合改革。深化供销合作社综合改革，争取实施

“三社”融合发展试点。通过一系列农村改革举措，有利于促进乡村振兴，也为渝东南农业人口城镇化解除后顾之忧。

（六）深化区域合作，提高内陆开放水平

城镇群各节点之间、紧邻的城镇群之间往往具有紧密的经济联系。有效发挥市场和政府的作用，对外加强与重庆主城、渝西片区（重庆都市圈）、渝东北城镇群的联动，更好地承接成渝城市群、黔中城市群、长株潭城市群乃至粤港澳大湾区功能。对内深化各节点中、小城市的合作，重点在开放合作平台、协同制度创新、政策联动方面探索新的路径。

1. 全面对接“一带一路”建设

加快参与重庆“一带一路”和长江经济带的联结点建设，以南向陆海贸易新通道和空中丝绸之路建设为重点，进一步加大以交通为主的基础设施建设，对外加快建设和完善陆路运输、跨境运输、空中运输互联互通体系；携手市内都市圈等发达区县，加强与“一带一路”沿线国家（地区）合作；扩大人文交流。

（1）建设空陆大通道

黔江机场适时增开国际航线，积极对接中新（重庆）互联互通示范项目，加强与新加坡航空公司的合作，开通至香港、韩国、日本及东南亚等国家和地区的旅游包机业务。新增国际货运航线，重点发展生鲜蔬果、高山蔬菜、有机茶叶等高价值产品的航空物流。加强陆路通道建设，积极推进渝湘高铁、黔遵昭铁路建设，完善对外交通网络，降低货物运输成本，引进一批国际采购集团、第三方物流企业和国际航运集团，建设“渝黔桂新”铁海联运、重庆—东盟国际公路物流大通道的支线。

（2）加强与“一带一路”沿线国家（地区）合作

积极接受市内重要开放平台辐射带动，扩大东西南北方向的开放。向西重点与中亚、中东及东欧国家开展能矿资源、绿色食品加工及农业综合开发等领域的合作。向北加强与相关国家在农牧业、矿产资源等领域的合作。向南积极融入中巴、孟中印缅等经济走廊，着力推进经贸合作。向东重点促进与东亚国家及我国港澳台地区在农业、旅游、环保、生物资源开发等相关领域的合作交流。实施“互联网＋外贸”战略，积极培育发展跨境电商，搭

建黔江区跨境电子商务综合服务平台。近期实现跨境电商业务取得实质性进展，远期培育3个以上跨境贸易电子商务产业集聚区。大力发展服务贸易，及时执行国家、市最新服务业领域开放政策，加快发展服务外包、旅游、文化等服务贸易。

（3）扩大人文交流

以苗族土家族文化的传承与保护为纽带，充分利用“中国文化遗产日”、民族传统节日开展非遗项目展演展示活动，组织体现民族特色文化的非遗项目参加“一带一路”沿线国家（地区）展演展示，促进国际文化合作交流。加快打造武陵山区苗族土家族文明传承创新区，建设重庆对外展示中华文化的窗口。

2. 积极融入长江经济带建设

（1）强化长江经济带沿线省市合作

携手市内大都市圈的发达区县和市内龙头企业，借船出海，深化同长江经济带沿线省市在资金、技术、项目、产能和市场等方面的合作对接，推进科技、教育、医疗、卫生和产业互补对接。共同探索“园区共建、项目共管、收益共享”的合作模式，积极发展飞地经济，主动承接产业转移，重点开展与长江中游城市群在生态旅游、农产品、资源深加工等方面合作；与长三角城市群在高新技术引入、人才培养、园区建设等方面的合作。

（2）强化与邻近省区和周边城市协作

进一步增强与贵州、湖南、湖北的对接和协作。加强与恩施、铜仁、湘西州等周边城市在基础设施、重点产业、科技创新、市场开发、生态建设、公共服务等方面的协作。建设武陵山区民族协作经济圈，积极吸纳贫困地区劳动力转移就业，辐射带动武陵山地区共建长江经济带。

（3）加强对口支援合作

进一步完善对口支援、东西部扶贫协作机制，拓展合作领域，深化援受双方在基础设施、公共服务、产业园区、城市规划建设管理、创新驱动和产业转型升级等领域的合作。创新人才交流合作机制，在支援省市高校、科研院所、产业园区探索建立离岸研发中心，通过派驻、培训、远程服务等手段建立“人才飞地”，为渝东南城镇群培养本土人才。

（4）强化与市内各板块互联互通

积极融入现代化都市圈，瞄准特色农业和文旅康养发展定位，以“强链补链”为重点，通过积极承接主城区外溢功能，承接影响力强的重大转移产业项目。充分发挥自然资源优势，引入多样化的特色医疗、健康服务、体育休闲以及专业会展项目，促进人文景观与自然生态、旅游产业与康养产业深度融合，打造独具特色的重庆现代化都市圈高端休闲康养基地。以电商平台为依托，打造特色农产品智能订制深加工产业集群，积极推进本地特色农产品服务重庆现代化都市圈，打造重庆的“菜篮子”“果盘子”。加快与渝东北城镇群联动发展，积极推进基础设施互联互通，加强旅游资源的整合，共同打造国际知名文化生态旅游目的地。依托库区和渝东南资源优势，积极对接大都市区农产品消费提档升级的需求，共同发展特色都市型现代农业。推动生态廊道共建，共同推进生态保护和环境治理，共筑国家重要生态屏障。

3. 推进重大开放平台建设

（1）打造渝东南城市群“三个三合一”

积极创建黔江保税物流中心（B 型）、黔江铁路口岸，建设跨境电子商务商品物流分拨中心，打造完整的跨境电子商务产业链和生态圈。

（2）对接市内重要开发平台

打开合作视野，积极对接自贸区、中新项目等重大开发开放平台，全力打造国际产业园、国际中小企业孵化园，提升渝东南跨国跨省跨区合作层次和产业承接能力。积极创建黔江高技术开发区，加强与两江新区、西永微电子产业园、大学城等紧密合作，争取设立产业转移承接共建园区，以转移合作、共建共赢的方式积极拓展合作空间，发挥农产品集聚优势，谋划中新（重庆）食品生态产业园，引进推广新加坡先进的管理经验、资金、食品检测技术，整合周边资源，重点开展农副产品深加工，提高农产品附加值。

4. 完善城市群内部开放协作框架

完善开放布局及功能定位。以黔江为中心，连接彭水、酉阳打造的开放腹地中心圈，建设承接要素流动、产业转移和产业配套的核心区。打造石柱、秀山、武隆成为城市群外延内聚的开放支撑点。其中，石柱为联结渝东北翼的重要结点和通向华中地区的重要通道；秀山为集聚辐射湘（西）黔

（北）武陵山区的“桥头堡”和通向东南沿海的重要口岸；武隆为承接和传递现代都市圈辐射的重要接口和战略支撑点。

（七）协同推进城镇群建设的政策建议

以体制机制创新为动力，加强群内各城镇间的内部联系与合作，形成城镇群发展合力。

1. 建立区域协调发展机制

（1）加强统一规划引导

成立由市领导任组长的渝东南城镇群建设领导小组，协调开展统一规划，定期召开联席会议。编制《渝东南区域协调发展总体规划》，力求城镇特色化、差异化建设。建立各区县政府间协调议事机制，定期举办党政主要领导联席会议，共同争取国家支持。强化成本分担和利益共享，建立跨区县基础设施、公共服务和生态环境建设项目成本分担机制。

（2）创新产业协同发展机制

建立各区县联合打造武陵山特色品牌的机制，统一对外宣传。加强资源整合利用，采取园区共建、产业合作等形式，提高资源利用效率。实行统一的市场监管体系和联合执法，培育发展区域信用服务市场。

（3）公共服务共建共享机制

统筹公共服务设施均衡布局，鼓励城镇群内城市联建或跨区县共建学校、医院、博物馆等服务设施，建立区域统一的信息协作网络体系。加强各区县应急管理合作，共建食品安全、旅游安全、灾害防治和安全生产等保障体系。

（4）生态保护齐抓共管机制

联合召开片区环保合作会议，统一跨界河流域的环保标准，推动区域大气污染联防联控，定期开展环保联合交叉执法检查等行动。采取公开交易方式均衡调配森林覆盖率指标，实现有偿购买。

（5）共同推进革命老区振兴

强化渝东南六区县与武陵山片区有关州（市、区、县）的协作，向国家争取出台湘鄂西、湘鄂川（渝）黔革命老区振兴发展规划，将革命老区发展政策纳入市级区域协调发展政策体系。

2. 着力营造良好政策环境

从财政、税收、金融、产业、区域、人口、土地、投融资、开放、合作、生态等多方面，积极创造市场发挥决定性作用的营商环境。

（1）争取国家支持

支持重大基础设施。争取国家对渝东南交通对外大通道方面的项目支持，特别是北向通道、连接长江黄金水道的快速通道。争取国家给予西部地区更多政策融资支持，加大对西部地区基础设施项目资金支持，更大力度支持西部地区企业发行债券。

支持创新能力提升。争取支持渝东南创建国家级高新区，强化创新支撑，促进资源生态化利用和生态产业化发展，提高发展质量效益，更好保护渝东南自然生态环境。争取国家对养老、旅游等绿色生态产业享受高新技术企业政策支持。

支持生态资源转化。发挥渝东南适宜中药材种植的自然生态优势，争取国家在渝东南布局1所中医药大学，集聚研发团队，提升区域中医药研发能力，培育中医药产业集群，使生态资源优势真正转化为经济优势，增强区域脱贫后的可持续发展能力。

支持绿色工业发展。争取国家出台少数民族聚集地区绿色工业发展优惠政策，并预算专项发展资金。争取国家加大对革命老区财力支持，出台支持革命老区企业发展的税收政策，适当降低税收上缴比例。

支持生态环境建设。争取设立武陵山国家公园，争取国家、市级对渝东南生态补偿的财政支持，适当提高重点生态功能区转移支付比例。建议国家民贸民品贷款贴息政策由均衡性转移支付改为专项转移支付。

（2）市区（县）措施

开展统一规划调整。按照渝东南城镇群构建思路，各区县开展规划调整，包括国土空间、城乡、交通等规划，突出规划好城市边界，强化生态空间管制，引导构建集约发展、特色突出、紧密协作的渝东南城镇群体系。

支持中心城区成长。一是支持中心城区完善功能，提升品质。加强财税、项目等政策重点支持，持续完善六大中心城区功能，增强中心城区资源配置能力，因地制宜布局商业综合体、物流分拨中心、枢纽站场等现代服务业相关功能型设施。二是放开中心城区落户限制，积极吸引人口集聚。特别是黔江作为渝东南区域中心城市，但本区人口较少，城镇化人口支撑不足，建议修改《重庆市户口迁移登记实施办法》，放开区外、市外来黔江务工、经商人员落户年限限制。

促进人口集聚和流动。针对不同来源群体，在现有人口梯度转移、生态移民、易地扶贫等政策基础上，制定引导区域内外人口向渝东南片区各级城镇集聚的政策。一是积极吸引有技能、高素质的返乡人口和外来人口落户六大中心城区。针对渝东南经济社会发展急需的绿色工业发展、中医药研发、高职教育、城市管理等中高端技能人才和创新创业人才，从个税、住房、创新资金支持等方面出台有吸引力的政策，如给予创业者本人一次性创业补贴。二是对留在户籍地农村就业的农民，加大新型职业农民、农业产业工人等培训投入，引导部分农民向特色小镇、田园综合体和特色村寨聚居。三是对已转户进入中心城区定居的新市民，实施新市民素质提升计划，解决好这部分群体的就业、教育、社保等公共服务，使其从思想文化、生活方式、就业增收等方面尽快融入城市。

适当放宽土地利用。争取市级土地指标分配比例适当增加，支持渝东南城镇群建设。国土空间利用、建设用地指标分配方面向中心城市倾斜，并给予重点项目用地指标支持。继续对地票交易给予大力支持，允许渝东南城镇群探索土地指标区域内自主调剂，复制推广实施宅基地入市试点经验，区县内部实施建设用地增减挂钩，弥补渝东南城镇群建设用地指标紧张的短板。完善城镇建设用地增加规模同吸纳农业转移人口落户数量挂钩机制。

加大财税支持力度。完善渝东南区县的县级基本财力保障机制，加大生态转移支付力度，对文旅项目、农旅项目实施财政补贴支持政策，把市级民族文化旅游业贷款贴息资金改为补助资金。争取市级基本公共卫生经费向提供服务成本高的边远山区倾斜。对生态环境保护实施奖励政策，鼓励垃圾分类处理，支持污水集中处理设施建设，对企业、居民、农民的生态保护行为实行奖励。税收政策方面，切实落实国家减税政策；支持渝东南人才引进，实施个税特别优惠政策；支持资源循环利用、农产品深加工、民族文化挖掘、旅游等产业发展，争取实施低税率、税收返还政策。

创新投融资政策机制。建立区县政府、企业、农户、社会等共同参与的城镇建设投融资机制。支持渝东南区县政府发行地方债，用于城镇基础设施建设；政府牵头引入战略性投资者，对部分特色小镇进行专业化打造、市场化运营。积极推进实施“以奖代补”“转补改投”，支持经营主体带动贫困户发展产业增收致富。加大对城区、中心镇和重点镇公共服务方面的资金投入，吸引东部产业转移。建议取消中央投资项目区县资金配套，由市级全额统筹安排资金解决。

项目立项支持。突出绿色、生态、低碳、循环理念，对绿色发展项目优先支持立项。突出民俗和生态优势，重点培育一批山地特色高效农业、民俗文化生态旅游和特色资源绿色加工产业项目。建议市级协调加大对渝东南烟草产业的支持，协调调增生产计划和调优产品结构。争取市级工业和信息化专项资金单独切块，支持渝东南六区县特色工业园区生态化转型升级，支持黔江创建市级高新区。整合涉农资金和专项资金，差异化打造一批精品旅游景区、现代农业产业示范园、农村电商物流园等项目。支持渝东南少数民族特色的保护性开发项目、区域内外交通互联互通项目以及生态环境项目。

降低制度交易成本。改善企业融资环境，帮助企业降低要素成本，水电气等价格改革，争取国家协调“三峡电入渝”落地对口支持渝东南地方经济发展，适度下发价格审批权限，给予西部地区规模以上企业一定用电优惠政策；落实企业社保费率调整政策。切实优化政府服务，降低制度成本，大力推行“马上办、网上办、就近办、一次办”等行政审批服务清单制，落实“渝快办”，开通绿色通道，治理不合理审批和乱收费、乱罚款。激励各级干部职工勇于担当，同时严格绩效管理和行政问责，积极整顿不作为、慢作为和乱作为，增强各级干部职工的成就感和服务意识。

附录 2－2　国外山地城镇发展经验借鉴

一、美国阿巴拉契亚山脉

（一）概况

阿巴拉契亚地区地处美国东部，紧邻发达的大西洋沿岸地区，地形崎岖，河流众多，森林茂密，降水分配相对均匀，矿产资源丰富，其中尤以煤炭资源最为著名，是世界上最大的煤炭产区地之一。美国阿巴拉契亚山脉由北至南绵延 2000 多公里，跨越美国 13 个州，囊括近 400 个县，19 世纪中期煤炭年产量占全国煤产量九成左右，与当时的东北部发展不相上下，可是到了 20 世纪却沦为美国最贫困的地区。1960 年后，通过阿巴拉契亚地区开发法案促进该地区基础设施、产业发展，人均收入有了显著提高。

（二）开发历程

1960 年，阿巴拉契亚地区举行了一次州长联席会议，提出一项“特别地区发展计划”（special regional development plan），要求联邦政府综合开发阿巴拉契亚地区。

1963 年，肯尼迪政府设立了“总统阿巴拉契亚地区委员会”（the President's Appalachian Regional Commission）的临时机构，负责实地调研阿巴拉契亚地区并提出解决问题的初步建议，以便呈送国会讨论。

1965 年，在约翰逊政府的敦促下，美国国会两院一致通过了关于阿巴拉契亚地区开发的法案，法案的正式名称是《1965 年阿巴拉契亚地区开发法案》（Appalachian Regional Development Act of 1965），规定设立“阿巴拉契亚地区委员会”（Appalachian Regional Commission，简称 ARC），由“联邦联合主席”（Federal Cochairman，或译为“联邦共同主席”）和各州的一名成员组成；详细规定了开发项目，包括高速公路系统、卫生设施、农田保护、木材开发、矿产保护、水资源保护、职业培训设施、排水系统等。法案规定有效期到1971年7月1日，实际上后来不断修改延续，目前为止共有1965年、1975年、1998年三个版本。经过几十年的开发，阿巴拉契亚地区的经济和社会有了很大的改善，基本上可以说整个区域摆脱了原来的贫困状态，从人均收入、基础设施、教育水平、产业结构等各方面都有了明显进步。

（三）经验总结

一是制定开发法案，建立专门机构。1965年美国国会两院通过了关于阿巴拉契亚地区开发的法案，详细规定了包括高速公路系统、卫生设施、农田保护、木材开发、矿产保护、水资源保护、职业培训设施、排水系统等开发项目，并按照规定设立“阿巴拉契亚地区委员会”。

二是集中投资于交通道路和公用设施建设，为整个阿巴拉契亚地区奠定可持续发展的基础。从1965—1992年，美国联邦、州、地方政府共为阿巴拉契亚区域开发计划投资了140亿美元，其中公路设施建设约为80亿美元。

三是采用增长极经济理论，采取核心区域带动边缘区域的开发方式，强调政府资金投向那些发展潜力大、预期收益好的地区，投入巨额公用设施经费推动“增长中心”和小城镇的建设。

四是调整和优化产业结构。发展生态高效农业，实现农业的机械化，推动产业优化升级。依托开发公路建成“开发走廊”，促进制造业发展。利用资源优势进行水资源开发和旅游开发。

五是治理生态环境，改善地区环境状况。对煤炭开发在内的工业发展造成的环境问题给予关注，采取矿区的再利用和修复、公共健康与安全、水污染治理等来补救造成的负面影响。

二、日本本州飞驒山脉

（一）概况

飞驒山脉又被称为日本的阿尔卑斯，位于日本中部地区，由北向南跨越富山、新潟、长野与岐阜等县。20 世纪 50—70 年代，日本城市大发展，农村人口大量流向城市，传统村落社会迅速崩溃。日本政府通过山村振兴、社区营造、一村一品等活动，促进了飞驒山脉山地小城镇旅游等产业的发展，并以登山和滑雪、温泉、日本传统小镇而成为旅游胜地。

（二）开发历程

1965 年制定了“山村振兴法”，并于 1975 年和 1985 年分别做了修正，加大了对山村地区振兴事业的投资，鼓励植树造林，发挥山村地区地理优势，实现以林为主的综合发展；将中部山地海拔高、气温过低、不利于作物生长的山村地区开发建成旅游基地，有效开发山村地区的旅游资源。

20 世纪 60 年代末，日本开始社区营造运动，80 年代末 90 年代初渐渐展现成果，飞驒地区的古川町社区营造是社区营造运动的成功案例，通过居民相互协作，共同改造生活环境，并通过《古川町都市景观基本方针》《飞驒古川景观条例》，使得古川町的景观整顿能够在法规约束下进行。社区营造不仅使古川町成功保留了历史街区的传统特色，街区环境得到极大改善，更使其成为日本著名旅游胜地。

1979 年倡导推行“一村一品运动”，即通过集中力量发展具有本乡特色的产业来振兴当地经济。

1993 年，制定“特定农山村法”，指定一批市、町、村为特定农山村，制定了“农林业等活性化基础整备计划”，针对这些地区的特定资源优势进行开发。

（三）经验总结

一是连贯明确的开发计划体系。日本政府为推动落后地区经济发展，制定各项政策措施，并通过法律形式颁布实施。自从 1950 年颁布《国土综合开发法》以来，又陆续实施了“山村振兴法”“社区营造运动”“一村一品运动”“特定农山村法”等一系列开发计划，并根据经济社会发展过程中遇到的不同问题，随时调整政策，保证政策执行的连续性、稳定性和针对性。

二是通过财政金融支持，加强对落后地区的援助。日本中央政府财政收入占总收入的 70%，其中大部分拨付给地方政府，用以支持贫困地区经济发展。并通过政策性的金融机构以优惠贷款方式向落后地区提供援助。

三是注重特色挖掘，引导居民主动参与。飞騨地区的古川町是关西地区的历史性聚落，居民共同参与，不断改善周边环境，通过“发现日本”活动掀起历史街区空间营造的风潮，将古法建造技艺发扬光大，给古川町带来了新的发展机遇。

四是加强落后地区基础设施建设。通过推进落后地区的基础设施建设实现区域的均衡发展。日本政府除了将财政支出的40% ~50%用于基础设施建设，还通过法律法规等形式对基础设施的建设做出详细规定，提出要对税收给予优惠、对贷款利率要进行补贴，以保障基础设施建设大规模资金的来源。

三、瑞士阿尔卑斯山脉

（一）概况

瑞士地处欧洲内陆，其中部、南部和东南部属于阿尔卑斯山脉，山地面积占国土总面积的60%，全国有24%的人口居住于此，平均海拔达3000 ~ 4000 米，生态环境非常脆弱。瑞士的工业化、现代化进程比英、德、法晚了 80 多年。经过几十年的工业化发展，到 20 世纪初期它已经成为欧洲工业化程度较高的国家之一，他的繁荣得益于其独特的“绿色山地经济发展模式”。

（二）开发历程

20 世纪初，瑞士制定了针对山区农业可持续发展的具体措施。农业政策以 1951 年农业联邦法律（ 1998 年修订）为基础，联邦政府根据地理分区对投资、土地以及畜牧管理进行不同类型和不同金额的补偿。

1966 年，提出法案要求由政府通过贷款、担保和降低税率促进旅馆和健康旅游设施的改、扩建，财政支持中的大部分都用于山区旅游胜地的旅馆设施。

在 20 世纪 50 年代末，瑞士平原城市地区由于经济持续增长，吸引了大量山区的经济活动和劳动力。1960 年代中期，瑞士议会在由众议院理事会和国家理事会提出的联合议案基础上，向联邦政府申请增加对山区的支持，以解决山区人口持续衰退问题。联邦政府建立了一个面向山区经济可持续发展的综合框架，并于1974年通过各种手段予以实施。《山区投资法》便是此框架下最为重要的一项举措，1976年还通过了一项对山区小商业在财政信用和贷款上的优惠政策。《山区投资法》主要通过对共有基础设施（道路、教育、医疗、文化、体育以及提供日常需求的商业）的投资来改善山区的综合生活水平，并通过改善山区小型中心的发展状况，从而实现人口从城市密集地区向外疏散。

1996年，联邦政府通过一项临时性法案（Regio-Plus，1996）对山区企业的改革和合作进行经济资助。1997年后《山区投资法》政策重心从平衡地区差异转为提高效率和增强竞争力。具体措施包括为山区经济发展和增强竞争力提供优惠条件；促进区域潜能的发掘；保护疏散地区和保存乡村社会文化的特色和多样性；保证山区的可持续发展；加强市镇和区域以及次区域之间的合作；减少社会经济方面的分异。1998年，瑞士政府开始支持旅游业的创新。

（三）经验总结

一是准确选择主导产业。瑞士重点投入第三产业中的银行业、保险业和旅游业，并将农牧与旅游结合，实现第一产业与第三产业合作双赢。瑞士山地旅游以其类型丰富，独特性明显，个性化突出的产品，吸引着世界各地的游客。旅游业成为国家支柱产业，年均旅游收入居于世界前20位。

二是建立完备的基础设施网络。瑞士旅游交通等系列基础设施方面注重便捷、安全。由铁路、邮政公共汽车、观光缆车和游船构成的公共交通系统，覆盖了瑞士几乎所有的城市和风景区（点），所有山区站点都可以通过公共交通系统到达，列车发车、停车时间准确。

三是注重科技创新与人力资源开发。不断创新专业性生产要素并提升其效率，进而持续提高产业的生产力，每年投入科研费用高达国民生产总值的2.7%，其中政府性投入仅占总额的1/4，其他性投入来自企业界。教育制度被瑞士人看作是最重要的生产要素创造机制。瑞士的大学有着较为深厚的研究传统，除了高等教育以外，还拥有完备的职业教育体系。

四是坚持生态环境与经济发展的综合平衡。瑞士努力探索通过市场经济调节机制来促进私人部门积极参与生态环境保护的路径，如出台生态环境价格体系等。制定了《森林法》《自然景观保护法》《水资源保护法》《环境保护法》等较为完备的生态环境保护法律法规体系。瑞士政府以及企业对环境保护研发投入了大量的人力、物力、财力，使得瑞士在垃圾处理、废水进化、清洁过滤等环保领域一直处于世界领先水平。建立了为生态保护项目提供融资的专业金融机构。通过一系列政策促进生态环境与经济协调发展。

四、国外山地城镇发展的经验与启示

（一）持续有效的政策及财政扶持

在山地城镇的发展中由于先天的不足，需要中央及地方政府针对区域资源禀赋，制定连续、稳定、有针对性的政策支持，并有所倾斜地进行财政金融支持，加强对落后地区的援助。如美国阿巴拉契亚山区开发时政府制定了《1965 年阿巴拉契亚地区开发法案》并于 1975 年、1998 年及时调整；瑞士阿尔卑斯山区开发中政府通过贷款、担保和降低税率促进旅馆和健康旅游设施的改扩建。

（二）加强以交通为核心的基础设施建设

加快基础设施建设是提升地区发展的重要举措，在落后地区发展中应集中投资交通道路和公用设施建设。如在 1965—1992 年阿巴拉契亚区域开发中，美国各级政府共为阿巴拉契亚区域开发计划投资了 140 亿美元，其中公路设施建设为 80 亿美元；日本政府在落后地区开发中将财政支出的 40% ~ 50% 用于基础设施建设，还通过法律法规等形式对基础设施的建设中对税收给予优惠、对贷款利率进行补贴，以保障基础设施建设大规模资金的来源。

（三）山地开发宜采用核心区域带动边缘的开发模式

由于山地地区的特殊地貌特征，难以形成大规模连片开发，因此强调政府将财政资金投向发展潜力大、预期收益好的地区。在美国阿巴拉契亚山区开发时政府投入巨额公用设施经费推动“增长中心”和小城镇的建设；日本在落后山区开发中，以社区营造、一村一品等开发活动促进了古川町等小城镇的复兴，使传统村落社会逐渐恢复，促进了飞驒山脉山地小城镇旅游产业发展，并实现地区人口的回流。

（四）坚持生态环境保护与经济发展的协调平衡

山地区域往往生态承载力较低，但其自然景观特色明显，旅游资源品质较高，因此在山地城镇发展中，应因地制宜扬长避短，利用高品质山地资源，发展山地观光农业，特色化打造旅游产业，突出生态产业化，产业生态化，努力探索通过市场经济调节机制来促进私人部门积极参与生态环境保护的路径。如瑞士在阿尔卑斯山开发中一方面开发了独特性明显、个性化突出的极其丰富的山地旅游产品；另一方面充分认识到生态环境对于旅游的基础性和功能性的作用和价值，采取各种措施减少旅游带来的环境影响。

第三部分

思考与建议

关于加快推动重庆现代化都市圈一体化建设的研究与建议

主研： 易小光，丁瑶，余贵玲，贾静涛，李丹妮，张佳，罗丛生

执笔： 余贵玲，贾静涛，李丹妮，张佳

内容提要： 从全球看，都市圈、城市群发展已成为区域发展创新能力和竞争能力的标志。从全国看，以超大、特大城市为核心，构建通勤高效、城乡一体、协同发展的现代化都市圈，已成为推动城乡融合发展的新趋势、中国经济的新动力。目前，重庆现代化都市圈建设已成框架，但相较于东部发达地区，城市梯队层级发展不足，区域产业分工协作和差异化发展欠缺，交通基础设施互联互通对产业布局和开放发展的支撑力度不够，城市品质、城市形象与现代化国际大都市发展要求还有较大差距，一定程度上制约了重庆现代化都市圈一体化发展。建议：一是优化现代化都市圈功能布局，着力提升国际综合竞争力；二是构建以轨道交通为引领的综合交通体系，推进基础设施一体化发展；三是引导产业分工协作，构建有机互动的产业体系及空间格局；四是构建都市圈一体化发展机制，促进形成统一开放竞争有序的现代市场体系。

伴着全球工业化、城市化进程推进，东京、纽约、伦敦等一批国际化都市圈成为各国创新能力和竞争能力的典型标志。在我国快速城镇化发展进程中，大城市的经济实力和辐射扩散能力不断增强，在人口增长、就业通勤、空间扩张、产业联系等层面逐步打破行政边界，呈现圈层化发展特征，形成以大城市为中心，城市（镇）数量多、人口密度高、联系紧密、同城化态势明显的都市圈发展空间形态。人口与产业的都市圈圈层化发展特征，日趋受到国家高度重视。2019 年 2 月，国家发改委发布了《关于培育发展现代

化都市圈的指导意见》，明确指出都市圈发展重点方向。近年来，重庆以主城九区、渝西十二区为主体的都市圈框架基本形成，建设取得了显著成效，集聚辐射能力快速提升，但城市间交通一体化水平不高、分工协作不够、同质化竞争较明显、协同发展体制机制不健全等问题依然突出。对接国家现代化都市圈发展战略，充分认识重庆处于西部内陆地区、发展基础相对较差等客观现状，进一步推动重庆现代化都市圈建设，对于重庆加快实现国家战略定位，促进成渝城市群发展具有重要的现实意义。

一、推进重庆现代化都市圈建设正当其时

（一）有利于进一步提升重庆国家中心城市功能

推动重庆现代化都市圈建设，将进一步发挥重庆作为国家中心城市的功能支撑作用。

一是有利于提高重庆国家中心城市能级，增强核心竞争力和辐射带动能力。通过统筹整合都市圈内新区、园区等各类平台，建设一体化战略性新兴产业发展示范区，推动资本要素、创新要素和人才要素等融合互动，并形成更高能级的辐射带动效用。

二是有利于进一步提速基础设施一体化进程，升级都市圈要素流动效率。通过以都市圈为单元，统筹考虑轨道、公路、铁路交通网络布局以及物流枢纽建设，将使得区域交通物流更加有效衔接，形成低流动成本的区域比较优势。

三是有利于进一步升级城市公共服务资源共享共建能力，形成更高能级的国际化城市集聚效应。通过鼓励都市圈内开展多层次多模式合作的医疗健康、教育培训、城市公共服务设施、社会保障、社会治理和生态环保服务等，将使得都市圈形成更高便捷度和获得感的城市服务效应，从而形成更高能级的人口和要素集聚能力。

（二）有利于进一步强化重庆高质量发展内生动力

推动重庆现代化都市圈建设，将进一步挖掘重庆高质量发展的内生潜力。

一是有利于进一步推动城市产业高端化发展。都市圈的要素集聚效应，将促进企业、部门和创业主体进一步在都市圈集聚创新要素、提升经济密度、增强高端服务功能、强化公共创新平台建设，从而使得高科技企业以及工业设计、金融服务、文化创意、商务会展等高端服务业进一步形成集聚升级效应，形成更高的产业发展效能。

二是有利于形成适于高质量发展的城市环境。都市圈建设，将进一步推动人力资源市场一体化、技术市场一体化、金融服务一体化，消除商事主体流动隐形阻碍，营造一流的城市发展环境。

（三）有利于进一步增强区域发展辐射能力

推动重庆现代化都市圈建设，将进一步升级重庆在“一带一路”、长江经济带中的地位和作用，发挥在西部地区、成渝城市群中的辐射影响效用。

一是有利于促进重庆与成渝城市群周边城市提高同城化发展水平。都市圈建设，将促进形成更好的资源整合能力，与周边城市在体制机制创新、统一市场建设、公共服务共建共享、产业专业化分工协作、生态环境共保共治、城乡融合发展等方面形成更多竞合发展路径和空间。

二是有利于重庆都市圈以更加开放合作的姿态，强化在西部地区、成渝城市群中的多元要素集聚。进一步发挥重庆都市圈的高效率和低成本要素流动优势，带动资金流、信息流、知识流、物流高度汇聚并频繁流动，成为西部地区、成渝城市群资源配置集聚高地。

二、主要问题和矛盾

重庆都市圈经济总量已近1.6万亿元，人均GDP超过7万元，近年来围绕先进制造业和现代服务业推进产业结构调整总体较好，已初步形成以主城区为龙头引领、渝西片区各区连片发展的格局。但总体看距离打造现代化都市圈还有较大差距，主要存在高质量发展基础薄弱、区域特色不鲜明、城市品质形象不突出、交通一体化水平不高等问题。

（一）高质量发展基础薄弱

都市圈必须具有强大的集聚、辐射能力，强大的经济实力是重要支撑。

当前，重庆都市圈经济实力不强，对高端产业、高端要素集聚吸引力仍显不足。

一是经济实力不够强。都市圈经济总量、地均 GDP、人均 GDP 等显著低于北京、上海、深圳、杭州、南京等城市，其中都市圈人均 GDP 均不到上述城市的 60%。

二是产业高端化引领不足。都市圈战略性新兴产业增加值占规上工业比重不到 30%，服务业占 GDP 比重低于 70% 的国际大都市标准，生产性服务业、高端服务业、外向型服务业发展不足，与建立现代城市现代化产业体系还有较大差距。

三是高端要素集聚吸引不足。国际化人才引力较弱，外籍侨民占本地人口比重仅 0.03%，千人计划等创新人才数量明显低于成都、西安等城市，国家级创新平台布局也相对较少。主板上市公司仅 51 家，对资本吸引力较为不足。

四是开放水平尚待提高。服务贸易和总部贸易等新兴业态体量偏小，自由贸易程度和便利化水平较沿海还有较大差距。

（二）区域发展特色不鲜明

重庆都市圈城市梯队层级发展不足，在主城首位度、区域产业分工协作和差异化发展等方面还存在诸多欠缺。

一是主城区首位度不高。主城区作为重庆建设国家中心城市的核心区域，在现代化国际化发展方面与沿海发达城市还有较大差距，先进制造业、核心服务业集聚以及产业链高附加值领域、高端环节集聚不足，对周边地区的辐射带动能力还相对较弱。

二是产业分工协作不足。都市圈产业发展基本处于各自孤立的“点状”空间结构，跨区域间“带状”协同协作产业片区尚未建立，渝西片区与主城片区优势产业特别是金融、科技服务、总部贸易等产业之间还缺乏有效的互动协作。

三是产业发展同质化。各区间低水平同质化竞争现象突出，发展错位不明显、定位不精准、特色不突出等情况仍较普遍，招商引资中政策比拼等造成恶性竞争、资源浪费，围绕特色化差异化发展的区域生产力空间布局亟待完善。

（三）城市品质形象有待提升

重庆都市圈城市品质、城市形象与现代化国际大都市相比还有较大差距。

一是城市形象不靓丽。主城传统风貌与现代城市风格有机结合不够，城市精神、城市内涵提炼不充分，“两江四岸”这一靓丽风景线特色塑造尚待提升。渝西片区现代化城市建设较为滞后，缺少城市地标性建筑，商务商贸等城市功能供给与需求还有较大差距。

二是城市开放功能不足。国际化商务机构、国际化社区布局较少，举办的国际性文化交流、国际性赛事和会议会展等各类国际性交流活动不多，城市开放意识、开放视野低于成都、西安等周边城市，城市人文精神、政策环境、宜居环境等“软实力”打造与开放高地要求还有较大差距。

（四）交通一体化水平不高

重庆都市圈高速便捷的互联互通水平仍相对不高，交通基础设施对产业布局和开放发展的支撑力度不够。

一是对外互联互通打造不足。目前重庆开通的国际航线不到90条，远低于成都双流机场、北京首都机场等航线规模，高铁网络建设整体滞后，对外大通道还不够畅通便捷。

二是内部互联互通水平较低。都市圈铁路、高速公路等路网密度较低，渝西片区尚未与主城建立城市轨道交通连接，各区之间的快速连接干线较为缺乏，主要开发开放平台间连通性不足，交通条件对产业集群发展、跨区域产业协作的制约正在显现。

三、对策建议

加快重庆现代化都市圈建设，应围绕习近平总书记对重庆提出的“两点”定位和“两地”“两高”目标，以目标导向、问题导向为基本思路，对标对表国内外发达都市圈，以人的城镇化为核心，进一步优化构建“以主城为核心的国家中心城市＋环主城的现代山水田园都市连绵带”的区域空间格局，强化都市连绵带对内融入主城，对外支撑、连接渝东北、渝东南片区及成渝城市群功能，提档升级以轨道为引领的综合交通体系，引导促进产业合理分工、有机互动，构建一体化的体制机制，加快中心城市与周边城市（镇）同城化发展，为重庆高质量发展、经济转型升级提供重要支撑。

（一）优化现代化都市圈功能布局，着力提升国际综合竞争力

立足生态资源优势，以主城区为核心，以骨干交通和信息网络为轴线，串联外围城镇连绵带，着力打造山清水秀、生态宜居的国际化现代化都市圈。

1. 着力建设以主城为核心的国家中心城市

以科技创新、对外开放为引领，优化主城北部西部南部城市空间结构和动力结构，重点聚焦国际金融、科技研发、国际贸易、总部经济等高端要素集聚，提升城市国际化水平。北部依托两江新区，加快建设国际性跨境结算中心，探索跨境金融资产境内交易试点，积极争取建设内陆自由贸易港，高标准建设国家级数字经济产业园，布局一批国际领事馆等国际组织机构，争取承办丝路市长论坛、新丝绸之路论坛等国际重要会议活动，打造成为国际化现代化都市圈核心功能展示区。西部依托高新区、科学城创新核心功能引领，集聚一批国内外一流大学、科研机构、企业研发中心，开展基础性、原创性研究以及科技成果的中试、转化和产业化工程，打造西部创新策源地。南部注重产业提升、功能提升、形态提升并举，加快建设江南新城，以经开区、重庆国际公路物流基地、中国智谷（重庆）、市级核心商圈为支撑，打造主城第三增长极，形成与两江新区、重庆高新区和科学城综合创新平台三足鼎立、协调发展格局。同时建议将璧山、江津、合川、长寿逐步纳入主城板块，全面增强核心城市发展能力。

2. 打造环主城的现代山水田园都市连绵带

充分利用山水阻隔的地域特色，结合城镇间交通、经济联系，在渝西地区建设永川—荣昌—大足、涪陵—长寿、江津—綦江（万盛）—南川、璧山—合川—铜梁—潼南四大城镇组群，打造环主城人与自然和谐共生的都市连绵带，使之成为承接全市产业和人口转移、带动渝东北和渝东南片区发

展、强化与成渝城市群及渝黔经济合作区经济联系的重点区域，成为重庆充分发挥“一带一路”和长江经济带联结点功能的重要战略通道。永川—大足—荣昌建成川渝合作示范的前沿阵地，辐射川南黔北的重要门户。合川—铜梁—潼南建成川渝合作示范的前沿阵地，联系和辐射川东北及川中地区、对接丝绸之路经济带、辐射大西北地区的桥头堡。涪陵—长寿建成现代化都市圈辐射渝东北和渝东南城镇群的支撑点，同时适时将垫江、梁平纳入该城镇组群一体化打造。綦江—万盛—南川建成川渝黔合作示范区。同时，以主城为核心，依托城际铁路和射线高速公路，加快都市连绵带融入主城的进程。依托“三环”高速公路、市郊铁路等交通干线，促进四大城镇组群联系互动。引导各组群内部通过交通、产业、公共服务等一体化发展。

（二）构建以轨道交通为引领的综合交通体系，推进基础设施一体化发展

坚持交通先行发展战略，前瞻性谋划一批重大战略性交通项目，提升运行效率和枢纽功能，推动现代化都市圈基础设施互联互通。

1. 构建轨道交通四大通勤圈

坚持以轨道交通引领城市发展格局，加快城市轨道交通和都市快轨建设，推进主城城市轨道交通向都市连绵带延伸，策划推动四个城镇组群内部轨道交通建设，强化对新兴城市功能节点和枢纽的支撑带动作用。依托城市轨道以及铁路东环线、铁路西环线，构建主城通勤圈。加快推动合川—铜梁—大足—荣昌城市快轨开工建设，充分利用渝遂、成渝客专等既有铁路，构建西部通勤圈。依托铁路东环线、三万南铁路、南涪铁路、渝怀铁路，构建东部通勤圈。研究论证江津—綦江城市快轨建设，依托成渝铁路、渝黔新线，构建南部通勤圈。

2. 提升现代化都市圈公路运行效率

加快推进渝黔、渝宜、渝遂、渝武高速公路复线建设，解决主城进出通道拥堵问题。探索策划两江新区向长寿拓展的快捷通道，拓展发展新空间。创新高速公路收费方式，探索按行驶里程“递远递减”阶梯式收费、“分时段、分车型”差异化收费，对在都市圈内高速公路高频次通行车辆实施月票

制、年票制、通行费减半等优惠政策，争取纳入国家高速公路差异化收费试点。加快推广 ETC 应用，拓展 ETC 服务领域，探索实施 ETC 不停车收费，提升都市圈内高速公路通勤效率。加快开通主城到璧山、江津、合川、长寿等区城际公交，逐步拓展到都市圈所有区，支持毗邻区开行城际公交。

3. 强化综合交通物流枢纽建设

推动以站城一体为重点的 TOD 开发模式，构建干线铁路、城际铁路、市域（郊）铁路、城市轨道交通、城市公交无缝衔接、一体便捷的综合交通枢纽。加快江北国际机场高铁站建设，推进第四跑道及 T3B 航站楼建设，尽快启动重庆第二国际机场前期研究工作，研究布局支线机场、通用机场，辐射带动都市圈产业及城镇发展。以重庆东站和西站为重点，高标准建设高铁商务区，打造重庆对外开放的新门户。强化铁公水空物流枢纽互联互通，开发“一站式”多式联运服务产品，加快实现集装箱多式联运“一单制”，提升都市圈物流运行效率。

（三）引导产业分工协作，构建有机互动的产业体系及空间格局

以提升产业竞争力和人口吸引力为核心导向，健全协同机制，引导都市区内各城市产业差异化定位、协同化发展，形成区域竞争新优势。

1. 引导主城特大城市产业高端化发展

主城区在城市功能、产业发展方面奠定了较好的基础，应充分发挥其在产业选择和人才引进等方面的突出优势，依托两江新区、重庆高新区、科学城等重大平台，强化创新驱动，做大做优产业集聚，提升经济密度，形成以智能产业、新能源汽车、轨道交通、新材料、生物医药等代表的高端制造业和以金融、科技服务、高端商务等为代表的生产性服务业为主的产业结构，促进制造业与生产性服务业深度融合，提升产业核心竞争力。同时，结合国际化、现代化都市功能完善需求，做强做精做优现代商贸、医疗服务、文化教育服务等生活性服务业，以信息化、数字化为主线，促进各类产业互动融合集群化发展。

2. 引导环主城都市连绵带城市特色化发展

环主城城市已经具备一定产业发展基础，产业发展的基础设施、平台、

要素等支撑也具备较好条件。应发挥其成本相对主城特大城市较低的优势，增强承接产业转移能力，推动各区制造业特色化差异化发展，引导形成以先进制造业为主，生产性服务业和生活性服务业为辅，现代农业协同发展的格局。合理引导各城市组群主导产业布局，永川—荣昌—大足（生物医药、轻工陶瓷、机器人及智能制造、汽车等）、长寿—涪陵（化工、新能源、装备制造等）、綦江—万盛—南川（新材料、机械制造等）、合川—铜梁—潼南（汽车、电子信息等）四大城市组群在主导产业发展指引下，不断拓展与市内外区域合作，延长产业链条，加快形成产业集群。

（四）构建都市圈一体化发展机制，促进形成统一开放竞争有序的现代市场体系

围绕推动都市圈一体化发展，改革创新体制机制，强化政策保障支撑，推动行政区经济向都市圈经济转变。

1. *改革创新都市圈一体化发展机制*

统筹推进本地人口和外来人口市民化，探索实施统一的户籍准入制度，消除区域间户籍壁垒。鼓励各区联合开展招商，探索实施税收共享机制和征管协调机制，加快开展“一照多址、一证多址”试点，取消商事主体异地迁址变更登记隐形阻碍。围绕企业发展需求，探索共建科技研发和转化基地、共享科技成果机制。鼓励主城有条件的中小学和三级医院实行集团化办学办医，到渝西片区设立分校分院，降低各区与主城公共服务落差。在都市圈范围，积极推广自贸区可复制试点经验。

2. *全方位加强要素保障支撑*

培育一体化的资本、技术、商品和劳动力市场，扫除地区阻碍，促进区域联动协调发展。研究设立现代化都市圈一体化发展投资基金，鼓励社会资本参与基金设立和运营，重点投向跨区域重大基础设施互联互通、生态环境联防共治、创新体系共建、公共服务和信息系统共享、园区合作等领域。探索建立城乡统一的建设用地交易市场，建立健全城镇低效用地再开发激励约束机制和存量建设用地退出激励机制，允许都市圈内城乡建设用地增减挂钩节余指标跨地区调剂。

关于培育构建渝东北三峡库区城镇群的战略思考和建议

主研：易小光，丁瑶，苟文峰，赵炜科，李林，赵伦，汪婧，王志军，郑秋霞

执笔：苟文峰，赵炜科

内容提要：长期以来，渝东北片区因特殊的地理地质特征、交通区位条件和库区生态保护的要求，区域经济发展一直未取得有效突破，总体仍处于“双欠”发展阶段，小城市带大农村特征突出。以培育构建城镇群来探索生态脆弱地区新型城镇化道路，对推动渝东北片区县域经济转型发展，增强生态文明建设支撑能力和促进全市区域协调发展具有重要意义。培育构建渝东北三峡库区城镇群，既要遵循国内外城市（镇）群发展演变的共性规律，在全国和全市发展大格局中谋划发展，又要体现个性特征，突出生态优先，注重新型城镇化与乡村振兴双轮驱动。在国土空间开发上要坚持集约高效利用，在城镇形态上要体现“精、特、美”，在产业培育上要体现生态化，在人口空间分布上要突出“总量适度、结构优化”。重点推动形成区域协同发展机制，实施生态环境保护、交通等重大基础设施提升、城镇体系优化培育、主导产业培育发展、美丽乡村建设示范五大工程，打造引领成渝地区东向开放的特色生态城镇群。

城市群是当前中国推进新型城镇化的主体形态，实施城市群战略是新时期推动新型城镇化、提升区域协调发展水平和实现高质量发展的重大举措。按照国内外城市群发展的一般规律，城市群是城镇化发展到高级阶段的产物，具有典型的空间集聚特征，一般应具有较好的区位交通条件和较强的资源环境承载力。渝东北片区总体上位于三峡库区腹心地带，是长江上游重要

的生态屏障，长期以来经济社会发展相对滞后，城镇发展的集约化、集群化、现代化水平较低，小城市带大农村特点突出，目前并不具备一般意义上的构建城镇群的良好基础条件。如何通过探索生态脆弱地区推进城镇化的新路径、新模式，促进县域经济转型实现高质量发展、构建特色城镇群，进一步增强渝东北片区生态文明建设的保障支撑能力，是渝东北片区实现全面小康，步入现代化进程的重大课题。

一、培育构建城镇群的目的和意义

（一）有利于全市深化落实国家城市群等重大战略，增强市内区域发展的均衡性和协调性

党的十九报告明确提出“以城市群为主体构建大中小城市和小城镇协调发展的城镇格局，加快农业转移人口市民化”和“强化举措推进西部大开发形成新格局”。渝东北片区位于成渝城市群和长江中游城市群的结合部，是重庆深度融入“一带一路”与长江经济带的重要功能板块，但“双欠”发展特征明显，是制约全市实现现代化的短板和难题所在。探索在该区域构建特色次级城镇群，促进与川陕鄂周边区域联动发展，不仅有利于渝东北片区融入新一轮国家开放和区域发展大格局，促进高质量发展，也有利于增强渝东北片区对重庆现代化都市圈的支撑作用，对优化全市生产力布局、促进区域协调发展和加快现代化进程意义重大。

（二）有利于渝东北片区探索城镇化新路径新模式，增强生态脆弱地区发展的内生动力

渝东北片区开发建设必须坚持长江经济带“共抓大保护、不搞大开发”。由于该区域生态环境承载能力相对较弱，不是人口和产业的主要承载地。人口空间分布要突出“总量适度、结构优化”，国土空间利用必须坚持集约节约，产业发展必须体现生态化。这对城镇空间形态构建、交通网络建设、产业发展布局、公共服务配套、生态环境治理、市场一体化建设以及相关的投融资模式等诸多方面均提出了新课题。通过探索构建绿色发展的新型城镇化路径和模式，可进一步增强渝东北片区发展的内生动力，推动建设长

江经济带生态优先绿色发展示范区，为全国生态脆弱地区加快发展提供有益经验。

（三）有利于渝东北片区加快县域经济发展转型，增强对乡村振兴的支撑带动能力

目前，渝东北片区经济发展水平总体较低，人均 GDP、人均财力和城镇化水平均低于全国平均水平，区域发展极不平衡，城乡差异较大、移民和扶贫任务艰巨。通过培育构建以中小城镇为主体的城镇群，做强中心城区、做精特色小镇，通过产业化和城镇化形成新的发展动能，为区域内实施高山移民、生态移民和过剩的农村劳动力向城镇转移寻求新的空间载体，增强城镇就业吸纳能力。同时，城镇化进程的加快必将对乡村产业振兴形成强大的市场需求，通过构建城镇群重塑城乡关系，促进城乡要素的双向流动，不仅有利于促进渝东北片区县域经济转型发展，也将助力乡村振兴和城乡融合发展。

（四）有利于破解库区生态安全和移民安稳致富两大难题，增强区域绿色共享发展能力

长期以来，库区生态安全和移民安稳致富两大难题一直未能得到有效破解，由于绿色发展能力不强、居民就业致富渠道不多、公共服务供给水平较低，库区人民不能充分有效共享改革发展成果。通过培育构建城镇群，探索适宜新型城镇化的现代生态产业体系，优化重大公共服务设施布局，改善区域医疗教育等公共服务供给条件，有助于深化落实以人民为中心的发展思想，创造高品质生活，提升库区人民群众的获得感、幸福感，增强区域公共服务供给，提升人均公共服务水平，促进社会和谐稳定，推动渝东北片区与全市一道迈入现代化新征程。

二、培育构建城镇群面临的主要问题和挑战

（一）区域生态环保约束趋紧，对人口集聚和产业选择要求更加严格

国内外城镇群的发展实践经验表明，城镇群具有较强的人口和产业集聚

能力。但是渝东北片区必须在生态保护前提下探索城镇化，人口集聚和产业选择受“红线”约束较大，规模要适度，结构要优化。

一是人口布局优化难度大。目前渝东北片区重点开发区域人口集聚能力不强、生态脆弱区域人口有序外移不足问题并存。培育构建渝东北三峡库区城镇群，人口总量要适度，增大了区域内部人口空间布局优化调整的难度。

二是产业发展选择空间小。库区生态环境承载能力较弱，对产业选择提出了更为严苛的条件。目前渝东北片区资源加工型制造业较多，产业层次较低，构建适应新型城镇化的现代产业体系，必须要加快探索“生态产业化、产业生态化”的新路径，未来绿色化转型升级任务较重。

（二）特殊的地理和地质条件，增加了城镇开发建设的难度和成本

渝东北片区既是大库区，也是大山区，峡谷纵横，河流交错，喀斯特地貌分布广泛，地质条件脆弱，特殊的地形地貌导致城镇开发布局难、建设成本高。

一是城镇开发布局选点难度大。城市（镇）建设用地与地质灾害频发带高度叠合，对城镇开发边界、城镇形态布局选点和建设影响明显。

二是城镇基础设施建设成本高、施工难度大。区县财政实力弱、配套能力差，高山移民、生态移民任务重，投融资难度较大。

（三）经济区位交通条件不优，与周边区域及内部的经济联系不紧密

较好的区位优势和便捷的交通条件是培育形成城镇群的重要支撑。目前渝东北片区对外大通道格局尚未形成，区域内部的交通设施互联互通水平低，是培育城镇群的主要制约因素。

一是与周边区域经济联系较少。距离周边城市群和市场较远，与重庆都市圈、成都及周边城市有机衔接的高铁和高速公路等对外通道较少，省际断头路多，区域经济合作层次较低。同时，片区内长江沿岸的港口建设缺乏统筹，水铁公多式联运方式有待优化，长江黄金水道潜力未充分释放，与长江沿线城市协作不够。

二是区域内部的经济联系不紧密。区域内铁路网、公路网覆盖面小，尤

其是南北向联通水平有待提高。区县之间的连接道路较少，没有形成网络化交通格局，物流运输成本较高，在产业发展、生态建设、公共服务等方面协同性不够，区县间经济联系较弱。

（四）城镇带动乡村能力偏弱，新型城镇化的动力支撑相对不足

渝东北片区经济总量偏小、产业发展基础薄弱，非农产业发展水平较低，城镇化率低于全国、全市水平，小城市（镇）带大农村特征明显，城镇与乡村有机联动性不强。

一是中心城区产业体系就业吸纳能力不足。目前区域内规模以上企业较少，就业岗位不足。同时，中心城区的商贸商务等城市功能不发达，教育、文化、卫生、科技、体育等基本公共服务供给不足，吸纳区域人口转移的能力不强。

二是小城镇对乡村发展带动能力较弱。区域内小城镇较多，大多点状散布于山地丘壑之间，综合承载力普遍较弱，场镇人口较少，对乡村产业振兴培育带动不足，山地特色农业也难以形成规模经济，居民就业增长压力较大，难以有效提升居民就近就地城镇化水平。

（五）人力资源结构问题突出，难以适应现代城镇群发展的要求

新型城镇化的本质是人口城镇化，合理的人口结构和人力资源资本是培育构建城镇群的重要基础，也是决定城镇化质量的关键因素。渝东北片区的特殊性决定了区域人口总量不宜增加，构建城镇群的人口和人力资源结构性问题较为突出。

一是老龄化问题突出。2017 年末渝东北片区 60 岁以上人口占 20% 以上，远超国际上老龄型社会 10% 的人口结构标准，也高于全国平均水平，“未富先老”现象严重。

二是高学历人才资源长期匮乏。目前渝东北片区拥有大专及以上学历的人口比例远低于全国、全市整体水平。大中专院校较少，职业教育水平较低，科技、经济、管理、教育、医疗等人才资源匮乏，缺少与生态绿色特色产业发展相匹配的人才，吸引人才和留住人才难，难以支撑区域城镇发展需要。

三、培育构建城镇群的总体思路

（一）思路设计

培育构建渝东北三峡库区城镇群，要围绕推动渝东北片区建设长江经济带生态优先绿色发展示范区的总体定位要求，从四个宏观维度来把握和进行思路设计。

一是必须遵循国内外城市群发展演变的共性规律。城市群是城市化发展到高级阶段的产物，一般要经历“单体城市点状发展”—“城市间沿交通轴线状发展”—“城市间网络化发展”三个阶段，中心城市带动和发达的交通基础设施是形成城市（镇）群的前提。构建渝东北城镇群要充分借鉴发达国家山地城镇群建设经验，力求在遵循客观规律的前提下制定发展阶段目标和实现路径，谋求特色发展。

二是必须在全国和全市发展大格局中谋划发展。不能孤立地看待渝东北城镇群的构建和发展，必须紧扣“一带一路”倡议和长江经济带、新一轮西部大开发等国家战略，围绕高质量发展和实现现代化的要求，坚持从全局谋划一域、以一域服务全局，要在开放发展的大格局中谋划自身发展定位和争取国家支持，寻求加快发展的外部动力支撑。同时，要处理好与全市各区域板块特别是和主城区都市圈的关系，以“区域人口总量适度、空间分布结构优化、人均产出和公共服务提升”为导向，力求在人口转移、产业配套、对口帮扶等方面寻求新的突破，增强对主城区都市圈的战略支撑作用。

三是必须考虑渝东北的客观情况突出生态优先。要充分认识到该区域的“双欠”发展阶段进程，综合考虑区域特殊的区位和地理地质特征、国家主体功能定位、库区生态环境综合承载能力较弱等多重因素，坚持以“两山”论指引“两化”路，加强政府引导，突出生态优先，走出一条不同于一般平原丘陵地区的新型城镇化道路。重点要结合未来交通信息等重大基础设施布局，前瞻性的科学规划渝东北城镇体系，突出“集约高效、生态智慧、特色发展”，形成疏密有致的国土空间开发格局。

四是必须注重新型城镇化与乡村振兴双轮驱动。渝东北片区要实现高质量发展，必须解决“小城市带大农村”动力不足的短板问题，克服传统城镇化过程城市建设与乡村发展分割的矛盾，注重新型城镇化与乡村振兴的互动，坚持以做强中心城区、培育特色小镇为主体，着力促进城乡产业共生、基础设施互通，提升农村现代化进程，实现城乡一体化发展，为乡村振兴和城镇群发展提供不竭动力。

总体看来，渝东北三峡库区城镇群的培育构建，要紧扣筑牢长江上游重要生态屏障要求，以推动渝东北片区高质量发展为主题，充分遵循城镇群发展的客观规律，坚持以人为本，实施新型城镇化与乡村振兴双轮驱动，突出政府统筹引导，发挥政府在空间开发管制、基础设施支撑引领、一体化体制机制建设等方面的作用，深化区域开放合作，重塑城乡关系，突出城镇形态的“精、特、美”，走集约节约和绿色发展之路。

（二）发展定位

根据思路设计，渝东北三峡库区城镇群的战略定位可以包含以下方面：

一是引领成渝地区东向开放的特色生态城镇群。依托重庆主城区都市圈，抢抓国家和市级重大交通干道在区域内加快布局的大好机遇，充分发挥新的综合交通区位优势和三峡库区生态旅游资源优势，着力优化城镇空间格局、打造高品质人居环境，构建高水平生态产业体系，引导人口相对聚集和超载人口梯度转移；强化区域开放合作，发挥渝东北片区作为成渝城市群东向开放发展的桥头堡作用，辐射带动川东陕南鄂西融入“一带一路”和长江经济带建设，增强对重庆主城区都市圈发展和成渝城市群的战略支撑作用。

二是国家重要的绿色生态屏障区。紧扣渝东北片区的国家主体功能区定位，坚持国土空间集约节约开发和绿色发展优先，建立三峡库区生态环保治理联动机制，积极推动区域污染防治攻坚，坚守生态红线，大力倡导绿色生产生活方式，增强三峡库区水土保持功能，切实保护好三峡淡水资源储备库。积极探索生态补偿新机制，增强渝东北片区绿色发展的可持续能力和长江上游生态屏障功能，打造山清水秀美丽之地。

三是长江三峡国际黄金旅游带。充分挖掘整合渝东北三峡库区丰富的旅游资源，统筹联动打造“三峡牌、人文牌、乡村牌”，做大做强三峡生态人文旅游经济，打造国际知名旅游目的地。加快旅游交通等基础设施体系建设，培育壮大旅游市场主体，规范旅游市场秩序，推动旅游业与城市、文化、农业、工业等深度融合，积极发展智慧旅游，将旅游经济打造成渝东北三峡库区城镇群的重要支柱产业。

四是区域性综合交通物流枢纽。依托长江沿线港口口岸和万州区域性综合交通枢纽优势，加快培育发展公铁水空多式联运，形成以万州区为核心，垫江、梁平、丰都、忠县、开州、奉节、巫山等城市为节点的现代综合物流体系，打造我国西北地区通江达海新通道。积极培育临港经济，增强渝东北三峡库区城镇群发展的物质要素集散和产业支撑能力，成为重庆建设国际物流枢纽的重要载体和融入长江经济带的重要功能板块。

五是城乡融合发展新型示范区。积极探索库区山地生态城镇群发展新路径，坚持城镇化与乡村振兴有机联动，加快推动农业转移人口市民化和农村土地制度改革，着力强化统筹城乡产业、基础设施、公共服务一体化发展，促进城乡要素双向流动，培育壮大与新型城镇化相适应的现代产业体系，增强城镇对乡村发展的带动能力，提升渝东北片区城镇化质量水平和农村现代化进程，形成一批现代特色小镇，打造“生态产业化、产业生态化”特色突出的城乡融合发展示范区。

（三）发展路径

坚持发展新理念，按照“1+5”总体发展路径，加快推动形成区域协同发展机制，重点实施五大工程，有序推动城镇群的培育构建，打造生态环境安全、生态产业集聚、生态美丽宜居的特色城镇群。

一是构建区域协同发展机制。制定区域发展政策协同机制，提升区域经济整体竞争力。抱团构建产业联盟、搭建产业联合招商平台，共同创新生态产业规划体系和发展机制。用好“三峡牌”，推动旅游资源联动整合，共同打造长江三峡国际黄金旅游带，作响“长江三峡”国际旅游品牌；推动区域农产品资源共享、品牌共建，提升“三峡柑橘”的产业链、价值链，共谱“甜蜜产业”发展新篇章。强化区域的协同创新，谋划共建三峡高新区，重点完善生态产业技术创新平台、生态产品电子商务平台等共享平台。完善基础设施共建机制和基本公共服务均等化机制，推动城乡区域间基础设施、公共服务衔接，提升共建共享水平。

二是深入实施生态环境保护工程。深入贯彻绿色城镇化理念，尊重自然格局，构建绿色化的生产生活方式和城市建设运营模式，推进生态共保环境共治，全力建设长江上游重要生态屏障，积蓄绿色发展势能。强化生态保护红线、永久基本农田、城镇开发边界“三线”管理，明确长江水质保护的量化标准，构建生物多样性保护网络，形成以长江干流及支流、大巴山、七曜山等山体为主体的生态格局。强化生态环境联防联治，推行区域产业准入负面清单，建立水污染、大气污染、土壤污染等污染预警应急及联防联控信息网络和联合防治对接机制。在“生态产业化”中探索生态保护新渠道新机制，稳步推动生态发展权改革，探索区域性排污权交易、碳排放权交易试点，为逐步形成市场化的横向生态补偿机制奠定基础。

三是实施交通等重大基础设施提升工程。互联互通的交通网络是城镇群形成和发展的硬件基础。依托长江黄金水道，以高速铁路、高速公路建设和港口、机场功能优化为重点，优化长江上游航道港口布局，提升公铁水多式联运效率，大幅降低物流运输成本，谋划共建高等级旅游公路，支撑旅游和大商贸物流的协同发展。畅通内部交通网络，以打通中心城区和适宜开发地区之间的交通联系为重点，加密各个功能板块、区县之间的路网。研究启动万开云城际环线铁路、城口—巫溪高速公路前期工作，全面提升区域内交通设施网络化水平。同时，统筹规划建设与现代城镇化相适应的信息、能源和水利等重大设施。

四是实施城镇体系优化培育工程。根据渝东北片区资源环境承载能力和特有的山地特征，科学确定城镇群边界。坚持做大中心城区和完善城镇功能并重，以重要交通通道为城镇发展轴带，增强中心城区辐射带动功能，形成“精、特、美”的现代化生态城镇体系。培育“万开云—梁”城镇发展核心，推动大中小城市协同发展，打造长江沿线城镇密集带和垫—梁—万—开、奉—巫—巫—城特色城镇发展轴，构筑“一心多点，一带两轴”城镇空间结构。完善城市功能和提升城市品质并举，培育特色产业集群，打造万州“双百”现代化大城市，集聚吸纳周边转移人口。推动梁平—垫江—长寿一体化发展，积极承接重庆主城都市圈功能转移扩散。适当扩大城市规模，培育梁平、开州两个中等城市，建设生态旅游城市。培育特色优势产业，建设云阳、垫江、忠县、丰都、奉节、巫山、巫溪、城口八个重要节点城市。打造一批生态、旅游、贸易等特色小城镇，促进小城镇绿色化、专业化、集约化和特色化发展。

五是实施主导产业培育发展工程。坚持产业生态化和生态产业化，重点发展旅游经济、临港经济、绿色制造、特色农业，积极培育城市现代服务业，促进区域产业分工协作，引导关联产业集聚。大力发展全域旅游，加快城镇群内外自然人文等旅游资源整合和区域协作，推动长江三峡自然景观带与秦巴山、武陵山生态人文景观带融合联动，构建世界级旅游经济廊道。大力发展临港物流业，发挥万州机场和长江上游港口作用，争取设立综合保税区，打造立足渝东北、面向长江经济带、辐射陕西和四川等内陆地区的临港物流枢纽中心。培育发展绿色制造业，推动传统工业向低碳循环、节能环保型制造业转型。提升发展柑橘、生态鱼、特色畜牧、中药材等现代山地特色高效农业，推动农业接二连三、融合发展。结合城镇群建设需要，积极发展金融、商贸、康养、研发等现代服务业。

六是实施美丽乡村建设示范工程。坚持新型城镇化和乡村振兴双轮驱动，分类推进区域乡村振兴，建设一批生态型、旅游型、“农字号”特色小镇和美丽乡村。培育发展新产业新业态新载体新模式，拓展乡村的生态涵养、休闲观光、文化体验、健康养老等多元功能，打造升级一批休闲农庄（园）、乡村民宿、森林人家、康养基地、农村“星创天地”等精品工程，培育壮大农村电子商务，推动要素跨界配置和产业融合发展。制定村庄建设规划，推动形成以农村垃圾、污水治理和村容村貌提升为导向的整洁优美乡村生活环境，建成一批生态宜居、人与自然和谐共生的美丽乡村示范点。完善生态移民、高山移民、易地搬迁等机制，引导转移人口向重点城镇集聚。

四、相关建议

一是统筹规划调整。渝东北城镇群建设是一个系统性工程，需要加强顶层设计，建议建立由市领导牵头召集的市级联席会议制度，统筹研究区域发展大事。围绕构建城镇群的重大支撑体系建设，加快调整区域的国土空间利用规划，制定三年行动计划和年度工作计划，协同推进上述领域重点任务落实。抓紧编制出台渝东北片区交通基础设施、生态环境保护、区域性物流枢纽、大旅游经济等专项规划。

二是争取国家支持。争取支持已规划的重大交通项目提前开工。将渝东北三峡库区城镇群上升为国家级“产业生态化、生态产业化”特色示范区，探索新型城镇化发展新路径、新模式。争取在渝东北片区新设国家级高新区，支持万州综合保税区建设，将万州航空和水运口岸升级为国家级开放口岸。争取国家三峡库区后扶政策、三峡库区相关对口支援政策2020年到期后，再延长10年，支持重庆发行三峡库区生态修复专项债。建立三峡库区各区县的生态横向转移补偿制度，探索生态移民政策创新。将国家三峡电网接入三峡水利地方电网，实现220千伏并网，降低渝东北片区企业用电成本。

三是深化投融资改革。研究制定区域性城镇化投融资规划，编制城市基础设施、公共服务业建设和融资规划，针对不同项目设计差别化融资模式与偿债机制。整合财政资金，探索建立城镇群一体化发展基金，深入推进区域PPP投融资改革。出台鼓励支持民间资本参与城镇化建设的指导意见，以生态环境治理、市政基础设施、生态移民等领域为突破口，拓宽社会融资渠道。

四是完善人才政策。完善人力资源配置机制，制定高层次紧缺人才引进政策。开展“渝东北卓越人才培养计划”，引进和培育复合型人才。整合人才引进管理服务资源，建设渝东北人力资源产业园和就业信息平台，引导培育集团化、规模化、品牌化的人力资源服务企业，建设产业人才培养基地，完善人才教育培养制度。

推动渝东南武陵山区深度城镇化、促进城镇群建设的建议

主研：易小光，丁瑶，邓兰燕，余贵玲，李权，苏凡，王利,陈殊，贾静涛，邱婧

执笔：邓兰燕

内容提要：城镇群是城镇化朝深度发展的产物。渝东南地区兼具高山生态区、民族地区特征，生态环境脆弱、资源承载力有限、地理区位不优，目前尚处于单体城市点状发展阶段，交通通达性滞后、中心城区发展不强、人口和产业集聚少、经济社会联系松散。推动城镇群建设必须走特色发展之路。要立足新的时代背景，抓住重大交通嬗变和信息网络技术加速应用的历史机遇，在不增加环境总容量压力的基础上，以做强中心城区、构建中小城镇群为导向，提高经济、收入人均强度，促进基础设施、资源要素、政策机制互联互通，探索走一条高山地区以生态文明为主题的新型城镇化、集约节约开发利用资源要素的发展路径，进而实现渝东南各区县高质量发展转型和人民生活品质同步提升。

从国际国内普遍发展规律来看，城镇化进程可以缩短，但发展历程是一个连续的过程。美国阿巴拉契亚山脉、日本本州飞驒 山脉、瑞士和奥地利阿尔卑斯山脉等山地城镇发展经验显示，高度发达的城镇化有利于国土空间资源的集约和节约利用，促进城强民富。城镇群作为我国新型城镇化的空间主体，是城镇化发展到中高级阶段的产物，是城镇体系空间集聚度和紧密度最高的形态，也是未来经济发展格局中最具活力和潜力的核心区域。

渝东南片区地处武陵山区腹地，紧邻重庆都市圈和黔北、湘西、鄂西地区，兼具高山生态区、民族地区特征。重庆直辖尤其是党的十八大以来，渝

东南片区无论是产业化还是城镇化进程都取得较大进展，但仍处于欠发达地区、欠发达阶段，生态环境脆弱、资源环境承载力有限、交通区位不优。目前，渝东南片区常住人口、户籍人口城镇化率仅40.2%、31.9%，尚处于新型城镇化中期的初始阶段，呈现单体城市点状发展状态，尚不具备构建城镇群的基础和条件。受自然地理、生态环境约束，渝东南片区城镇化进程不适宜按照传统城镇化的发展思路——大规模开发建设和扩张式工业化方式驱动，未来要在生态保护背景下，抓住重大交通嬗变和信息网络技术加速应用的历史机遇，推进新型城镇化，创造条件探索构建山地城镇群，推进深度城镇化，成为重庆都市圈、成渝城市群重要功能补充。

一、目的和意义

（一）有利于融入国家区域发展战略和全国城市群体系，补齐重庆城乡区域协调发展短板

城市群发展在推进城乡区域协调发展中发挥着重要作用。党的十九大提出，深入实施区域协调发展战略，以城市群为主体构建大中小城市和小城镇协调发展的城镇格局，加快农业转移人口市民化。渝东南片区是全市城乡区域发展的短板所在，通过推进深度城镇化，做强中心城区，与渝东北片区一道成为重庆国家中心城市重要功能支撑和成渝城市群的外围辐射区，既能依托重庆都市圈，也能服务于都市圈，提升渝东南自身综合发展能力，进而有效承接成渝城市群功能向外辐射带动传递经济势能，推动武陵山经济协作区加快发展。

（二）有利于探索高山地区新型城镇化发展模式，探索区域城镇化与资源环境保护协同新路径

总结我国30余年改革开放经验，城镇化的直接动力一般来自产业化，依靠产业、城镇、人口的规模扩张。渝东南片区是国家重点生态功能区、重要生物多样性保护区和建设长江上游生态屏障核心载体之一，资源环境综合承载力有限，现状大多是城区人口25万以下的小城市，在青壮年人口大量外流、人口规模总量不宜增长的背景下，依托中心城区、重点镇等“节点”

实施紧凑开发，能有效发挥优化空间布局、集聚生产要素、集约利用资源的作用，为生态保护和生态修复腾留更大空间，探索该聚的地方聚、该空的地方空的新路径。

（三）有利于促进生态经济和服务经济发展，探索县域经济发展新模式

城镇化和城镇群发展的持续生命力均需要内生动力的有效激发。长期以来，渝东南片区集老、少、边、穷于一体，县域经济基础薄弱、财政自给能力低、资源配置能力弱，受交通物流制约，各区县之间相对隔离，一方面物产资源优势集于大山之间，但整体开发利用不足；另一方面生态系统较为脆弱，对产业选择较为严苛。在我国进入服务经济时代和中高收入水平国家行列的背景下，通过推进生态产业化和产业生态化，能有效提高区域内生态产品、文化健康、服务消费供给能力和质量，促进形成更大国内市场，推动生态资源优势加快转变为经济优势，进而培育县域经济新的增长动力。

（四）有利于加速城市提质和乡村振兴，实现脱贫致富和高品质生活供给

乡村振兴和城镇化是相辅相成相互促进的，新型城镇化为乡村振兴提供了源源不断的动力。渝东南片区小城市带大农村的格局短期难以改变，以城带乡能力不足；农村人口、贫困人口、少数民族人口众多，城乡基础设施和公共服务供给均相对短缺、品质不高。推进新型城镇化，有利于缩短城乡、区域之间的时间与空间距离，推动城市提质和乡村振兴联动发展；有助于以人民需求为中心，促进脱贫致富和长足发展，增强区域性公共服务能力，提升人均供给水平和质量，促进基本公共服务均等化，推动渝东南片区与全市一道实现全面小康和现代化目标。

二、主要矛盾和问题

城镇群的形成大多要具备优越的区位门户条件、先进的交通通信条件、较强的自然地理资源承载能力、人口和产业的集聚和流动、经济社会较强的联系和分工等条件。渝东南片区目前尚处于单体城市发育和壮大阶段，城市发展相对孤立、分散，市场还处于自我供需平衡的状态，深度城镇化任务重、难度大，城镇群建设基础仍较为薄弱。

（一）区位优势不突出，交通通达性滞后

交通通达性增强和信息网络构建能改善交通区位条件、降低产业物流成本、促进要素集聚，目前渝东南整体较为滞后。

一是门户区位优势体现不足。渝东南片区位于重庆东南边缘的跨省边界地区，远离重庆行政中心，在重庆前几轮向北、向东、向西开发开放发展中，受交通制约，扼守重庆至东南沿海通道的门户作用并未发挥。

二是高速通道区域覆盖范围不足。受山形地貌制约，渝东南交通长期依靠一般公路和水运运输，直到2006年、2009年渝怀铁路、渝湘高速通车后才得以改变，规划的渝湘高铁、渝黔城际铁路2024年才建成且走向一致，至今缺少北向快速干道和联络线规划，与周边的时间距离、心理距离仍很大。

三是交通枢纽节点建设滞后。除黔江以外，渝东南缺乏在全市公、铁、水、空综合交通枢纽体系中的布局，机场、铁路场站规划等级较低、设计容量较小，高速下道口较少，集散能力偏低。

四是信息网络建设和应用不足。骨干网络传输性能和质量不高，无线通信网络覆盖氛围不足，尤其是农村地区互联网接入能力滞后。

（二）自然地理约束大，生态环境承载力有限

渝东南片区喀斯特地貌显著，低山、中山面积占80%以上，石漠化面积大、自然灾害频繁和人地矛盾突出，对城镇开发建设、人口和产业集聚、生态环境保护形成较高要求。

一是城镇开发建设规模和成本受限。城镇建设基本为山区、河谷点式开发，“亲水、亲路”特征明显，连片适宜开发用地少，“生态红线”边界控制多，城镇开发建设成本高，对城镇空间开发模式、投融资模式都提出了更高要求。

二是人口承载能力不足。渝东南既是生态敏感区又是生态脆弱区，在生态环保要求和地质条件限制下，人口总量不宜规模性增加，人口结构和空间布局调整压力也很大。

三是工业承载能力不足。渝东南脆弱的生态系统、紧缺的土地资源对产业选择更为严苛，产业准入门槛高，企业生态治理、节能降耗要求高，一方面资源开发利用的技术、管理投入要求更高，另一方面招商引资难度和压力也更大。

（三）中心城区发展不强，以城带乡能力不足

中心城区是城市规模等级、辐射范围和能力的集中体现，渝东南区县城作为区域行政中心规模偏小、资源配置能力有限。

一是城镇化进程较为滞后。2017年，渝东南常住人口城镇化率40.2%，远低于全市（64.08%）、全国（58.52%）平均水平，尤其是近年来农民进城落户意愿进一步下降，户籍与常住人口城镇化率差距由2011年1.7个百分点扩大至2017年的8.3个百分点。

二是缺乏首位城市引领。2017年黔江区城镇人口23.45万，GDP 231.87亿元，城市首位度[①] 1.21，经济首位度1.43，都属于低首位分布，在经济层面辐射带动力不强。

三是小城镇较多但重点镇和中心镇偏少，村庄发展不够集约。渝东南195个建制镇中重点镇和中心镇仅19个，其中，1万人口以上的不足10个，规模等级梯度不明显，要素流动不足，部分条件恶劣、人口流失严重的村庄对资源要素的占用仍然较大。

（四）人口稀疏且分布不均，人口结构不够优化

人口的集聚有利于建设用地空间的集约和基础设施、公共服务设施的集中布局。

一是人口集聚和流动不足。2017年，渝东南常住人口272.43万人，人口净流出100.92万人，占户籍人口的27%，而区外流入人口则很少。城镇人口60%分布在区（县）城区，大量人口仍分布在小城镇和广大农村。

二是人口结构不优化。渝东南青壮年劳动力常年外出，老龄和幼龄留守人口占比较大。高山生态移民人口20万人，酉阳、彭水仍未整体脱贫摘帽，

---

① 城市首位度在一定程度上反映了城镇体系中的城市发展要素在最大城市的集中程度。按照位序规模法则，一般认为城市首位度合理数值为2（来源于百度百科）。

尚有8个深度贫困乡镇。高层次管理、技术人才严重缺乏。

三是旅游度假人口和就业通勤人口吸引不足。渝东南片区季节性人口变动较大、过境人口偏多，由于公共服务配套不足对旅游度假人口的常年性集聚能力不足。伴随因城择业新趋势，渝东南城市品质不高也制约了就业通勤人口的集聚。

（五）资源优势转化不足，产业分工协作不够

渝东南片区自然生态、矿产能源、人文民俗资源丰富，少数民族人口占全市80%以上，可开发水能占全市的40%，森林覆盖率达50%以上，具有纳凉避暑的天然优势，但整体开发利用不足，产业空虚严重。

一是资源优势尚未转为经济优势。渝东南时间成本、物流成本、要素成本偏高，龙头企业长期缺失，第一、第三产业的资源优势、市场品牌、产业链挖掘滞后。第二产业受制于落后的技术、人才、管理更是以初级加工为主，大多不能满足生态环保要求而停工停产。

二是产业融合和产城景融合发展不足。第一、第二、第三产业融合度不高，旅游业对门票经济依赖过重，综合经济效益不高。产业、城镇、景区、农村发展相对隔离，统筹规划布局滞后，联动发展不足。

三是产业跨区（县）分工协作不足。渝东南中药材、畜牧、蔬菜经果等生产具有共性的气候、土壤等优势，特色食品加工、生物制药、新能源等产业竞相发展，由于缺乏统筹协调和分工协作导致整体产业链不完整、产业集群难以形成、产业结构粗放。

（六）综合经济实力较弱，经济社会联系不足

渝东南各区（县）经济水平、财力基础弱，呈现低水平均衡发展特征，区（县）之间经济联系也相对松散。

一是综合经济实力较弱。2017年渝东南人均GDP、人均财政收入、城乡居民收入分别为3.66万元、3303元、9717元，仅为主城片区的41.4%、45.1%、34.6%。开发、开放、创新、物流、公共服务等重大平台布局少，对经济带动能力弱。

二是内部经济联系度较低。根据城镇空间经济引力分析，渝东南除秀山接受最大辐射来自贵州铜仁外，其他区县接受最大辐射均来自重庆主城区。

受历史上地缘相近、人文经济相通影响，黔江、彭水、酉阳经济联系、要素流动、商品交易较多，尤其是黔江的教育、医疗对周边地区产生较大影响，但总体上渝东南统一市场体系发育仍较慢。

三是协同发展机制不健全。渝东南区域内在城镇市场体系、信用体系、资源共享、成本共担、利益共享等方面的机制尚未建立，与渝东北、都市圈协调机制也未形成。

三、推进思路

城镇群的形成需要经历一个历史进程，一方面，尽管目前渝东南片区还不完全具备构建城镇群的基础和条件，但其推进深度城镇化的方向与城镇群的构建基础是基本一致的；另一方面，在资源环境硬约束下，其城镇化和城镇群的构建又要体现生态文明主题和山地中小城镇的特征。在发展路径上，建议近期以推进本区县城镇化为重点，做大做强区县中心城区，逐步带动重点镇、中心镇等发展，同时通过加强各中心城区之间的交通信息网络体系建设和区域合作机制建设构建城镇群基础框架，中长期形成山地中小城镇群，成为重庆市现代城镇群体系的有机组成部分。

（一）将生态文明建设作为发展主题，统筹推进城镇化、乡村振兴和生态环境保护

保护和建设好国家生态屏障是渝东南城镇群构建的前提，要把生态建设和环境保护放在首位，形成城镇群绿色底本。产业、人口、就业重点向承载力高的中心城区集聚，适度发展重点镇、中心镇满足就地城镇化需求，对生态环境脆弱、人口流失严重的区域逐步搬迁撤并村庄、推进撤乡并镇，在经历一个代际过程中形成大面积的生态功能区和国家生态公园；对旅游、文化、农业较发达的村庄，通过培育度假区、田园综合体、民族村寨、农业庄园等新形态培育新型农民，突出第一、第三产业发展，以文化旅游发展和农业现代化促进乡村振兴。

（二）将精致城市建设作为发展路径，统筹推进增量控制和存量优化

城市的发展和壮大、城镇空间体系梯级形成是渝东南城镇群构建的基础

条件，立足自然地理生态本底，渝东南中心城市很难集中连片开发，也不能无限制扩大，而应以中小城市、微城市等精致城市和新型城市建设作为发展路径，适度拓展形成“多中心”“组团式”城市形态，通过提升城市形象和功能增强城市吸引力。在中心城区以外，按产城景融合理念发展特色小镇，控制增量，强化存量空间优化美化和质量提升。与此同时，渝东南青壮年劳动力外流的趋势还将继续，片区人口规模很难增长，关键还在于与产业结构调整相匹配的人口年龄、素质、布局结构的优化。

（三）将以人为本作为发展目标导向，统筹推进高质量发展和高品质生活

城镇群建设的最终目标是提高居民获得感和幸福感，推动渝东南片区居民和重庆一道实现全面小康和现代化目标。渝东南这种山地城镇群不同于一般城镇群，其形成特征不在于城镇数量多、规模大、经济总量高，而在于城镇人均密度高、强度大、收入多。要立足高山、生态特征，突出国土资源集约节约利用，积极推进产业生态化和生态产业化，促进第一、第二、第三产业融合发展，延伸绿色生态产业链和价值链，加快高质量发展转型；同时，对标都市圈发展水平和标准，促进基本公共服务均等化，扩大高品质生活供给，满足人民日益增长的物质文化需求。

四、路径及建议

（一）保护和发展并重，创建成为全国生态文明建设示范区

突出生态功能特色，成为重庆都市圈、成渝城市群重要生态功能、度假功能补充。

一是筑牢渝东南绿色生态本底。严守生态保护红线，加快构建武陵山脉生态屏障、乌江水系生态带，共建国家生态屏障。逐步增加生态功能区，建设国家生态公园。

二是推进产业生态化和生态产业化。在渝东南布局中医药大学、国家级高新区，支撑生态资源转换。整合涉农资金和专项资金，对资源循环利用、农产品深加工、民族文化挖掘、旅游康养、消费等优势资源利用类产业发展

给予低税率、税收返还、贷款贴息等政策支持。加大对渝东南烟草产业的支持，支持调增生产计划和调优产品结构。鼓励运用互联网、大数据、人工智能等新技术改造传统工业。

三是建立生态补偿机制。探索建立森林、流域水资源、重要生态功能区等类型的生态补偿机制，适当提高重点生态功能区转移支付比例。探索市场化运作的景区生态产品价值实现路径，积极申报国家生态产品价值实现机制试点。

（二）优先发展对外对内交通，构建城镇群空间结构骨架

以对外大通道、中心城区扩散通道以及区县之间互联互通建设为重点，构筑城镇群基础支撑。

一是畅通对外大通道。强化东西向快速通道建设，提速建设渝湘高铁、渝武高铁、黔张常快铁，扩容渝湘高速，稳妥发展长江乌江航运。提速彭酉高速，尽快形成黔江—酉阳—彭水交通环。补充北向快速通道，建成黔石高速、启动垫丰武高速，规划建设黔江—石柱—忠县、武隆—涪陵高铁联络线，打通与都市圈、渝东北连接的骨干网。

二是统筹布局航空通道建设。在高铁建设空档期，扩建黔江机场，提前开展武隆二期规划，提高机场等级和规划吞吐量。选择酉阳和秀山之间的生态城镇新增布局一个支线机场。加快市域机场一体化管理运营，对支线航空航线、航司、时刻给予政策支持。

三是提速县域内部及县域之间交通网络。打通中心城区和周边适宜开发地区之间的交通联系，强化中心城区组团间的交通联系。新建拓展 G319，G242 等国道、省道，打通区县边界断头路，畅通县乡“毛细血管”。

四是建设旅游区域一体化、公交化快进慢游专向通道。完善环武陵山、大仙女山旅游环线，探索跨区县旅游公交，支持深度打造一步一景和移步换景。

（三）优化城镇空间布局，构建城镇群体系和功能

通过做强中心城区、培育首位城市、做精重点镇和中心镇，构建渝东南城镇空间体系。

一是优化城镇空间格局。开展统一规划调整，构建“一带一轴一核多

极”，依托渝湘高速、渝湘高铁、渝怀铁路、乌江等交通干线串联武隆—彭水—黔江—酉阳—秀山构建发展主带传递都市圈向外辐射功能，依托石黔高速、广忠黔高铁联络线构建黔江—石柱发展次轴发挥联动渝东北功能，支持黔江培育首位城市核心功能，形成与周边区县中心城区多极联动的态势。

二是做强中心城区。实施区（县）城区成长计划，建设用地指标重点向中心城区倾斜，创新地方债、PPP 等投融资机制，探索取消中央投资项目区县资金配套。优先支持同时拥有高铁、航空布局的黔江、武隆城区建设绿色、智慧、人文、海绵、国际等新型城市。支持各区县高铁商务区、临空经济区、临港新城等新兴城市中心建设，支持将发展成熟的度假区、园区按城区组团功能进行打造，有序扩容城区。

三是以产城景融合发展理念做精重点镇和中心镇。通盘考虑景区开发、城镇建设、产业发展和乡村振兴，适时推进撤乡并镇、村庄撤并，增加重点镇和中心镇布局，突出业态、景观、功能特色，实现与其他小城镇、田园综合体、新型村庄联动发展格局。

（四）加快产业提档升级，促进产业分工与协作

降低要素成本，深化水电气等价格改革，争取“三峡电入渝”，优化营商环境，突出旅游度假经济、消费经济、资源经济、生态工业经济等共性特色品牌建设和产业分工协作。

一是突出发展以旅游度假经济为主的生态利用型产业。以旅游度假经济为引领，重点发展生态旅游、康养、文化创意等生态利用型产业，突出武隆和石柱生态度假、黔江和彭水文创商务、秀山和酉阳医药康养功能，建设生态产业基地。

二是着力发展以消费经济为主的高效服务型产业。围绕向价值链高端延伸，重点发展城镇群发展需要的商贸、物流、金融以及生态总部经济等新型服务业，打好服务兴旅牌。

三是提升发展以资源经济为主的资源转化型产业。围绕渝东南矿产、农产品、中药材、可再生能源等丰富的物产资源，重点要对环境有污染的锰矿开发等产业进行关停并转或转型升级，突出发展农副产品加工、中药材加工、清洁能源等产业，通过横向产业链集群建设共建区域品牌，打造资源型产业转型示范区。

四是适度发展以生态工业为主的低碳循环型产业。立足现有纺织服装、材料、机械制造等产业基础，突出发展智能配套产业、纺织服装、新材料、装备制造配套及其他新兴产业，建设全市生态工业示范基地。

（五）推进人口城镇化，加快城乡融合发展

实施人口梯度转移、生态移民、易地扶贫等政策，引导人口空间适度集聚。

一是突出提升中心城区的人口集聚能力。按照常住人口城镇化率65%的目标，渝东南片区需要转移进城（镇）的常住农业人口约67万。以外出人口回流、本地兼业人口释放、外来通勤就业人口为重点，鼓励通过老城区更新改造、新城区优化拓展、城市功能完善等方式提高城区人口集聚能力。

二是促进特色小城镇适度聚集人口，提高就地城镇化率。支持各区县选择条件较好区域，如重点景区、高速出口、高铁站、省道通道等，集中打造若干个资源特色突出、产业发展潜力大的特色小镇，促进本地转移就业。同时瞄准旅游度假人口，完善商业服务和公共服务功能，拉长小镇度假居住时间。

三是促进乡村人口由分散向适度聚居转变。通过生态移民搬迁、易地扶贫搬迁、农村集聚发展搬迁等方式，推进高山贫困人口向城乡集中居住点集聚扩容。加大新型职业农民、农业产业工人等培训投入，依托田园综合体、民族特色村寨、新型村庄等适度聚居。

（六）深化区域开放合作，促进经济要素合理流动

深化各节点中、小城市的合作，增强城市之间的经济联系、要素流动。

一是全面融入“一带一路”和长江经济带建设。以南向陆海贸易新通道和空中丝绸之路建设为重点，强化对外旅游、绿色食品加工、农业综合开发、民族非遗等经济人文领域的合作，重点发展生鲜蔬果、高山蔬菜、有机茶叶等高价值产品的航空物流。与长江流域县级地区探索“园区共建、项目共管、收益共享”合作模式，积极发展飞地经济，主动承接产业转移。

二是推进重大开放平台建设。对接自贸区、中新项目，支持创建黔江保税物流中心（B型）、黔江铁路口岸，建设跨境电子商务商品物流分拨中心。

支持在渝东南设立产业转移承接共建示范园区、中新（重庆）食品生态产业园。

三是完善城市群内部开放协作框架。以黔江为中心，连接彭水、酉阳打造开放腹地中心圈，明确武隆为承接和传递现代都市圈辐射的重要接口和战略支撑点，石柱为联结渝东北翼的重要结点和通向华中地区的重要通道，秀山为集聚辐射湘（西）黔（北）武陵山区的“桥头堡”和通向东南沿海的重要口岸。

以新型城镇化推动渝东北和渝东南片区生态文明建设

——“渝东北”“渝东南”城镇群建设研讨会综述

重庆市综合经济研究院城市与区域发展研究课题组

李　林　汪　婧　郑秋霞

内容提要：渝东北和渝东南片区是重庆市区域发展和城镇体系的重要组成部分，承担着探索生态优先、绿色发展道路的重任。围绕渝东北和渝东南片区“建设城镇群需要什么样的条件，建设什么样的城镇群，怎样建设城镇群”等问题，重庆市综合经济研究院邀请相关专家进行深入研讨，总体认为：需要把握发展共性、突出区域个性，探索两大片区推动新型城镇化发展的个性化路径。一是优化城镇空间格局，突出中心城区和重点镇、中心镇建设，构建以中心城区为主导的中小型城镇群；二是坚持“产业生态化、生态产业化”，大力发展生态旅游、绿色工业、绿色农业，构建生态经济体系；三是加快提升基础设施发展水平，提升中心城区向外拓展能力，建设规模适度、交通便利的山地特色精致城市；四是建立高质量、高水平的公共服务体系，提升区域公共服务联动供给水平，促进城乡基本公共服务均等化，努力实现高品质生活。

渝东北和渝东南片区分别处于三峡库区、秦巴山区和武陵山区，兼具民族地区、山区、库区、生态功能区等特征，是长江上游生态安全屏障和国家武陵山连片特困地区，肩负着水土保持、淡水储备、生物多样性保护、脱贫攻坚等重大战略任务。2019 年 4 月 10 日，重庆市综合经济研究院《渝东北三峡库区城镇群发展对策研究》和《渝东南武陵山区城镇群发展对策研究》课题组（以下简称“课题组”），特别邀请国家发展改革委宏观经济研究院原院长白和金研究员，重庆大学原常务副书记、副校长、重庆市政府参事陈德敏教授，重庆工商大学原副校长廖元和研究员，重庆市发展改革委原副主任、重庆市政府参事马述林，重庆市规划设计研究院副院长彭瑶玲等专家召开研讨会，对渝东北片区、渝东南片区围绕生态文明建设、加快推动符合自身特色的新型城镇化进程，形成特色城镇群开展深入研讨，提出诸多有益建议。会议由重庆市综合经济研究院院长易小光研究员主持。现将会议主要观点综述如下：

一、深刻认识渝东北、渝东南片区发展的背景和环境

渝东北、渝东南片区是重庆市域城镇体系和成渝城市群的重要组成部分，也是国家重点生态功能区的重要承载区。重庆市综合经济研究院院长易小光研究员认为，在“一带一路”倡议、长江经济带、西部大开发以及区域协调发展战略背景下，渝东北和渝东南片区必须符合主体功能区、重点生态功能区定位要求，坚持长江经济带“不搞大开发、共抓大保护”原则，抢抓国家新一轮开放战略、重大交通格局变革、生态文明建设等重大机遇，在贯彻落实国家生态安全战略，建设长江上游生态安全屏障和优化全市生产力布局、促进区域协调发展、加快现代化进程中发挥更大作用。课题组研究认为，一方面，渝东北和渝东南片区新型城镇化的过程，是完善城镇功能、做强做优城镇经济，联动主城区都市圈，促进人口布局优化和人口质量提升的过程，有利于完善城镇空间布局，提升城镇承载吸纳能力，探索生态文明背景下的特色化新型城镇化道路，跟上全市全面建成小康社会和现代化进程步伐，促进全市区域均衡协调发展。另一方面，推动渝东北和渝东南新型城镇化建设，是集约节约利用土地、推动人口和产业集聚，为生态保护修复腾留更多空间的过程，有助于在保护生态的基础上，依托自身资源优势，加快构建绿色经济体系，提高生态产品、文化健康、公共服务供给质量，提升人民群众的获得感、幸福感。

二、客观把握渝东北、渝东南片区的发展现状和阶段

直辖以来，特别是党的十八大以来，按照新发展理念要求，渝东北和渝东南片区在生态保护、经济发展、对外开放、通道建设、民生改善等方面取得了巨大成就。课题组研究认为，受地形地貌限制、生态环境约束、设施建

设滞后等诸多要素影响，渝东北与渝东南片区整体上还处于“双欠”发展阶段。一是小城市带动大乡村发展格局尚未改变。重庆大学原常务副书记、副校长、重庆市政府参事陈德敏教授认为，各区县中心城区规模普遍偏小、城市建设滞后、服务功能不完善，人口吸引力和承载能力弱，对乡镇和农村地区带动能力不强。尤其是渝东南片区尚未形成一个对周边区县具有辐射带动作用的区域性中心城市。二是网络化的综合交通体系尚未形成。重庆市发改委原副主任、重庆市政府参事马述林认为，两大片区综合物流成本高，运输方式单一，综合运输通道呈现明显的线状结构。两大片区之间、各区县之间以及区县内部的互联互通水平依然较低，单向通道效应明显，国道、省道等支线路网畅通水平不高，多通道、多线路、开放式的综合交通网络尚未形成。三是生态环境保护任务重。重庆市规划设计研究院副院长彭瑶玲认为，两大片区城镇分布与地质灾害地区高度重合，城市建设和拓展难度大、成本高，城镇生态安全问题尤为凸显。同时，两大片区也是全市高山移民、退耕还林的重点区域，在实现发展的同时，需要更加关注生态保护。

重庆市发展改革委原副主任、重庆市政府参事马述林认为，受自身发展条件限制，渝东北和渝东南片区不可能形成一般意义上的城镇群，两大片区新型城镇化道路，不能一味遵循其他地区新型城镇化发展的一般模式。重庆工商大学原副校长廖元和研究员认为，要正视渝东北和渝东南片区城镇规模小、分布散、基础差的现状，充分考虑两大片区推动新型城镇化、建设城镇群的复杂性和特殊性，探索个性化发展路径。要破除惯性思维的束缚，突出特色化政策供给，创新个性化路径模式，抓重点、补短板、强弱项，力求探索出一条符合自身发展实际的生态文明、绿色发展新型城镇化道路。

三、牢固树立生态文明、绿色发展主题

渝东北、渝东南两大片区地处国家重点生态功能区，是国家生态安全格局的重要支撑，生态敏感脆弱、生态承载力低、产业约束条件多。课题组认为，必须牢固树立社会主义生态文明观，高度关注生态经济和生态安全，既要以绿色发展推进高质量发展，又要努力创造高品质生活，不断满足人民群众生产生活和生态诉求，统筹好经济发展和生态环境保护的关系。一要突出

生态环境综合保护。重庆市综合经济研究院院长易小光研究员认为，必须严守生态红线，强化生态保护修复，集约利用土地资源，为生态留白，推动形成绿色生产生活方式，促进绿色化城镇建设，实现人与自然和谐发展，保障国家和区域生态安全。二要突出产业绿色化发展。重庆大学原常务副书记、副校长和重庆市政府参事陈德敏教授及课题组均认为，渝东北和渝东南片区要树立保护生态环境就是保护生产力的生态经济观，要把“生态＋”理念融入产业发展全过程，培育低污染、低能耗、高效益的绿色生态产业体系，推进经济结构绿色化转型，实现生态优势向经济优势转化。三要突出城镇绿色化精致化发展。国家发展改革委宏观经济研究院原院长白和金研究员认为，要准确把握渝东北和渝东南两大片区的特殊性，按照生态环境承载能力科学推动人口梯度转移和就近、就地城镇化，在人口规模总量不增加的基础上，不断优化人口结构，提升人口质量，促进乡村人口向城市有序梯度转移。四要突出交通网络绿色化发展。重庆市规划设计研究院副院长彭瑶玲认为，要优化中心城区之间、中心城区和适宜开发区域之间的交通网络联系，推动以铁路和高速公路为主体的交通网络建设，全面提升交通网络、运输装备、运输组织绿色水平，构建生态友好、清洁低碳、集约高效的绿色化交通运输体系。

四、探索渝东北、渝东南片区新型城镇化的思路和路径

课题组认为，渝东北和渝东南片区地形地貌特殊、生态系统脆弱，小城市带动大乡村发展的格局短期难以根本改变，导致人口承载能力弱、产业约束条件多、生态保护任务重、综合物流成本高、城乡建设难度大。重庆市综合经济研究院院长易小光研究员认为，在推动渝东北和渝东南片区新型城镇化过程中，必须充分认识两大片区所处的“双欠”发展现状和历史阶段，牢固树立社会主义生态文明观，突出生态功能和生态留白，着力提升人口质量、优化人口结构，努力创造高品质生活，走一条符合自身特色的新型城镇化道路，跟上全市全面建成小康社会和现代化进程步伐。

国家发展改革委宏观经济研究院原院长白和金研究员认为，推动渝东北、渝东南新型城镇化建设，需要把握三大关系。一是要把握与主城区都市

圈的关系。重庆要建成国家中心城市和国际化现代城市，离不开渝东北和渝东南片区的支撑。如万州要发挥辐射带动功能，承担主城区都市圈重要的节点传递和功能承接作用。二是要把握与成渝城市群的关系。渝东北片区和渝东南片区是成渝城市群向东北和东南两个方向开放、辐射的中继站和桥头堡，同时也是成渝城市群通过长江经济带向东开放、通过西部陆海新通道向南开放、通过“一带一路”向北开放的重要承载区。这就要求渝东北和渝东南两大片区必须培育渝黔湘鄂三省一市交界地区区域中心城市，带动和引领周边区域加快发展。三是要把握与国家战略的关系。渝东北和渝东南两大片区地处三峡库区和武陵山区，是国家赋予的重要生态功能战略承载区，在推动新型城镇化过程中，要站在国家战略高度，把新型城镇化和工业化的发展，与生态文明建设高度融合。

推动渝东北、渝东南片区新型城镇化，重点要体现四个方面。一是优化城镇空间格局。重庆市综合经济研究院院长易小光研究员建议，推动渝东北垫江、梁平与重庆都市圈的长寿一体化发展，打造成为承接主城功能辐射、带动渝东北其他区域发展的重要支撑点。突出各区县中心城区建设，加快重点镇、中心镇建设成为以特色产业、特色功能为支撑的人口聚集点，积极探索推动生态保护前期下的“双欠”地区新型城镇化道路，构建以中心城区为主导的中小型城镇群。二是坚持生态优先、绿色发展。课题组认为，结合渝东北和渝东南片区发展实际，要在产业选择和布局上，充分利用外部的资金、技术、人才，不断优化营商环境，以“生态+”理念推动三次产业融合发展，加快工业、服务业绿色转型发展，大力发展生态旅游、大健康、绿色农业，构建产业生态化和生态产业化为主体的生态经济体系，促进特色产业绿色化、智能化发展，夯实新型城镇化发展支撑。三是加快提升基础设施发展水平。国家发展改革委宏观经济研究院原院长白和金研究员认为，基础设施建设是新型城镇化发展的基本前提。除各城市之间高速公路、铁路等的快捷联系通道建设外，要注重强化中心城区和适宜开发区域之间的交通联系，提升中心城区向外拓展能力和水平。通过交通设施向外联通，促进渝东北和渝东南片区各区县建设规模适度、交通便利的山地特色精致城镇。要注重现代信息技术和智能技术的运用，加快推动内外交通设施智能化、现代化进程。四是建立高质量高水平的公共服务体系。国家发展改革委宏观经济研究院原院长白和金研究员认为，建设高质量、高水平公共服务体系，是改善人民生活条件、创造高品质生活的重要途径。要坚持区域紧密联动、功能协同互补、城乡融合一体，依托互联网、大数据、云计算等现代信息技术，加快改善和形成与渝东北、渝东南片区发展需求和人口集聚趋势相匹配的公共服务保障体系，提升城镇群公共服务联动供给水平，促进城乡基本公共服务均等化。